普通高等院校经济管理类"十三五"应用型规划教材
【工商管理系列】

大学生创新基础

COLLEGE STUDENTS' INNOVATION FOUNDATION

徐明霞 主编
韩珂 邢慧琼 参编

机械工业出版社
China Machine Press

图书在版编目（CIP）数据

大学生创新基础 / 徐明霞主编. —北京：机械工业出版社，2019.6
（普通高等院校经济管理类"十三五"应用型规划教材·工商管理系列）

ISBN 978-7-111-62748-7

I. 大… II. 徐… III. 大学生 – 创业 – 高等学校 – 教材 IV. G647.38

中国版本图书馆 CIP 数据核字（2019）第 090548 号

"大众创业、万众创新"已经成为时代的特征，大学生创新教育已经上升为通识性的素质教育。本书系统地介绍了创新的理论、模式、方法和实例。首先介绍了创新的时代背景、理论演进、价值创造和共享机制。创新的本质在于价值创造，价值创造依赖创新资源的共享。然后本书全面、系统地阐述了自主创新模式、开放式创新模式、协同创新模式的创新体现，以及合作创新模式的运行机制和管理。最后是创新方法和创新实践，介绍了创新思维方法和创新方法应用，并列举了经典的创新案例。

本书适合作为普通高等院校经管类专业本科生、大专生的教材。

出版发行：机械工业出版社（北京市西城区百万庄大街 22 号　邮政编码：100037）
责任编辑：邵淑君　　　　　　　　　　　　责任校对：李秋荣
印　　刷：北京瑞德印刷有限公司　　　　　版　　次：2019 年 6 月第 1 版第 1 次印刷
开　　本：185mm×260mm　1/16　　　　　印　　张：14.25
书　　号：ISBN 978-7-111-62748-7　　　　定　　价：35.00 元

凡购本书，如有缺页、倒页、脱页，由本社发行部调换
客服热线：（010）88379210　88379833　　　投稿热线：（010）88379007
购书热线：（010）68326294　　　　　　　　读者信箱：hzjg@hzbook.com

版权所有·侵权必究
封底无防伪标均为盗版
本书法律顾问：北京大成律师事务所　韩光 / 邹晓东

Preface 前　言

在建设创新型国家战略的引导下，创新驱动发展已经成为经济发展的主方向，创新对经济和社会发展有着越来越重要的影响。党的十七大和十八大都明确指出，以加快创新教育来支撑国家创新发展战略，"大众创业、万众创新"的时代特征也对创新人才提出了更高的要求。创新教育不仅需要培养学生的创新精神和创新思维能力，更需要以创新型人才为培养目标。

创新教育在国内各大高校都处于起步阶段，教学内容、教学方法和教学手段都处于探索过程之中。本书的编写团队从2016年起为学生开设了创新课程，尝试设计教学内容，运用理论教学、案例教学、角色扮演法、企业家走进课堂等多种教学方式，向学生传授创新理论、创新思维、创新模式等系统知识，取得了较好的教学成果。基于教学过程中发现的学生对创新知识的兴趣和热爱，以及创新教育相关教材的缺乏，作者产生了编写本书的热情和信心。清华大学的陈劲教授在2012年出版的《协同创新》一书对作者的启发较大，书中涉及的创新理论、创新的价值创造、创新的共享机制、创新平台、创新绩效等知识点，激发了作者对本书内容的构思。结合学生对创新教育的实际需求，作者从创新理论、创新模式、创新实践三个方面设计了本书的内容。

本书的特色表现在三个方面。一是内容的新颖性。全书围绕"创新"展开，内容结构较新颖。本书全面涉及自主创新模式、开放式创新模式和协同创新模式三种主流创新范式，广泛覆盖制度创新、组织创新、文化创新、技术创新、产品创新和市场创新等内容。二是内容的系统性。上篇为创新理论，包含第1～4章，介绍了创新的时代背景、创新的理论演进、创新的价值创造、创新的共享机制。中篇为创新模式，包含第5～10章，介绍了自主创新、开放式创新、协同创新模式的具体表现。下篇为创新实践，包含第11～13章，介绍了创新思维方法、创新方法和创新案例。系统化的知识有助于学生整体认识和全面把握创新。三是内容的应用性。理论结合实践的内容设计，使得学生能够系统思考和解决一些创新问题，以达到创新人才培养的基本要求。

本书的编写团队是从事创新教育教学、创新研究的郑州轻工业大学经济与管理学院的教师。徐明霞编写了第1～5章、第10章和第13章，韩珂编写了第6～8章，邢慧琼编写了第9章、第11～12章。全书的统稿、修改和校对工作由徐明霞完成。

本书在编写过程中参考了创新内容的相关教材、创新研究的相关文献和研究专著，书后列出了主要参考文献，在此向各位作者表示感谢。感谢机械工业出版社华章公司的高伟先生和刘斌先生对本书出版给予的支持和帮助。由于编写团队的水平和能力有限，书中难免会有疏漏之处，殷切期望能够得到读者和同行专家学者的批评与赐教，以便进一步修订和完善。

徐明霞

2019 年 2 月

Suggestion 教学建议

大学生创新教育属于素质教育，以培养学生的创新精神和创新思维为目标。需要从创新理论着手，丰富学生的创新知识，再结合创新思维方法和创新方法来培养学生的创新思维模式，最后通过企业案例分析来培养学生的创新能力。本书内容系统地介绍了创新的理论、模式、方法和实例。

教学方式、方法和手段建议

大学生创新教育课程是一门综合课程，需要学生系统地学习和掌握创新的相关理论、创新模式、创新思维方法和创新方法，涉及的知识点和内容比较多。为了达到预期的教学效果，建议以理论教育为主，将案例教学贯穿全课堂，使学生全面掌握相关知识点，能够运用创新思维和创新方法进行创新设计，理解不同的创新模式的使用范畴，提高学生发现问题、分析问题和解决问题的综合创新能力。同时建议通过案例情景设置、案例分析等手段，让学生参与到教学过程中，尝试解决企业的创新问题，给出创新方案。

学时分配建议

章节	教学内容	学时安排
第1章 创新的时代背景	我国创新能力现状、创新型国家建设目标、协同创新成为主流创新范式	2
第2章 创新的理论演进	自主创新范式、开放式创新范式、协同创新的理论范式	4
第3章 创新的价值创造	创新的知识增值、创新的经济价值、创新的社会价值	2
第4章 创新的共享机制	创新的知识共享、创新的人力资源共享、创新的信息资源和设施资源共享	2
第5章 自主创新模式：企业的管理创新模式	制度创新、组织创新、文化创新	2
第6章 自主创新模式：企业的盈利创新模式	技术创新、产品创新、市场创新	2
第7章 开放式创新模式：产学研合作创新模式	产学研合作创新模式、产学研合作创新的运行机制、产学研合作创新的绩效评价	2
第8章 开放式创新模式：产业集群合作创新模式	产业集群合作创新、产业集群合作创新的运行机制、产业集群合作创新风险	2

（续）

章节	教学内容	学时安排
第9章 协同创新模式：商业模式创新	商业模式创新的内涵及特征、商业模式创新的实现路径、商业模式创新设计	2
第10章 协同创新模式：协同创新平台	协同创新平台的宏观布局、协同创新平台的构建、协同创新平台的运作管理	2
第11章 创新思维方法	思维导图训练、发散思维和收敛思维训练、变通思维和逆向思维训练、质疑思维和越界思维训练、联想思维和直觉思维训练、灵感思维和形象思维训练、侧向思维和超前思维训练	4
第12章 创新方法	头脑风暴法、组合创新法、列举分析法、设问法、逆向转换法、创造需求法	2
第13章 创新案例	摩拜单车的商业模式创新、韩都衣舍的平台创新模式、京东到家的协同创新模式、Keep：自由运动场的成功之道	2
课时合计		30

Contents 目 录

前　言
教学建议

上篇　创新理论

第1章　创新的时代背景 /2

1.1　我国创新能力现状 /3
1.2　创新型国家建设目标 /7
1.3　协同创新成为主流创新范式 /8
本章小结 /14
复习思考题 /14

第2章　创新的理论演进 /15

2.1　自主创新范式 /16
2.2　开放式创新范式 /19
2.3　协同创新的理论范式 /21
本章小结 /29
复习思考题 /30

第3章　创新的价值创造 /31

3.1　创新的知识增值 /33
3.2　创新的经济价值 /38
3.3　创新的社会价值 /41
本章小结 /45
复习思考题 /45

第4章　创新的共享机制 /46

4.1　创新的知识共享 /47

4.2　创新的人力资源共享 /52
4.3　创新的信息资源和设施资源共享 /55
本章小结 /62
复习思考题 /62

中篇　创新模式

第5章　自主创新模式：企业的管理创新模式 /64

5.1　制度创新 /66
5.2　组织创新 /69
5.3　文化创新 /73
本章小结 /81
复习思考题 /81

第6章　自主创新模式：企业的盈利创新模式 /82

6.1　技术创新 /83
6.2　产品创新 /87
6.3　市场创新 /90
本章小结 /97
复习思考题 /97

第7章　开放式创新模式：产学研合作创新模式 /98

7.1　产学研合作创新模式 /99

7.2 产学研合作创新的运行机制 /105

7.3 产学研合作创新的绩效评价 /107

本章小结 /113

复习思考题 /113

第 8 章 开放式创新模式：产业集群合作创新模式 /114

8.1 产业集群合作创新 /115

8.2 产业集群合作创新的运行机制 /118

8.3 产业集群合作创新风险 /122

本章小结 /127

复习思考题 /128

第 9 章 协同创新模式：商业模式创新 /129

9.1 商业模式创新的内涵及特征 /130

9.2 商业模式创新的实现路径 /134

9.3 商业模式创新设计 /137

本章小结 /144

复习思考题 /144

第 10 章 协同创新模式：协同创新平台 /145

10.1 协同创新平台的宏观布局 /146

10.2 协同创新平台的构建 /151

10.3 协同创新平台的运作管理 /153

本章小结 /159

复习思考题 /160

下篇 创新实践

第 11 章 创新思维方法 /162

11.1 思维导图训练 /162

11.2 发散思维和收敛思维训练 /166

11.3 变通思维和逆向思维训练 /170

11.4 质疑思维和越界思维训练 /173

11.5 联想思维和直觉思维训练 /177

11.6 灵感思维和形象思维训练 /180

11.7 侧向思维和超前思维训练 /182

本章小结 /184

训练题要点提示 /184

第 12 章 创新方法 /185

12.1 头脑风暴法 /185

12.2 组合创新法 /187

12.3 列举分析法 /191

12.4 设问法 /193

12.5 逆向转换法 /196

12.6 创造需求法 /198

本章小结 /200

训练题要点提示 /201

第 13 章 创新案例 /202

13.1 摩拜单车的商业模式创新 /202

13.2 韩都衣舍的平台创新模式 /206

13.3 京东到家的协同创新模式 /210

13.4 Keep：自由运动场的成功之道 /214

参考文献 /218

上篇

创新理论

Chapter 1
第1章

创新的时代背景

创新能力是一个国家核心竞争力的体现,继自主创新、开放式创新之后,协同创新已经成为时代的主流创新范式。在供给侧改革和产业结构调整的大背景下,虽然我国的自主创新能力有所提升,但是创新的效率不高。我国要从制造大国向制造强国转变,要实现"2020年成为创新型国家,2050年成为世界科技强国"的战略目标,需要促进政产学研用等主体的深度整合,通过创新合作,实现价值共创,即利用协同创新的模式提升创新能力,推动经济发展。

⚠ 学习目标

了解我国创新能力的现状。
理解我国创新型国家的建设目标。
了解和认知协同创新的创新范式。

📚 引例

"2011计划":协同创新中心

2011年,协同创新的概念首次提出,该概念源于国家的"2011计划"(高等学校创新能力提升计划)。"2011计划"是中华人民共和国国务院的重大战略举措,以高等教育系统为载体,建设多元主体的协同创新中心,具体分为面向科学前沿、面向文化传承创新、面向行业产业和面向区域发展四种类型的协同创新中心。2013年4月11日,首批国家级协同创新中心通过认定,由北京大学、南京大学、中国科学技术大学、哈尔滨工业大学、北京航空航天大学、四川大学、河南农业大学、北京交通大学、中国政法大学、天津大学、南京工业大学、浙江工业大学等校牵头的14个协同创新中心,成为第一批引领创新发展的"2011计划"建设体。

协同创新中心的目的在于整合科研资源,攻关和攻克重点领域的难题,特别是国家急需的战略性问题、科学技术尖端领域的前瞻性问题、涉及国计民生的重大公益性问题。

（1）面向科学前沿的协同创新中心。该类协同创新中心的任务是以自然科学为主体，以世界一流为目标，通过高校与高校、科研院所以及国际知名学术机构的强强联合，成为代表我国本领域科学研究和人才培养水平与能力的学术高地。

（2）面向文化传承创新的协同创新中心。该类协同创新中心的任务是以哲学社会科学为主体，通过高校与高校、科研院所、政府部门、行业产业以及国际学术机构的强强联合，成为提升国家文化软实力、增强中华文化国际影响力的主力阵营。

（3）面向行业产业的协同创新中心。该类协同创新中心的任务是以工程技术学科为主体，以培育战略新兴产业和改造传统产业为重点，通过高校与高校、科研院所，特别是与大型骨干企业的强强联合，成为支撑我国行业产业发展的核心共性技术研发和转移的重要基地。

（4）面向区域发展的协同创新中心。该类协同创新中心的任务是以地方政府为主导，以切实服务区域经济和社会发展为重点，通过推动省内外高校与当地支柱产业中重点企业或产业化基地的深度融合，成为促进区域创新发展的引领阵地。

协同创新中心主要是整合高校之间、高校与企业之间、高校与科研机构之间的创新资源，强调内部和外部资源的整合，改变"分散、封闭、低效"的创新现状，实现协同创新模式，提升创新能力。发挥高校多学科、多功能的优势，联合内部和外部各种创新力量，形成"多元、融合、动态、持续"的协同创新模式，解决我国目前面临的重大前瞻性科学问题、行业产业共性技术问题、区域经济与社会发展的关键问题以及文化传承创新问题。

2014年，又有24个协同创新中心成为第二批引领创新发展的"2011计划"建设体。

资料来源：作者根据相关资料整理。

1.1 我国创新能力现状

在经济全球化背景下，随着知识经济、共享经济时代的到来，创新成为驱动经济发展的主要动力。世界各国都在以创新型国家为目标，提升自身的创新能力，进而提升国家竞争力。长期以来，中国以"制造大国""世界工厂"的形象展现在世界面前，而"中国制造"已经面临着产业升级和结构调整，中国要成为"制造强国"仍需要较长的时间。

1.1.1 我国的创新能力不足

从全球科技实力排名中可以看出中国与其他国家的差距。第1名是美国。从科研实力来看，全球70%以上的诺贝尔奖获得者来自美国高校。从科学贡献程度来看，美国有17所高校进入了全球最顶尖的20所大学，培养出了全球最优秀的工程师和卓越的科学家。英特尔、微软、甲骨文等公司成为全球最顶尖的科技公司。美国的技术优势还体现在其军工领域、航空航天领域、医学技术领域、信息科学领域等。第2名是英国。日本和德国设备的核心芯片都来自于英国的ARM公司。从科研实力来看，全球最好的200所大学中，英国有32所高校入围，仅次于美国。另外，英国在钢铁、制药、生物育种、航空航天、机械、微电子、军工、环境科学等方面都处于世界一流之列，英国整体科技实力位居世界第2。第3名是日本。在全球大学排行榜以及全球科技贡献程度上，日本高校仅次于美国和英国。日本名企东芝、三菱等，都具备较强的科研实力。日本在材料科学、尖端机器人等方面名列前茅。第4名是法国。法国的高校教育一直保持精英教育模式。法国人更富有创新精神和冒险精神，拥有50多名诺贝尔奖获得者，十几名菲尔兹奖获得者。法国在航天、能源、材料科学、空间技术等方面具有较强的科技优势。第5名是德国。德国人具有较严谨的科学精神，德国有70多名诺贝尔奖获得者。德国的科技来源于德国的教育和制造业。第6名是芬兰。虽然芬兰只有500多万人口，却有17项科技进入全球20项关键科技领域的前10名。据美国国防部报告，芬兰是世界上向中国转让高科技技术最多的国家，是中国在北欧的第二大技术转让方。第7名是以色列。以色列有很高的教育水平，24%的劳动人口拥有研究生以上的学历，居全球第1。以色列科学家在电子、化学方面对世界科技做出了卓越贡献。美国较多的高科技公司都在以色列设立研发中心，吸纳当地优秀的科技工作者为其服务。第8名是瑞典。诺贝尔奖的评委是瑞典人，足以证明其拥有一流的科学家。瑞典38%的劳动者就业于高科技公司，这个比例居世界第1。第9名是意大利。意大利人的创新能力较为卓越，能够设计出最好的服装，引领时尚的潮流。意大利在奢侈品方面（包括跑车）的创新能力甚至远超欧美。第10名是加拿大。在全球20个关键科学技术领域中，加拿大有16项处于前20名，4项处于世界前五。第11～19名分别是荷兰、丹麦、瑞士、澳大利亚、挪威、比利时、俄罗斯、新加坡、韩国。

据世界知识产权组织（WIPO）发布的《2015年全球创新指数报告》，数据显示，瑞士、英国、瑞典、荷兰、美国是世界上最具创新力的5个国家，中国排名第29位（2012年排名第34位）。排名前10的国家还包括芬兰、新加坡、爱尔兰、卢森堡和丹麦。亚洲国家中只有新加坡进入了前10名。这些数据表明，中国仍然是一个经济和科技大国，却不是一个经济和科技强国。

1.1.2 我国的创新资源分散

从创新产出来看，我国的主要创新资源集中于企业的科研机构、高校和科研院所单位。但长期以来，企业与高校、科技机构之间的合作较少，企业研发机构的研究主要聚焦于企业自身的产品和服务上，高校和科研机构的研究主要依赖于科研规划项目，企业的产品/服务研发与高校科研机构的科研项目是分离的，彼此之间缺少合作。

1. 企业的创新资源分散

企业是创新的主体，但是企业层面的创新资源是分散的。首先，企业之间的竞争多于合作，特别是研发方面的合作甚少。企业之间的合作关系有两种，一种是异质化合作，一种是同质化合作。异质化合作依赖于产业链条上的上下游关系，企业之间容易形成研发联盟或技术联盟，但都因知识共享难度和知识溢出问题而阻碍了合作。同质化合作，即行业内的强强联合，经营相似产品或服务的企业为了攻克技术难题而进行合作，但也常常由于合作方式、合作成果分配等问题，阻碍相互之间的研发合作。具体到每个企业而言，我国企业的研发机构数量较少，很多企业不存在研发环节，研发能力严重不足。企业普遍存在一种问题，即重生产轻研发，倾向于消化吸收创新、模仿创新，创新资源投入少，创新层次较低。特别是制造类企业，多数企业处于"有制造，无创造"的状态，缺少知识产权，甚至是处于仿造状态。具有研发和创新思维的劳动力，分散化地服务于不同的企业，很难形成合力。

2. 高校和科研院所的创新资源分散

高校和科研院所是最具备创新资源的组织，但也都是分散地进行各自的科研工作。由于考核机制的问题，高校和科研院校的科研力量是分散的，科研工作是独立进行的。虽然近几年都较为注重科研团队的建设，但由于对科研工作者个体的考核体系，科研工作者相互间的合作也受到限制。从科研项目的属性来看，规划项目和重点项目的整合程度不高，很难实现科技资源和成果共享，导致重复研究现象频出。从学科发展来看，高校和科研机构的科研平台多倾斜于重点学科和基础学科，导致对交叉学科、新兴学科的支持力度较弱，这些学科的投入程度较低，直接导致国际化程度较低，竞争能力也较弱。从科研导向和市场需求层面来看，高校和科研院校的科研工作偏重于基础研究，或者属于技术导向型，注重技术本身的前沿性和先进性，而对市场需求的把握有偏差，市场洞察力弱。这种现象直接导致高校和科研院校的科研成果转化率低，仅有10%左右的科研成果或专利转化为企业的现实生产力。这些都是由于科研资源分散而导致的，科研单位和企业没有形成深度合作关系。

我国的创新资源之所以分散，与企业的创新模式也有关系。在相当长的一段时间内，我们鼓励企业在引进式创新、模仿式创新的基础上进行自主创新，多数企业将这种自主创新理解为自我创新和封闭式创新，不愿意与企业外部的创新资源和创新力量合作。

1.1.3 我国创新能力的不均衡发展

随着创业创新浪潮的兴起，我国各地方政府相继出台了支撑创新的创新政策体系，但是由于创新主体、创新环境、创新服务业、创新融资等的差异性，各地区的创新能力存在较大差异，呈现不均衡发展态势。例如，北京市以"着力打造全国科技创新中心"为目标，天津市以"全力打造双创特区"为目标，上海市的发展战略是创业创新推动新技术、新产品、新业态、新模式蓬勃发展,杭州市的战略是积极打造创业梦想小镇,武汉市以培育创业创新沃土为举措,深圳市以"着力营造良好的创业创新生态"为发展目标,这些不同的发展目标和导向导致了不同地区的创新能力差异化发展。

清华大学启迪创新研究院对中国城市的创新创业环境进行了测评,根据政府支持环境、产业发展环境、人才环境、研发环境、金融环境、中介服务环境、市场环境、创新知名度这8个指标对全国的城市创新创业环境进行了评估。根据该研究院的报告,2014年我国主要省会城市创新创业环境排名如表1-1所示。

表1-1 2014年度我国主要省会城市创新创业环境排名

2014年度排名	城市名称	所在省份/自治区	2013年度排名
2	广州	广东	2
3	成都	四川	4
4	南京	江苏	6
6	杭州	浙江	3
7	西安	陕西	8
8	武汉	湖北	5
9	郑州	河南	12
11	长沙	湖南	9
13	合肥	安徽	13
16	福州	福建	23
18	太原	山西	20
20	济南	山东	16
21	沈阳	辽宁	14
24	长春	吉林	24
25	海口	海南	33
26	贵阳	贵州	26
27	昆明	云南	22
28	兰州	甘肃	35
32	石家庄	河北	31
33	哈尔滨	黑龙江	25
34	南昌	江西	40
36	南宁	广西	48
39	乌鲁木齐	新疆	32
48	呼和浩特	内蒙古	56
77	西宁	青海	74
80	银川	宁夏	83

资料来源:清华大学启迪创新研究院. 2015中国城市创新创业环境评价研究报告[M]. 北京:清华大学出版社,2016.

从整体上来看,我国的创新能力发展区域性特征明显,呈现不均衡发展。东南部沿海地区持续领先，中西部崛起势头明显，东北地区创新环境略有好转；三大经济圈集聚效应明显，长三角地区、珠三角地区、环渤海地区较具优势。

1.2 创新型国家建设目标

创新能力已经成为一个国家综合实力和竞争力的核心体现。对于经营主体而言，面对国内市场和国际市场的激烈竞争，企业"要么创新，要么就是死亡"。对于国家而言，以技术创新为经济社会发展的核心驱动力已成为必然趋势。

我国提出以创新型国家建设为目标，这也是时代的历史使命体现。2006年1月9日，国家主席胡锦涛在全国科技大会上宣布中国未来15年科技发展的目标时，提出"2020年建成创新型国家"的伟大目标。创新型国家的表现是：整个社会对创新活动的投入较高，重要产业的国际技术竞争力较强，投入产出的绩效较高，科技进步和技术创新在产业发展和国家的财富增长中起重要作用。创新型国家应具备以下四个特征：①创新投入高，国家的研发投入，即R&D（研究与开发）支出占GDP的比例一般在2%以上；②科技进步贡献率达70%以上；③自主创新能力强，国家的对外技术依存度指标通常在30%以下；④创新产出高。目前世界公认的创新型国家大约有20个，包括美国、日本、芬兰等国家。

2006年，胡锦涛主席在全国科技大会上宣布"2020年建成创新型国家"时，中国科技创新的基本指标是：到2020年，经济增长的科技进步贡献率要从39%提高到60%以上，全社会的研发投入占GDP比重要从1.35%提高到2.5%。

2012年，全国科技创新大会进一步细化了"2020年建成创新型国家"的战略目标。到2020年，我国要基本建成适应社会主义市场经济体制、符合科技发展规律的中国特色的国家创新体系；原始创新能力明显提高，集成创新、引进消化吸收再创新能力大幅增强；关键领域科学研究实现原创性重大突破，战略性高技术领域技术研发实现跨越式发展，若干领域创新成果进入世界前列；创新环境更加优化，创新效益大幅度提高，创新人才竞相涌现，全民科学素质普遍提高，科技支撑引领经济社会发展能力大幅度提升，进入创新型国家行列。

2015年，李克强总理在《政府工作报告》中提出，打造"大众创业、万众创新"和"增加公共产品、公共服务"双引擎，推动发展调速不减势、量增质更优，实现中国经济提质增效升级。2015年3月，国务院办公厅印发了《关于发展众创空间推进大众创新创业的指导意见》，全面部署推进大众创业、万众创新工作。2015年成为"大众创业、万众创新"的双创元年。"大众创业、万众创新"战略的提出，是进一步推动我国建设成为创新型国家的重要举措。

在2016年的《政府工作报告》中，"创新"仍是一个高频词（59次），"科技创新""人才创新""制度创新""思维创新"等话题更是代表们热议的焦点。《政府工作报告》再次强调了"2020年建成创新型国家"的战略目标，力争在基础研究、应用研究和战略前沿领域取得重大突破，全社会研发经费投入强度达到2.5%，科技进步对经济增长的贡献率达到60%，迈进创新型国家和人才强国行列。报告指出，我国需要充分释放全社会创业创新潜能。着力实施创新驱动发展战略，促进科技与经济深度融合，提高实体经济的整体素质和竞争力。一是强化企业创新主体地位。二是发挥大众创业、万众创新和"互联网+"集众智汇众力的乘数效应。三是深化科技管理体制改革。

我国目前的时代发展理念是"创新、协调、绿色、开放、共享"，国家高层领导高度重视创新发展。例如，习近平总书记指出"创新是社会进步的灵魂，创业是推动经济社会发展、改善民生的重要途径"。李克强总理指出"解放和发展生产力，当前就是要促进大众创业、万众创新。通过激发市场和社会活力，让每个有创业意愿的人都拥有创业空间，在中国大地上掀起'大众创业''草根创业'热潮"。

1.3 协同创新成为主流创新范式

协同创新成为时代所需的创新模式，这种创新范式比自主创新、开放式创新更具有效率优势，能够在全社会范围内整合创新资源，降低创新成本，提升创新速度和成功率。

1.3.1 协同创新成为主流创新范式

中国经济进入质的发展阶段，创新已经成为时代特征，"大众创业、万众创新"已成为驱动经济发展的引擎。对于中小企业而言，加强自主创新，提高技术创新能力，是实现自身转型升级和增强竞争力的关键。对于大型企业和优秀企业而言，提升产品或服务创新，已成为提高价值创造、改善其在全球价值链环节节点位置的核心途径。国家面对的关键核心技术、科学技术尖端领域的前瞻性问题等，必须通过创新来解决。与自主创新相比，协同创新是更高层次的创新范式，这种创新模式强调组织间和全社会范围内的创新资源共享，并能最大限度地实现低成本、高效率创新。

关键领域和技术尖端领域内的创新，更需要协同创新来实现。例如，美国波音777飞机的诞生，就是大型工程协同创新的典范。整个项目参与人员总数超过8 000人，所用的小型机和个人电脑总数超过1万台，通过对10万余个零部件的数字化定义，并在计算机上进行数字化预装配和设计更改，整机的设计制造周期仅为4.5年，远远低于757、767所花的9～10年的时间，创造了巨大的经济效益。从中可以看出，协同创新能够实现人力资源共享、设备共享，以较高的效率完成创新项目。美国硅谷之所以能够诞生苹果、惠普、英特尔这样的世界一流企业，同样也是得益于硅谷所在地政府、企业、大学、科研机构以及其他中介机构的协同创新环境。

1.3.2 协同创新范式的内涵

1. 协同的内涵

"协同"一词出自古希腊语，或曰协和、同步、和谐、协调、协作、合作，是协同学（synergetics）的基本范畴。关于协同的含义，《说文》中的解释是"协，众之同和也。同，合会也"。

最早提出"协同"概念的是斯图加特大学教授、著名物理学家赫尔曼·哈肯（Hermann Haken），他于1971年提出协同的概念，并在1976年系统地论述了协同理论。协同论亦称"协同学"或"协和学"，是在20世纪70年代之后逐渐形成和发展起来的一门新兴学科，属于系统科学的重要分支理论。所谓协同，就是指协调两个或者两个以上的不同资源或者个体，协同一致地完成某一目标的过程或能力。

2. 协同创新的内涵

美国麻省理工学院斯隆中心的研究员彼得·葛洛（Peter Gloor）给出了协同创新的定义：协同创新是"由自我激励的人员所组成的网络小组形成集体愿景，借助网络交流思路、信息及工作状况，合作实现共同的目标"。显然，协同创新的这一定义局限于个体层面的协同创新。

2011年，中国提出了"2011计划"，提及了协同创新范式。推出协同创新范式的目的是大力推进高校、科研院所、行业企业、政府以及其他中介机构之间的深度合作，探索适应不同需求的创新模式，营造有利于创新的环境和氛围。可以看出，协同创新范式与传统创新存在很大差别，协同创新强调对创新资源、创新要素的汇聚，实现创新要素之间的整合和互动，共享科技成果和技术资源。

2012年，清华大学经济与管理学院的陈劲教授提出了协同创新的概念。他认为，协同创新是将各个创新主体要素进行系统优化、合作创新的过程，协同创新可以从整合以及互动两个维度来分析。在整合维度上，协同创新主要包括知识、资源、行动和绩效，而在互动维度上，协同创新主要是指各个创新主体之间的互惠知识共享、资源优化配置、行动最优同步以及系统的匹配度。协同创新的理论框架如图1-1所示。

在协同创新体系中，知识共享是最关键的协同，知识共享可以实现"1+1>2"的效果。在国家的"2011计划"中，政府部门、企业、科研院校、科技中介机构之间协同创新的最终目标是实现知识增值，这也是协同创新的本质所在。

在协同创新体系中，首先要实现高校科研机构与企业的协同。企业是主要的创新主体，也是协同创新的主体，掌握了最准确和最前沿的市场需求，这是创新活动的出发点。高校和科研机构具备创新的核心资源，如科研人员、科研设备、科研文献资料、科研实验室等，可以很好地设计出较好的创新产品或服务。两者的协同创新，可以激活最强的创新力量以满足市场需求。

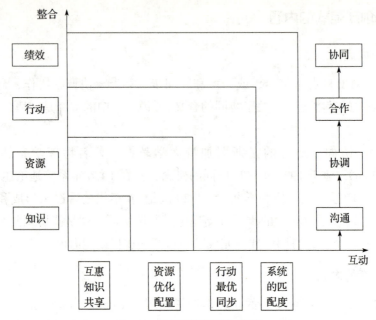

图 1-1 协同创新的理论框架

资料来源：陈劲，阳银娟. 协同创新的理论基础与内涵[J]. 科学学研究，2012，30（2）：161-164.

在协同创新体系中，另外是实现高校与科研机构之间的协同。高校和科研机构的协同特征表现为互补性、共赢性、协同性和开放性。高校教育机构和科研机构实现合作，可以进行资源整合和能力互补，促进科研成果向教育成果的转化，将最新的知识创造在教育中进行传播，使得高校教育与时俱进。科研机构也可以通过高校为其培养定制化的科研力量，提高创新效率。

案例 1-1

爱奇艺的"AI+"创新模式

爱奇艺的创始人龚宇于 2010 年 4 月 22 日创立该视频网站，爱奇艺坚持以持续的技术创新、产品创新为用户提供清晰、流畅、界面友好的观影体验。2018 年 9 月 3 日，爱奇艺对外发布声明称，即日起关闭显示全站前台播放量数据。爱奇艺将在多元化的内容储备、个性化的产品体验、定制化的营销服务领域继续发力，引领视频体验革命。目前，爱奇艺从技术、产品、内容与商业模式创新出发，引领中国视频行业走向"AI+"新模式。

海量精品内容昭示变革：新拐点率先"卡位"新赛道、新娱乐

影视行业正在迎来发展新拐点，制作者们在求变，产业涌现出越来越多的机会，视频平台的任务是要将有价值的内容传递给行业。爱奇艺公布了 2019 年 200 多部作品的海量片单。精品内容涵盖大剧、综艺、动漫、电影、直播等领域。其中包括《黄金瞳》《破冰行动》《唐人街探案》等近百部精品剧集，《国风美少年》《恋爱捕手》等全新综艺节目，以及《四海鲸骑2》《狐狸之声》等人气动漫、动画。除此之外，顶级体育赛事、线下演唱会、儿童、泛二次元等多领域、跨次元壁的内容板块将持续丰富大平台的内容生态格局构建。在这些海量片中，爱奇艺自制内容（包括自制剧、自制综艺）占比持续扩大，多部自制IP内容实现系列化孵化，自有内容IP养成初见规模。

此外，为了追赶消费主流，爱奇艺将推出竖屏内容，以高质量、年轻化为内容诉求，助力草根红人和作品进化为专业人才和专业作品。

"AI+娱乐"驱动娱乐行业系统性创新，爱奇艺引领标准重构

精品内容源自爱奇艺"技术+娱乐"双螺旋基因主导的AI创新。互联网时代，借助大数据+深度学习，爱奇艺AI技术在热度预判、题材、角色选择等方面为制作方提供参考，为"爆款"铺路。通过"只看TA"、ZoomAI、蒙版弹幕等AI技术创新功能，爱奇艺为用户打造了个性化的互动观看体验。为更好地为精品内容创作生态服务，爱奇艺综合了观看、互动、分享等多维度的内容热度值作为当下内容受欢迎程度的参考。这项以大数据和机器学习为基础的研发与尝试，力图建立起一个更科学、更客观的内容受欢迎程度观测坐标系，为用户、片方以及商业合作伙伴具备更好的消费体验和内容价值判断提供依据。

显而易见，在"AI+娱乐"双轮驱动下，爱奇艺的科技力正在将创新的边界从影响一部剧集内容、撬动内容生产的体系化建立逐步延伸至对于内容评定标准的再思考，引领了行业系统性创新。

平台与品牌共振：IP价值观感染营销，爱奇艺成为青年流行文化策源地

爱奇艺持续坚持成为"爆款制造机"，不仅有《偶像练习生》《中国新说唱》《奇葩说》等现象级爆款综艺，爆款剧《延禧攻略》更是以超128亿微博话题阅读量、超997万次的话题讨论量引发全民关注热潮。"爆款"频出的背后，是爱奇艺对于青年用户群体的敏锐捕捉以及对行业变化的超前洞察。无论是《延禧攻略》的"反套路"引发追捧热度，还是《奇葩说》第五季和《中国新说唱》体现的内容求生欲，爱奇艺都推出了评判内容的新标准——热度值和横+竖屏观看模式，都折射出娱乐产业背后的年轻用户群体的需求变化。

娱乐产业的趋势是"洞悉"年轻圈层的偏好，品牌应该学会从年轻人的角度去追逐和观察，内容品牌应该拥抱年轻用户，以敢于尝鲜、对内容及营销保持好奇心、敢于试错的年轻基因，选择一个年轻平台合作，才能实现"逆生长"。爱奇艺保持突破式创新的基础心理状态，促使爱奇艺时刻关注年轻人，为年轻人提供更好的内容和服务。同时以"IP价值观感染营销"帮助品牌走花路，实现"逆生长"。

从内容精耕青年潮流文化细分领域到突破横屏重新定义竖屏内容，从率先挑战单一内容评价维度到通过AI技术重构内容文化生产工业化标准，爱奇艺始终致力于与年轻人站在一起，成为中国青年流行文化的策源地。

资料来源：根据网络资源和相关资料整理。

案例 1-2

创行组织的创新项目

组织简介

创行（国际性非营利组织 Enactus[⊖] 的中文名）成立于 1975 年，是一个由近 40 个国家超过 2 000 所高校的在校大学生、学术界人士以及来自全球 500 强企业的商界领袖所组成的国际性非营利组织，创行的 LOGO 如图 1-2 所示。该组织总部设在美国，组织愿景是运用积极的商业力量，践行企业家精神，共创更美好、可持续发展的世界。创行每年都会与数以百计的大公司合作，组织汇聚了教育工作者和商界领袖的知识、专业技能，每年为全世界超过 70 000 名大学生发挥创新热情带来了机会。创行于 2002 年进入中国，积极与各大高校合作，目前已经覆盖了全国 286 所高校，获得了 60 多家中外知名公司的支持，该组织被在校大学生视为个人成长和提升实践能力的不二选择。

图 1-2 创行的 LOGO

创行组织的创新项目

创行是全球三大国际大学生组织之一，它的创新公益项目覆盖领域较为广泛，组织内的学生成员可以根据不同社区的社会需求，运用市场洞察力自主运作项目，以帮助人们提高生活质量。比如，农业及灌溉类项目，以培土、农业种植以及培育和饲养家畜为主，涉及相关的农业和灌溉技术；助力企业发展类项目，以促进和推动企业现有业务为主，这类项目或企业并非由创行团队开发或创立的；创业类项目，是指团队以创业形式开展的项目，或者由创业者和团队共同合作完成的项目。创行的创新公益项目还包括教育类项目、新能源类项目、环境类项目、金融知识普及类项目、健康及卫生类项目、温饱类项目、技术人员或艺人帮扶类项目、科技类项目、志愿者服务类项目、水资源相关项目等。近年来，中国区域的创行创新项目中的优秀项目如下。

厦门大学的"蛎海蛎民"项目

该项目旨在解决东南沿海贝壳堆积污染问题，是由厦门大学的创行队员在志愿支教时产生的创意。位于福建省漳州市诏安县四都镇的大梧村，长期以海蛎加工作为该村主要的经济来源，但也因此面临着平均每年 2 000 吨废弃海蛎壳的处理问题，村民们饱受

⊖ Enactus 的内涵取自三个英文单词，即 "entrepreneurial" "action" 和 "us" 的组合，代表的含义是 "企业家行动"，共同通过企业家精神的实践行动为社区做出改变，"entrepreneurial" 指企业家精神，即卓越的洞察力和创造价值；"action" 指行动力，承诺并愿意完成一些事情；"us" 指我们，是一群坚信并用实践证明企业家精神与行动的力量。中文名创行的含义：创——企业家精神，创新和创造无限可能；行——行动，承诺用自身的热情和理念，通过行动去影响他人。

恶臭和苍蝇骚扰之苦，附近的海域面临着可怕的污染。为帮助当地人民解决这一难题，厦门大学的创行团队于2011年初帮助联系台湾厂商在当地设厂进行海砺壳粉加工，台湾厂商拥有先进的海蛎壳处理技术，并且生产过程中运用的是无烟煤，废气不会排到空中。该海砺壳粉加工厂年海蛎壳处理量可达11 000吨，直接解决附近7个村子的海蛎壳堆积和长期污染问题。将海砺壳变废为宝，使得海砺壳堆积问题得到了解决，环境得到了改善，同时还推动了该地区海砺加工业的发展。厦门大学创行团队的"蛎海蛎民"项目，实现了经济效益、环境效益、社会效益的融合，并在当地大力推广。

大连理工大学的"残疾人呼叫中心"项目

该项目旨在帮助大连市易尚阳光呼叫中心改善其运营现状，是由大连理工大学的创行团队孕育的创新成果。大连理工大学的创行团队针对残疾人呼叫中心开展员工培训，利用网络及户外媒体的宣传，积极走访中小型企业，拓展呼叫中心的客户群，帮助其建立稳定的市场业务。2010年，该项目已使40名原本仅依靠政府资助的残疾人平均获得1 500元的月薪。2011年，大连市易尚阳光呼叫中心被确定为中国残联的残疾人信息化就业基地，成为中国残联授权呼叫中心项目的唯一运营单位，还获得大连市政府人口计生委的外包呼叫业务，该呼叫基地完成居家就业170人，集中就业136人。该项目预计将推广覆盖全国23个省，就业人数累计将突破10万人，将成为世界上最大的一个分布式呼叫中心。

中山大学的"金色鱼塘"项目

该项目致力于在珠海市平沙镇推广"冬草夏鱼"的生态种养模式，是中山大学创行团队的创新成果。珠海市平沙镇以罗非鱼养殖为生的750个家庭急需帮助，需要帮助他们改变池塘中化学药物的过度使用、农耕分离和低下的冬季收入难题。"金色鱼塘"是一种生态种养模式创新，冬季在罗非鱼鱼塘里种植黑麦草这种适合在冬季生长的优质青饲料。大学生创行团队教授当地渔民黑麦草种植技术，并将渔民们组建成一个合作社来降低养殖成本，以当地兔、牛养殖场的草料供给为目标建立直销渠道。"金色鱼塘"项目解决了当地社区的三个主要问题，即冬季鱼塘闲置、鱼塘水质富营养化、农民收入不稳定问题，不仅成功创造了可观的经济、社会和环境效益，而且具有很高的可持续发展和复制推广价值。中山大学创行团队凭借此项目夺得2011年创行世界杯中国站总冠军。

暨南大学的"绿动未来"项目

广州市每天产生的生活垃圾超过1.4万吨，其中7 000吨为厨余垃圾。大量的厨余垃圾最后只能焚烧或是填埋，产生的大量污染物使土地的养分逐渐流失，重金属含量增加，对环境造成了极大污染。暨南大学的创行团队通过查阅资料和咨询专家，尝试启动利用蚯蚓吞食厨余垃圾并产出有机肥的项目计划。该项目从气味入手，使用预处理机将垃圾中的固体和液体尽量分离，脱水、脱油、脱盐之后，让引自日本的大平2号蚯蚓对厨余垃圾进行处理，大大减少了难闻的气味。目前，1公斤蚯蚓1天能够处理1公斤的垃圾，并产出温和干净的肥料。该项目在推广过程中已经与农民、企业和政府形成合作平台，其中农民负责提供实验田，企业负责提供蚯蚓种，政府则负责交流联系。农民可以卖蚯蚓、使用有机肥使蔬菜增产,企业卖出了蚯蚓种苗,政府处理厨余垃圾的费用下降,实现了农场、企业、政府多赢。

资料来源:根据相关资料和网络资料整理。

本章小结

本章内容介绍了我国创新能力的现状,与创新型国家相比,我国的创新能力不足,创新资源较为分散,创新能力呈现不均衡发展状态。结合时代所需,提出协同创新成为主流创新范式,讲述了协同创新范式的内涵。本章内容使得学生能够理解我国创新型国家建设的目标和意义,并让学生了解协同创新范式,对该创新范式产生一定的认知。

复习思考题

1. 请思考如何提升一个国家的创新能力,政府如何出台政策引导?企业该如何去做?地区之间如何协同发展?
2. 请思考协同创新这一创新范式的优越性,并找出一个协同创新的具体项目,给出详细说明。
3. 我国建设创新型国家的战略目标,如何分阶段去实现?请结合创新型国家的特征,试着写出一个分阶段的方案。
4. 如何理解协同创新的理论框架?如何理解互惠知识共享、资源优化配置、行动最优同步以及系统的匹配度?

Chapter 2 第2章

创新的理论演进

创新是企业基业长青的灵魂,没有创新,企业就很难生存。在自主创新为主流创新范式的时代,企业倾向于充分利用自身内部的创新资源进行创新,创造新产品或服务,或者是创造新流程等。在经济全球化的背景下,企业的创新范式由自主创新走向开放式创新,企业注重合作创新,整合企业内外部资源进行创新,提高了创新效率。在互联网时代,协同创新范式成为创新的主流,企业需要整合多方的创新资源,建立一个高度动态、合作互动的创新生态系统,实现创新边界和范畴的突破。

⚠ 学习目标

理解自主创新的创新范式。
理解和把握开放式创新的创新范式。
理解和掌握协同创新的创新范式。

📚 引例

浙江新和成由民企变为名企的华丽转身

浙江新和成股份有限公司(以下简称为新和成)于1999年注册成立,2004年在深圳中小企业板上市,股票代码002001,是国内中小企业板块第一股。截至2018年,上市14年来,累计分红达36.7亿元。新和成是一家高科技、高成长、高效益的国家重点高新技术企业,总部设在浙江新昌,在新昌、上虞、山东、安徽等地设有多家子公司和生产基地。自1999年创办以来,新和成始终专注于精细化工,坚持创新驱动和均衡、永续发展理念,在营养品、香精香料、原料药、高分子新材料等领域,为全球100多个国家和地区的客户提供动物营养、人类营养、医药、生命健康、环保、工程塑料等方面的解决方案,以优质健康和绿色环保的产品不断改善人类生活品质,为利益相关方创造可持续的价值。

新和成在短短的时间内由民企华丽转身成为名企,主要得益于其独辟蹊径的"借智发力"。新和成一直坚持"需求导向、内联外合"的研发理念，以开放、合作的互联网思维，建设全员、全面、立体、持续不断的系统创新工程，形成创新文化，为企业未来的竞争注入持续动力。例如，新和成将科研基地"搬"到上海、杭州等大中城市，与全国各相关大专院校、科研单位建立长期的合作关系，创办实验室，形成了利益共享、风险共担的合作机制。早在1992年，新和成就与浙江大学寻求合作，开始走产学研合作之路。1998年，新和成与浙江大学签订长期合作协议，拓宽合作范围，并逐步与江南大学、浙江工业大学、兰州大学、清华大学、天津大学、北京化工大学、上海化工研究院、中科院上海有机所、中科院大连化物所、中科院北京化学所等高校及科研院开展了广泛的合作。2012年，新和成与浙江大学成立联合研发中心，为其吸引全球最优秀的科技人才、培养高端研究人才、研发具有自主知识产权的产品和技术及获得最前沿的科技信息提供了平台。

通过"借智发力"，新和成相继成功开发了香叶酯、紫罗兰酮等兼具科技含量和市场价值的新产品，并相继攻克了维生素中间体在分离中分子量大、肽链长、热敏性高等高科技难题。新和成与外部科研院所的合作也进一步加快了其科研成果的转化速度，以维生素A的开发为例，从实验到中试，再到工业化生产，新和成用了不到3年的时间，这种速度在业界难得一见。此外，科技"联姻"使新和成建立了有效的科技人才培养机制、科技研发投入机制和技术创新运行机制，形成了一个强大的研究机构。

随着一批批新产品的"呱呱坠地"，新和成水到渠成地成为第一批国家高新技术企业。公司总裁胡柏剡表示，"新和成的成长壮大，得益于坚持不懈的科技创新，得益于科技为先的经营理念"。新和成秉承科技创新、合作共赢的创新理念，借助外部创新资源不断提高自身的创新实力，构建了强有力的创新力磁场。科技驱动了新和成协同创新的实现和成功，加速了科技价值转换过程。

在科技的驱动下，新和成较好地构建了自身的创新网络，提高了自主研发和创新能力。新和成的创新范式以及通过该创新范式取得的成就，详见公司的官网介绍（http://www.cnhu.com/index.php）。

资料来源：陈劲. 协同创新 [M]. 杭州：浙江大学出版社，2012：46-47.

2.1 自主创新范式

"创新"一词本身并不是新概念，人们早就对创新有所认知。创新是以新思维、新发明、新描述为特征的一种概念化过程。创新一词最早起源于拉丁语，有三层含义：第一层含义是更新，第二层含义是创造新的东西，第三层含义是改变。

2.1.1 创新的内涵

哲学能够为人们认识世界和改造世界提供方法论指导。从哲学的角度来看，创新是人的实践行为，是人类对于发现的再创造，是对于物质世界矛盾的利用再创造。人类通过对物质世界的再创造，制造新的矛盾关系，形成新的物质形态。

关于"创新"一词的来源，中国古史书中早有记载。《南史·后妃传上·宋世祖殷淑仪》提到："据《春秋》，仲子非鲁惠公元嫡，尚得考别宫。今贵妃盖天秩之崇班，理应创新。"萧乾在《一本褪色的相册》十二中写道："在语言创新方面，享有特权的诗人理应是先驱。"可以看出，创新一词本身并不是新的概念，古人早有创新的意识。

从英文来看，创新"innovation"一词的含义是"the process of translating an idea or invention into a good or service that creates value or for which customers will pay"或者是"to be called an innovation, an idea must be replicable at an economical cost and must satisfy a specific need"。"Innovation"的含义具体应用在营销学领域，强调了企业产品或服务的创新，以及创新的属性应该是满足顾客的需求。

综合上述各种观点和对创新的理解，本书将创新定义为：创新是指以现有的思维模式提出有别于常规或常人思路的见解，利用现有的知识和物质，在特定的环境中，本着理想化需要或为满足社会需求而改进或创造新的事物、方法、元素、路径、环境，并能获得一定有益效果的行为。

为了使人们对"创新"的理解更通俗，更具有可操作性，可以参考经济学家约瑟夫·熊彼特（Joseph Alois Schumpeter）的创新理论。熊彼特在1912年提出了"创新理论"。该理论认为，现代经济发展的根本动力在于创新，创新包括五种情况：采用一种新的产品；采用一种新的生产方法；开辟一个新的市场；掠取或控制原材料或半制成品的一种新的供应来源；实现任何一种工业的新组织。

在"大众创业、万众创新"的新时代和新形势下，创新可以应用到各个社会领域。例如，原始创新和改进创新，绝对创新和相对创新，自主创新和模仿创新，以及科技创新、制度创新、观念创新、文化创新、教育创新、理论创新、营销创新、技术创新、产品创新、集成创新、工艺创新、市场创新、广告创新、管理创新等。创新和创新活动无处不在，无时不有。

2.1.2 自主创新范式

1. 自主创新

自主创新的提法与中国企业特别是中国制造类企业的发展历程密切相关。自改革开放以来，在中国经济转型背景下，中国企业特别是外向型企业都经历了从模仿创新到自主创新的转变。在模仿创新阶段，中国企业缺乏知识产权，缺乏核心技术，赚的利润微薄。为了突破发达国家和跨国公司的技术垄断，我国强调企业进行自主创新，以获得相应的知识产权和技术，从而赚取利润。在自主创新驱动的发展阶段，我国企业取得了巨大成就。但是，随着引导企业自主创新的进展，我们发现很多企业将自主创新误读为独立创新或自主开发，甚至是封闭式创新，造成创新的开放度不足，创新效率难以提高。

自主创新不存在科学的理论概念，只是模仿创新的一种创新活动，指的是企业拥有自主的知识产权，具有核心技术，并在此基础上进行价值创造的活动。可以结合企业的价值链活动来理解自主创新：当企业处于 OEM 发展阶段时，企业的生存依赖制造环节，依赖自身的生产能力，自主创新只体现在制造装配方面；当企业处于 ODM 发展阶段时，企业的生存依赖自身的设计能力，企业能够在工业设计上拥有自主的知识产权，这种创新能力可以帮助其在设计环节获得利润；当企业处于 OBM 发展阶段时，企业的自主创新能力大大增强，企业不仅拥有自主的设计产权，还拥有产品研发方面的产权（如专利），并且拥有品牌管理能力，真正地成长为创新驱动发展的企业。可以看出，自主创新能力对于企业来讲相当重要，它能够比模仿创新、改进创新带来更多的利润空间，实现价值创造。

自主创新能力在一段时期内可以给企业带来利润，使得企业持续经营下去，例如宝洁公司在 2000 年之前的创新模式——"一切答案，尽出于我"的自主创新模式。任何一个企业，如果不创新就难以生存；但是如果创新是独立的、封闭式的，那么绝大多数创新都会以失败而告终。

2. 自主创新的弊端

在实际经营过程中，很多企业把自主创新理解为自己的封闭式创新，过于强调组织内部的自我研究。这种封闭式创新模式会带来一些负面的影响。①那些无力承担高额研发投入的企业将处于竞争劣势。由于研发资源的稀缺性，很多企业还会由于缺少研发资金和研发设备实验室等，无力进行产品或服务研发，没有竞争优势。②大量的技术因被过度开发或者与市场需求相脱离而被束之高阁，不能使企业获利。过于注重内部研发，开发内部的研发能力，导致企业的研发部门为了研发而研发，过度地开发一些没有市场需求的新产品或新工艺，而不考虑这些新产品或新服务的市场需求情况，或者是研发的速度远远高于生产制造能力，使得很多研发成果不能很好地转换为市场产品，研发成果闲置，造成资源浪费。③企业内部不断有怀揣重要创新成果的骨干力量离职出走或另立门户。由于企业的研发活动完全依赖内部研发部门，研发部门的关键研发人员成为公司的重要竞争性资源，一旦研发人员离职，就意味着企业的研发资源流出，导致企业严重受损。如果关键研发人员另立门户、自己创业，那么将成为原企业的主要竞争对手，带来恶性竞争。④企业无视外部众多优秀且价格低廉的同类创新成果，从而导致"闭门造车"。依赖企业内部的创新资源进行创新，不与外部的相关创新资源建立联系，容易使企业进行重复性的研发活动，并且这种重复性研发活动的成本也较高。⑤局限于既有的组织资源、知识和能力，企业不能应付快速变化与新兴的市场。长期依赖内部的资源进行创新，造成企业的创新活动有一定的"路径依赖"，形成组织惰性，不能很好地适应外部环境的变化。

因此，自主创新有一定的局限性。企业需要从独立创新迈向开放式创新的创新模式，适应快速变化的市场环境需要。

2.2 开放式创新范式

从战略管理领域的资源基础理论来看,自主创新的创新资源主要依赖组织内部,特别是有价值的、稀缺的、难以模仿的、难以交易的研发资源。但是,随着经济全球化的程度越来越高,在全球范围内从组织外部获取研发资源,即资源外取(outsourcing)被认为是企业成功的关键因素。

2.2.1 开放式创新的必要性

如果要实现创新驱动发展,企业可以寻找外部的创新资源。如果企业的研发能力相对落后,那么它可以选择与那些拥有研发资源的企业合作,有效利用自身资源和外部的互补性资源,实现创新合作。这种合作方式可以较好地应对技术创新带来的环境变革,帮助企业获得更高的收益。甚至在战略合作和战略联盟思维的引导下,企业可以通过不同的战略路径选择获得互补性资源,或者获得互补性资源的使用权来促进创新活动。

在开放式创新的思维下,组织的边界是开放的,组织间的边界可以相互渗透,组织的创新思维可以来自于组织内部的研发部门,也可以来自组织外部。简单地说,组织内部和外部的创新思想、创新资源都可以帮助企业创新。

在互联网时代,产品的生命周期越来越短,新产品上市速度越来越快,企业面临的创新压力越来越大,仅凭企业内部的创新资源进行创新,会使企业处于被动地位。即便大型企业也不可能仅依赖组织内部实现创新,就可以跟得上技术前沿和技术变革,因为任何实力雄厚的企业不可能拥有创新所需的全部资源和技术。另外,在互联网时代,顾客的个性化需求越来越多,定制化的创新以及创新活动的整体复杂性,使得企业必须寻求外部合作才能够适应时代所需。在互联网的时代背景下,开放式创新是与时俱进的创新模式。

2.2.2 开放式创新范式

1. 开放式创新

最早提出开放式创新概念的是哈佛商学院教授亨利·切萨布鲁夫(Henry Chesbrough),他认为企业依赖"内部创新"的创新模式是一种封闭式创新,因此提出了开放式创新范式。开放式创新指的是企业在技术创新过程中,同时利用内部和外部相互补充的创新资源实现创新,企业内部技术的商业化路径可以从内部进行,也可以通过外部资源途径实现,它是与多种合作伙伴多角度动态合作的一类创新模式。企业应把外部创意和外部市场化渠道的作用提升到和封闭式创新模式下的内部创意以及内部市场化渠道同样重要的地位(Chesbrough,2003)。企业可以综合协调内部和外部的资源进行创新,不仅把创新的目标寄托在传统的产品经营上,还积极寻找外部的合资、技术特许、委外研究、技术合伙、战略联盟或者风险投资等合适的商业模式来尽快地把创新思想变为现实产品与利润。

2. 开放式创新的特征

与自主创新不同的是，开放式创新具有以下明显特征。①不再局限于传统的知识产权的概念。传统的知识产权观认为，企业依赖内部的创新资源进行创新，创造了知识产权，并且完全拥有知识产权，通过使用知识产权来获利。而开放式创新思维认为，企业不依赖自身的知识产权，通过购买知识产权也可以从中获利，即不强调绝对拥有和创造知识产权。②强调对外部创新成果的搜索和利用。创新成果商业化后，可以创造巨大的价值。当企业不拥有创新成果时，可以搜索外部的创新成果，利用外部创新成果来创造价值。③强调内外部间的创新合作。组织内部和外部的创意与创新资源，企业都可以用来创新。企业可以在更大的范围内与一切有可能合作的组织或个人进行合作，只要是有利于创新活动即可。④重视卓越商业模式的构建。在传统的商业模式思维下，企业只关注如何将自己的产品或服务推向市场，满足顾客需求，创造价值。而开放式创新思维认为，建立一个能够利用一切创新成果的商业模式，比仅把自身的产品推向市场更重要。

开放式创新比自主创新更强调外部资源的重要性，以及如何有效地利用外部资源实现创新。表 2-1 列出了两者的对比。

表 2-1 自主创新与开放式创新基本原则比较

自主创新	开放式创新
本行业里最聪明的员工为我们工作	并非所有的聪明人都为我们工作，我们需要和企业内外部的所有聪明人合作
为从研发中获利，我们必须自己进行发明创造，开发产品，推向市场	外部研发工作可以创造巨大的价值，而要分享其中的一部分，则必须进行内部研发
如果我们自己研究，就能最先把产品推向市场	我们不是非要自己研究才能从中受益
最先将创新商业化的企业是赢家	建立起一个更好的商业模式比贸然冲向市场好得多
如果我们创造出行业中最多、最好的创新，我们必将胜利	如果能够充分利用企业内外部的创意，我们必将胜利
我们必须控制知识产权，这样竞争对手就无法从我们的创意中获利	我们应当通过让他人使用我们的知识产权而从中获利，同时应当购买别人的知识产权，只要它能提升我们的商业模式

3. 开放式创新的优势

开放式创新与自主创新相比，具有以下优势。①降低企业的研发成本，缩短研发周期，提高企业的竞争力。由于研发资源不完全来自于组织内部，研发成本大幅度降低，同时合作研发的速度也大幅提升，可以给企业带来创新方面的竞争力。②降低企业研发成果外泄的风险，增加企业的收益，促进研发的良性循环。企业的研发团队不完全由企业自身的研发人员组成，因此企业不用担心研发人员离职带来的研发成果外泄风险，从而形成一个良性的合作研发系统。③加快创新速度，提高创新成功率，迅速占领市场，提高企业的影响力。由于企业选择的是外部互补性的研发资源，双方异质性的研发资源更能够准确把握市场需求，提高创新的速度和成功率，使得创新产品或服务能够在短时间内占领巨额市场。④降低创新风险成本，提高创新成功率。在开放式创新范式下，创新风险的识别和评估是由合作双方或者多方共同承担的，会建立更健全的风险机制，降低风险，提高创新成功率。

例如，飞利浦公司成立了专门的知识产权经营团队，为有潜力在市场上获取经济效益的研究成果制订商业计划，并寻找合适的合作伙伴将商业计划推销出去。早在 2004 年，飞利浦消费电子的净利润是 2.49 亿欧元，而技术转让带来的净收入就达 0.97 亿欧元之多。

开放式创新的具体合作模式有以下几种：产学研合作模式、企业技术联盟模式、技术并购模式、技术购买与技术外包模式、技术转让模式、内部技术成果外部开发模式等。综合上述多种合作模式，开放式创新的合作模式可以归纳为两类。一类是横向企业之间的合作。为了获取外部的技术资源或者是市场信息，同行业内的竞争者、非相关企业之间形成合作，同时还可与专门的技术机构（大学和科研机构、技术中介组织、知识产权机构）、风险投资企业和政府等形成合作关系，汇合各类资源，构建新的商业模式，使企业获利。另一类是纵向企业之间的合作。供应商、制造商、客户之间的合作，合作关系涉及供应商的供应商以及客户的客户，各方可以更好地共享产业链前端的市场信息资源，也可以共享制造环节的资源以及各种技术资源，企业群体之间共同创新，形成新的价值创造模式。

2.3 协同创新的理论范式

相对于开放式创新而言，协同创新是一项更为复杂、更重视要素结合效果的创新组织方式。另外，协同创新是开放式创新的一种形式。

2.3.1 协同创新系统

美国硅谷的成功，得益于区域内的协同创新模式，企业之间形成了扁平化和自治型的"联合创新网络"。协同创新的关键是形成以大学、企业、科研机构为核心要素，以政府、金融机构、中介组织等为辅助要素的多元主体协同互动的网络创新模式，通过知识创新主体和技术创新之间的深入合作与资源整合，产生"1+1+1>3"的非线性效用。协同创新系统如图 2-1 所示。

所谓协同，就是协调两个或者两个以上的不同资源或个体，协同一致地完成某一目标的过程或能力。在协同创新系统内部，大学、企业、科研机构是创新的主体，而政府、金融机构、中介组织等形成辅助系统。政府的介入主要体现在政策导向和资金投入方面，从财政资助来看，当前我国研发的资金主要来源于政府和企业，政府投入占 54.9%，企业占 23.4%，其他占 21.7%。金融机构的参与，主要是指银行、投资融资、风险机制、社会资源等的资金投入。中介组织的参与，主要涉及各类中介机构的投入，从而形成一个高效运作的社会化服务体系。在协同创新系统中，政府是引导者、监督者，企业是创新的主体和主力军，大学和科研机构是助推器，金融机构是支持者。

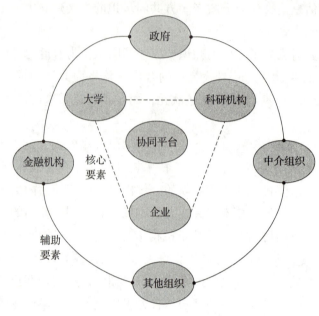

图 2-1　协同创新系统

2.3.2　协同创新范式

如第 1 章内容所述，目前中国的创新能力不足，主要表现为创新资源分散、创新发展不均衡等。在此基础上，国家战略导向强调协同创新的创新范式。协同创新是通过国家意志的引导和机制安排，促进企业、大学、研究机构发挥各自的能力优势，整合互补性资源，实现各方的优势互补，加速技术推广应用和产业化，协作开展产业技术创新和科技成果产业化的活动，是当今流行的科技创新范式。

1. 协同创新的特点

相对于开放式创新而言，协同创新是更为复杂的创新范式。其特点表现在以下几个方面，如图 2-2 所示。**一是整体性**。协同创新的参与主体较多，是由多个子系统构成的整体系统，整体性较强。企业子系统、大学和科研机构子系统、中介组织子系统、金融机构子系统等各个子系统之间形成有机的整体，而不是简单地叠加。**二是层次性**。依照不同的层次分类，协同创新的创新活动呈现层次性，如战略层次的协同创新、组织层次的协同创新、知识层次的协同创新等，不同层次的协同程度和深度不同，并且还存在相互影响和作用。**三是耗散性**。整个协同创新系统并不是

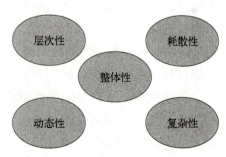

图 2-2　协同创新的特点

孤立存在的，它需要与外界进行交流，如前沿信息交流、创新成果交流及各种形式的物质扩散，具有耗散性特征。**四是动态性**。协同创新系统内各种参与主体，如企业的数量是不断变化的，创新活动以创新项目的形式进行，创新成员不断地流入和流出，呈现较高的动态性。**五是复杂性**。协同创新系统内参与的主体较多，各类主体之间都会存在交互的合作关系，合作网络较为复杂。

2. 协同创新的协同框架

对协同创新的理解，重点在于对"协同"的把握。第一，创新主体间协同创新的前提条件。从内因和外因两个方面来分析，外因表现为创新的复杂性和不确定性，内因表现为组织间的资源异质性和互补性。第二，协同创新主体间需要实现不同层次的协同，如战略协同、组织协同及知识协同。战略协同表现为价值观和文化的协同，以及相互间的信任和观念协同。组织协同表现为过程协同和协调机制的建立。知识协同是最高层次的协同，是多方显性知识与隐性知识的共享和增值过程。第三，协同创新的保障机制。政府的政策、项目和体制形成支持系统，金融机构、中介组织和其他组织形成辅助系统，两大系统保障促成协同创新活动。协同创新的协同框架如图2-3所示。

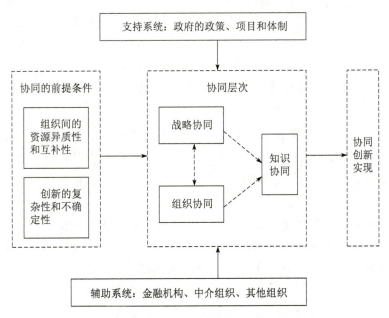

图2-3 协同创新的协同框架

为保障协同创新的效果，大学、科研机构和企业都应该突破难点。一是大学和科研机构应从战略上重视如何将知识科研服务于企业，积极开展科技成果转化，为企业培养所需的科技和管理人才。二是企业应更关注如何准确地提出知识需求，为大学参与创新提供市场分析以及资金和物力上的支持。三是合理沟通，解决知识产权和项目收益的归属，以及风险的共担和分摊问题。

案例 2-1

"宝洁"的自主创新到开放式创新再到协同创新

宝洁（Procter & Gamble，简称 P&G）始创于 1837 年，是全球最大的日用消费品公司之一，总部位于美国俄亥俄州辛辛那提市。宝洁以生产蜡烛起家，以肥皂畅销而知名，公司一直强调研发创新，其研发创新的模式也随着环境和企业的发展而变化。

自主创新阶段

宝洁自创立以来，一直注重创新活动。1950～1980 年，宝洁采用中央实验室的中心化创新模式，即创意由中央实验室集中产生，然后传播至全球的子公司再应用。1980 年，宝洁的销售额突破 100 亿美元。随着全球化进程的推进和信息技术的发展，宝洁的研发模式也开始去中心化。1980～2000 年，宝洁的研发模式从单一的中央实验室转变为全球化的整合创新模式，分布在世界各地的研发单元通过互联网紧密相通，为满足全球消费者的需求而服务。

无论是中央实验室的中心化创新模式，还是全球化的整合创新模式，都依赖宝洁自身的研发力量。在一个多世纪里，宝洁从这种只有大企业才能够负担的高成本创新中获得了成功，1998 年，宝洁在全球的销售额超过 350 亿美元，而令其引以为豪的创新更是不胜枚举。

正是这些昔日的辉煌，让宝洁对封闭创新模式产生了依赖甚至崇拜。"一切答案，尽出于我"，是宝洁内部创新模式的生动写照。依赖企业自身的资金实力和研发能力，在组织内部形成自主的、封闭的创新模式，其目的是保证技术的专有性，即用知识产权形成技术垄断，获得高收益。切萨布鲁夫教授把这种"内部创新"称为封闭式创新模式。顾名思义，"封闭式创新"是指创新完全来自于企业内部，企业独立开发所有的技术和解决方案，并完整地拥有创新成果的知识产权，即把整个创新过程全部置于企业内部。

然而，面对瞬息万变的市场、残酷激烈的竞争和全球化的趋势，宝洁内部创新的效果及效率已无法满足宝洁发展的需求。整个 20 世纪 90 年代，宝洁陷入停滞状态，创新产品很少。1999 年，宝洁多次向股东发出收益利润预警，股票市值缩水一半；内部大量的研发成果因为没有配套的战略规划反而成了负担；来自同行业的威胁，也让宝洁老大的地位一点点被蚕食，展现在公众面前的是一家墨守成规、内向型的公司。宝洁坚持的"自建、自研、自有"的研发模式不仅耗资靡费，而且导致组织臃肿、协调不力。

开放式创新阶段

世纪之交，宝洁传统的内部创新方法遇到了挑战，全球原材料价格上涨、劳动力成本上升、创新竞争加剧、创新成功率下降，这些因素导致研发成本不断提高。2000 年，总裁雷富礼上任，他针对宝洁公司的研发现状，提出了联发项目，从企业外部寻求创新资源，从其他企业获取或收购新产品并以宝洁的品牌推出。这种"联发"的思维打破了企业的边界，联合外部的创新智慧，准确地把握消费者需求，再通过信息技术平台，使得各种新颖的创新方案在全球范围内最优地配置资源。

为了更有效地实施这项工作，宝洁专门组建了一支人数众多的技术搜索队（technology entrepreneurs），研发人员超过 2 万人。该研发团体时刻搜寻行业内最有前景的技术和新产品。通过这支强大的研发团队，宝洁公司推陈出新的速度加快。首先，宝洁通过广泛的全球网络"发现"企业所需的技术或产品，然后对这些技术或产品进行全面的内部"评估"，进而针对市场所需进行产品"开发"，根据消费者所需在多个不同市场同时推出新品，最后宝洁公司将与战略伙伴进一步"合作创造"，对技术或产品进行深入研发。

宝洁这种从外部寻求创新资源的尝试，打破了自主创新的固有模式，宝洁的开放式创新成绩显著，使其每年新产品的外部比例高达 50%，其中不乏明星产品。例如，从新创企业 Spinbrush 收购的电动牙刷，在推出的第一年就为宝洁带来了 2 亿美元的销售额。宝洁的新创新模式实现了从"研发"到"联发"的转型。1999～2008 年宝洁的销售额从 367 亿美元增长到 835 亿美元，研发费用占销售收入的比例也从 2000 年的 4.9% 下降到 2009 年的 2.5%，但研发成功率几乎翻了一番。

开放式创新使宝洁百岁后重获新生。据统计，宝洁的新产品研发中有 45% 的内容包含外部开发的关键要素；在推向市场的新产品中，超过 35% 的原材料来源于外部。

协同创新尝试

近年来，随着开放式创新的持续实践，"联发"理念成为宝洁公司集团层面的主导思想，开放式创新的弊端与局限性也开始显现。一是开放式创新开始"过度"，企业对外部资源产生依赖性。二是创新流程固化。在新的市场竞争环境下，宝洁在一定程度上表现出了对创新的阻碍。

互联网时代，零售业受到巨大冲击，宝洁作为洗化类产品的行业巨头，业绩也受到严重影响。数据显示，2012 年，宝洁在中国的营业利润下滑，比 2011 年下降 16% 左右，为此宝洁削减了广告成本并裁员 1 600 人。同时，宝洁集团公司高层决定裁撤非生产部门 5 700 个工作职位，裁员工作将在 2013 年 6 月 30 日之前完成。与宝洁有长期合作关系的家乐福、沃尔玛、华润万家的销售额也因电子商务的侵蚀受到影响。例如，2013 年，华润万家的营业额为 763 亿元，股东应占溢利为 8.018 亿元，较 2012 年减少 65.2%。在这种发展背景下，宝洁与华润万家尝试了"协同创新"的合作模式。

作为长期战略合作伙伴，宝洁和华润万家有着共同的目标：在不断满足消费者需求的同时降低运营成本，实现门店运营效率的最大化。实现供应链的高效协同是双方发展的共同目标，也是双方高层领导确定的合作方向。"协同创新"的前提是资源互补和优势互补，作为中国最具规模的零售连锁企业华润万家集团和国际知名的快速消费品公司宝洁（中国）公司，双方尝试运用"大数据"实现协同创新。双方选取供应链作为突破口，利用"大数据"工具实现零售生意增长，同时降低运作成本，并提升了现金流。借助以往供应链项目的成功经验，华润万家和宝洁供应链相关负责人牵头，双方组建了跨部门联合工作小组,确定了现有系统和"大数据"方案整合的工作思路,并关注门店执行的可视化,将消费者需求计划以及风险管理作为主攻方向以提升项目的收益。该协同创新项目的盈利点表现在三个方面:根据门店宝洁单品实时的销售和库存数据进行预防性的补货,以便降低货架缺货率;分析档期销售的各项参数,以提升商品去化率;优化商品库存管理方案。

该项目的最终技术方案操作如下。首先,华润万家门店以不同区域为单位对数据进行打包,并采用 T+1 的频率通过 EDI 平台将原始数据传输给宝洁全球数据仓库。其次,宝洁项目团队在获取数据之后,会按照设定的逻辑对数据进行校验、清洗和结构化处理,使其成为能被宝洁全球智能分析平台所接受的标准数据格式。最后,数据会产生可视化的智能报表,以最高效的方式为华润万家门店的一线运作人员提供运营建议。该协同创新项目组依托移动供应链的理念,设计了总部和门店两个逻辑层级的报表展示方式,实现了店面数据与智能运作平台数据控制的协同创新。

这一技术方案(智能运作系统解决方案)最初先在部分门店进行测试,初试结果表明,智能运作系统能够取得较为显著的效果。与没有测试的门店相比,测试门店的零售销售额增长了 7%,该数据协同创新的供应链管理方案不仅能够降低运营成本,还可以更好地满足消费者需求。根据华润万家的资料显示,2014 年,公司全国自营门店实现销售 1 040 亿元;2015 年,华润万家实现 1 094 亿元的销售额,全国共有门店 3 400 家,2015 年全年新开店门店近 300 家。

宝洁和华润万家的"协同创新"产生了较为显著的创新效果,但是双方的财务、信息、技术等存在一定的风险。为了预防和应对风险,双方做出了以下努力:签订信息保密协定,双方共担法律责任;做好对数据库非正常访问的监督,一旦检测到数据泄露,快速行动以降低信息扩散的可能性,并提交法律机关取证调查;加强内部控制和审计,适当使用个人访问控制工具,审查记录工具。

宝洁在与华润万家开展协同创新数据模式的合作下,也实现了营业额的增长。2015年,宝洁销售额增长 3%,每股核心收入增长了 5%,股息增长 7%。但在互联网经济时代,宝洁必须进一步融入电子商务市场,开展线上任务以提升销售额的增长。

资料来源:根据相关资料和网络资源整理。

案例 2-2

协同创新之举:开封"小宋城"

开封的"小宋城"项目是由政府推动建设的旅游名区,是开封市委和市政府实施"文化旅游带动战略"的重大战略举措,以推进开封由文化旅游资源大市向文化旅游经济强市跨越。该项目由开封市东京艺术中心有限公司牵头,招商引进多家企业单位共同合作,形成了集旅游演艺、民俗餐饮、特色文化商业、传统和现代娱乐休闲为一体的文商旅综合体,占地面积约 5 万平方米。

政府的引导和推动作用

开封的"小宋城"项目是开封市十大重点文化产业项目之一。采用的运作模式是"政府扶持、市场主导、企业投资、公司运营"。为推动文化旅游经济的发展,政府推出的相关保障措施包括促进"文化+"与其他要素相融合,助推"文化+"专项行动;加强载体平台建设,完善与提升开封宋都古城文化项目,加快新街区创建和名街区培育,打造"都市会客厅"项目等。其中最突出的是五个"文化+"专项行动。一是"文化+旅游"专项行动。挖掘景区文化内涵,开发特色旅游项目,完善旅游基础设施建设,推进旅游业大发展。二是"文化+城建"专项行动。以"外在古典、内在时尚"为核心理念,加大对"新宋风"城市建筑风格的研究力度,加快建设"全城一景"的宋文化主题公园。三是"文化+会展"专项行动。坚持政府主导、市场运作、传承文化、服务发展的理念,用文化资源激发文化活力,用文化活力增添城市魅力,用节庆会展提高城市影响力。四是"文化+餐饮"专项行动。该行动包括创立"宋都"特色饮食品牌、做强一批饮食文化企业、建设扶持一批精品美食街和美食坊等。五是"文化+健康养生"专项行动。大力发展养生膳食、养生茶饮、中医保健、养生用品研发制造等养生产业;扶持健身、洗浴、茶吧、戏曲茶座、花鸟鱼虫大市场等相关企业来提升档次,加快环城公园、水系风景带的建设,逐步扩大公共文化场馆和公园的免费开放,为人民群众提供更多的休闲娱乐养生场所。

"小宋城"在建筑特色上传承了北宋时代气息的木质仿古风格,完全符合政府的文化旅游经济的特色。遵循"文化+"的理念,"小宋城"的内部结构布局包括民俗餐饮区、特色文化商业区、时尚酒吧、温泉酒店、现代KTV、豪华影城等。

"小宋城"项目中企业间的协同创新

"小宋城"的主要牵头单位是开封市东京艺术中心有限公司,它分别与开封一城宋韵文化有限公司、东京电影城、东京温泉会所以及众多餐饮商户合作,形成了《千回大宋》、东京电影城、民俗餐饮街、特色文化商业区等运营项目。

与开封一城宋韵文化有限公司的协同创新

大型室内歌舞剧《千回大宋》由开封一城宋韵文化发展有限公司投资8 000万元人民币倾力打造。《千回大宋》剧目以开封千年历史人文为主线,分为《千年一叹》《禅音》

《市井》《忠烈》《清风》《梦回》《盛世花开》七个篇章,采用最先进的舞台特效、全息技术等创意手段和高科技,将现代时尚元素融入历史传统文化中,顺应了现代人的审美观念,以恢宏的气势、绚丽的色彩再现汴京繁华,让人在亲近美声、美色、美乐之时,尽享宋文化信息,感受宋文化魅力。《千回大宋》是开封市 2013 年"五大攻坚战"重点文化产业项目之一,将被打造成为开封的一张城市名片、新地标。

与东京电影城的协同创新

"小宋城"内的东京电影城是河南首家第二代影城,其前身是 17.5 影城,后与"小宋城"联合,为游客增添了影视方面的娱乐方式。该影城按照五星级影城标准的配套硬件设施建造,共有 7 个放映厅,拥有 7 块专业放映银幕,可同时容纳 1 266 人观影。影城采用全进口国际最先进的数码放映设备、音响系统以及最先进的 3D 放映设备,满足消费者不同的需求,为电影消费者带来真正的顶级视听享受。

与众多餐饮商户合作,形成民俗餐饮街

"小宋城"与百余家餐饮商户合作,形成了具有开封民间特色的餐饮区,包括鹿家包子、山西刀削面、邢家锅贴、齐氏大刀面、罗记炒凉粉、无腮黄焖鱼、王记鸡血汤、沙家品味来牛肉、老庞家桶子鸡等上百种开封特色小吃。同时,还引进了外地名吃,如成都三大炮、一根面、湖北热干面、北京麻辣香锅、上海生煎包子,台湾御用美人面、海鲜面、臭豆腐,同福记炒海盘、盱眙小龙虾,昆虫宴的炸蝎子、炸蜈蚣、炸海马等,游客在一饱口福的同时,还可以欣赏来自民间艺术家的精彩表演,如相声、二胡、豫剧等。

众多商户齐心打造民俗商业街

商户间进行合作,共同打造的北宋商业街,使人们足不出户就能购其所想,在购物的同时还能够感受到北宋时期的民俗文化、社会生活、市井风情、城建格局,是开封独一无二的特色休闲商业广场。商业街占地面积上千平方米,采用古色古香的北宋建筑装修风格,一副时空美景重现眼帘,汇集数十家民俗特色旅游纪念品店,重点展现开封七朝古都的旅游文化。

与东京温泉会所的协同创新

"小宋城"东京温泉宾馆占地面积约 7 000 平方米,装饰典雅大气,设计风格别具匠心，处处彰显尊贵与时尚。会所取用千米以下的天然温泉为浴水，设桑拿洗浴、住宿、娱乐、足疗、康乐、SPA、茶艺等，提供一体化的高端洗浴会所服务项目，是休闲娱乐、会朋交友、商务洽谈的良好去处。

其他相关政府机构的介入

许多政府机构也介入"小宋城"的协同创新项目中，如食品安全监管部门的介入。在"小宋城"经营管理方的积极配合和争取下，开封市食品安全监管所在小宋城内设置的多媒体终端平台上，专门添加了"食品安全信息查询"的页面。点击屏幕，消费者不仅可以查到餐饮摊点的小吃特色、门店介绍等，还可直接查到"小宋城"内近百家小吃摊点所用的食品原料供货商的资质、经营证照等相关材料，让消费者对食品原料来源可查、可知、可看。同时，开封市食品安全监管所的二维码在"小宋城"里随处可见，消费者只要用手机扫码，就可进入开封市食品安全监管所的官方微信平台，了解平台所发布的食品安全信息、法规、政策等，十分方便。

"小宋城"协同创新项目的成效

自项目创建以来，"小宋城"先后获得"开封人的待客厅""外地游客的首选地""开封市的新名片""文化旅游新地标"等美誉。"小宋城"带动了开封当地的经济增长，因为小吃文化在开封的底蕴非常浓厚。"小宋城"的创建相当于把开封的小吃文化提升了一个档次，同时也将旅游与饮食完美地结合起来，在带动经济增长的同时，还提供了一些工作岗位，增加了就业。例如，当地民俗文化表演适时而起，民俗演出团体的成员多数是农民，这增加了农民的额外收入。

资料来源：根据官网资料和相关资料整理。

本章小结

本章内容介绍了自主创新范式、开放式创新范式和协同创新的理论范式。自主创新是企业依赖自身资源进行创新活动，自主创新可以帮助企业提升创新能力，但是在一定条件下也会带来负面影响。企业可以跨越组织边界，利用外部资源进行创新，开放式创新成为时代的必然选择，并且具有一定的创新效率优势。在互联网时代，协同创新成为创新的新范式，协同创新本质上是一种整体性、层次性、耗散性、动态性、复杂性的创新系统，其中协同是关键，协同主体间需要实现不同层次的协同。

复习思考题

1. 如何理解创新？自主创新的内涵是什么？自主创新也称封闭式创新，它具有哪些弊端？请结合企业实例说明。
2. 如何理解开放式创新？请思考开放式创新与自主创新的区别？与自主创新相比，开放式创新的优势包括哪些？
3. 如何把握和理解协同创新系统？协同创新具备哪些特征？协同创新与开放式创新的区别是什么？协同创新如何实现协同？
4. 结合协同创新中心或协同创新项目的实例，思考协同创新的协同前提是什么？协同层次间的关系是什么？政府如何支持协同创新项目的实施？

Chapter 3

第3章

创新的价值创造

创新可以提高企业的利润,而创新活动的本质在于价值创造,即整合创新资源共同创造价值。价值创造的实现,最关键的是需要创新主体的知识共享和知识增值,通过知识共享的知识链实现知识增值,进而实现价值创造。创新活动的价值创造包括两个部分:经济价值创造和社会价值创造。各类创新主体可以借助于各种创新模式,在创新活动推进的过程中实现知识共享和知识增值,进而实现经济价值和社会价值的创造。这也正是国家意志导向下推崇创新经济发展和创新型国家建设的初衷,重点在于创造经济价值和社会价值。

⚠ 学习目标

了解创新的价值创造的意义。
理解和把握创新的知识增值。
理解创新的经济价值创造。
理解创新的社会价值创造。

📚 引例

河南粮食作物协同创新中心的投入与价值创造

河南粮食作物协同创新中心(以下简称"中心")是国家教育部首批认定的14个"2011协同创新中心"之一,也是河南省首个高等院校协同创新中心。该中心由河南农业大学牵头,联合河南工业大学、河南省农科院和3家农业产业化龙头企业共同组建,旨在服务中原经济区"两不三新、三化协调"建设。

入选"2011计划",河南粮食作物协同创新中心肩负重要历史使命,必须支撑和引领河南粮食丰产和现代农业发展,使中国的粮仓更加殷实、国家的粮食更加安全。在管理模式上,中心采取"科学咨询委员会→首席科学家→平台主任→创新团队"的模式,中心业务实行科学咨询委员会指导下的平台主任负责制。科学咨询委员会具有决策权,负责粮食作物科技创新的重大发展战略、研究方向、课题设置、团队组建等的咨询与指导。平台主任在首席科学家的指导下负责组建创新团队，并在团队组建、岗位设置、人员聘用、任务分工、资源调配、绩效考核、业绩奖励等方面享有充分的自主权。

中心的发展目标包括三个方面。一是支撑河南粮食持续增产增效，保障实现2020年河南增产300亿斤①的目标。依据国家粮食核心区建设规划布局，该中心建设了河南省豫北高产灌区、豫东补灌区、豫南雨养区、豫西旱作区4个主要粮食生态类型区，分别建设"一田三区"高产高效样板田。通过"一田三区"的示范推广，实现河南粮食主产区夏秋两季亩产超吨粮或双增"100"的目标（亩增产100斤、增效100元）。二是探索转变河南粮食生产发展方式和新型农业现代化发展道路。中心着力建设了3万亩②"2011协同创新现代农业试验区"，努力探索中原地区在人多地少条件下的粮食生产发展方式和新型农业现代化模式。在4年建设期内，试验区粮食生产全程机械化率达100%，生产管理精准化达95%以上，农业信息化覆盖率达100%，科技进步贡献率达65%以上，在粮食高产创建方面达到世界一流水平。三是保障河南千亿斤粮食安全收储、保质减损和加工增值。研发集成绿色安全储粮、清洁高效加工技术与装备，降低粮食收储过程中的损失率3%左右；提高加工得率3%左右，粮食收储加工企业推广应用率30%以上。中心在粮食储藏、加工等方面的技术水平达到世界一流。

在总体发展目标下，该中心的重点任务如下。一是在分子标记辅助选择育种和单倍体育种相结合的技术及其理论方面实现突破。育成10个以上高产、优质、多抗、适应机械化作业的省审、国审小麦玉米新品种，年示范推广面积6 000万亩以上，成为河南省和全国主导品种。二是在一年两熟季季间、季节间资源高效利用的技术及其理论方面实现突破。研究集成适应河南4个生态类型区的4套小麦玉米两熟高产高效配套技术体系，累计示范推广1.5亿亩以上，成为河南省或全国粮食增产主推技术。三是在粮食安全收储、保质减损的技术及理论方面实现突破。

为了保证中心的发展目标和重点任务的实现，各级政府和各类协同单位都积极加大投入，以形成创新资源的整合。①河南省政府支持。在中心培育组建期间，省政府出台文件，从吸引人才、平台建设、专项经费等5个方面给予支持。每年拨付3 000万元建设经费，连续支持4年。中心被认定为国家级协同创新中心以后，多位省领导做出重要批示：要大力支持，把中心建成全国一流。②省直厅局和地方政府支持。河南省教育厅、省财政厅投入首批启动经费800万元。省教育厅、省发改委正在审批协同创新大厦B座的立项及支持政策。省农业厅、省农开办、省农机局分别针对中心的"一田三区"和3万亩试验区建设出台了支持计划。③河南农业大学投入。支持中心一期建设经费1 700万元，每年支持中心500万元设立开放基金。在校区内建设10万平方米A座、B座协同创新大厦，总面积为100亩的粮食作物协同创新园。④协同单位投入。河南工业大学每年支持1 000万元运转经费；3个协同企业支持1 900万元运转经费，并分别建设1个协同创新成果转化示范和教学科研实习基地。

---

① 1斤=0.5千克。
② 1亩=666.67平方米。

中心建设的预期指标包括将协同创新中心的理论和技术成果物化为现实生产力，助推创新人才培养、创新团队建设、学科集群同步发展；带动全省 1 000 万~1 500 万亩范围内的小麦玉米一年两熟高产高效示范基地建设，每年实现粮食增产 10 亿~15 亿斤、农民增收 10 亿~15 亿元的双增目标；建设一支"懂技术、会管理、善经营"的永久牌农技队伍。在全省范围内扶持 100 个区域农业技术推广站，培育和壮大 1 000~1 500 个新型农业生产经营主体，每年培训基层农业技术推广人员 2 000 人，培训新型职业农民 10 000~15 000 人。

中心自被认定为国家"2011 计划"以来，先后获得了多项国家级和省级成果奖励，如获得国家科技进步一等奖 1 项、二等奖 6 项，获得中国标准创新贡献奖一等奖 1 项。获奖情况具体如下："矮秆高产多抗广适小麦新品种矮抗 58 选育及应用"（国家科技进步一等奖，2013 年），"豫综 5 号和黄金群玉米种质创新与应用"（国家科技进步二等奖，2014 年），"优质强筋高产小麦新品种郑麦 366 的选育及应用"（国家科技进步二等奖，2014 年），"黄淮地区农田地力提升与大面积均衡增产技术及其应用"（国家科技进步二等奖，2014 年），"高产优质小麦新品种郑麦 7698 的选育与应用"（国家科技进步二等奖，2018 年），"稻麦生长指标无损监测与精确诊断技术"（国家科技进步二等奖，2015 年），"玉米冠层耕层优化高产技术体系研究与应用"（国家科技进步二等奖，2014 年），"1SO 7970:2011 小麦 - 规格"（中国标准创新贡献奖一等奖，2014）。

从科研项目来看，中心自被认定为国家"2011 计划"以来获得了数量较多的国家重点研发计划、国家科技支撑计划、公益性行业科研专项和省部级重大科研项目，项目立项总数超过 400 项，总经费达 4.8 亿元。例如，"黄淮海夏玉米化肥农药减施技术集成研究与示范"（4 431 万元，2018 年度国家重点研发计划），"黄淮海南部小麦·玉米周年光热资源高效利用与水肥一体化均衡丰产增效关键技术研究与模式构建"（3 437 万元，2017 年度国家重点研发计划），"河南省农牧产业一体化"（3 217 万元，2015 年度农业部重大农技推广项目），"作物根腐病综合治理技术"（2 931 万元，2014 年度公益性行业科研专项），"河南冬小麦夏玉米大面积均衡增产技术集成研究与示范"（1 213 万元，2013 年度国家科技支撑计划）。

仅从项目立项和成果奖励两方面来看，中心充分实现了协同单位间的知识共享和知识增值，并达成了价值创造的效果，各类别科研项目成果的后期推广，更能体现知识增值和价值创造的优越性。

资料来源：根据河南粮食作物协同创新中心官网的相关资料整理。

3.1 创新的知识增值

3.1.1 创新的知识

1. 知识的重要性

在互联网和大数据经济时代，知识的重要性日益凸显。知识已成为生产力、竞争力和经济成就的关键。通俗地讲，知识是人们对信息、信息流的二次加工甚至重新创造，往往带有信息掌握者的主观认知和愿望。从本质上区分，知识是人们对信息内在化的呈现，可以区分为显性知识和隐性知识。显性知识是易于传播和交流的，隐性知识比较难于传播，但两者同等重要。另外，从知识对人类的作用来看，知识可以分为认知型知识和技能型知识，前者帮助人们认知世界和拓宽视野，后者帮助人们掌握技能和专业技巧。"学习知识，从摇篮到坟墓"，正体现了认知型知识和技能型知识对人类的意义。

"知识就是力量"，如今的时代是一个知识竞争的时代，知识资源将成为最具有竞争力的资源，任何组织与个人之间的竞争都会反映为知识的竞争。知识的重要性表现在知识增值，不仅是指拥有的知识量的增加，更是因为知识可以创造价值。对于经济组织而言，知识的重要性表现在知识本身构建了企业文化，组织对知识的整合管理能够实现创新以及组织利益的最大化。自2015年"双创"以来，创新已成为时代特征的常态，所有组织都更加重视知识的重要性，通过对知识的获取（如雇用专业人才）、创造、整合、更新和创新，来强化组织的知识库，从而构筑创新竞争力。为此，组织管理的目标是最大限度地发挥自身的知识库资源，为自身创造新的竞争价值，在降低成本的基础上提高创新能力，提高企业的运营效率。

2. 创新的知识资源

创新已成为时代的特征，企业之间的竞争越来越依赖创新，依赖知识型人才的竞争。企业对知识的重视，可以体现为组织对知识型员工的重视。在创新驱动发展的目标下，企业需要充分掌握和发挥知识型员工的作用，专业人才所拥有的专业知识以及智力要素，都将成为企业竞争的核心知识资源，帮助企业在竞争中立于不败之地。

创新最重要的本质在于对知识资源的整合运用，即知识共享和协同，原因也在于知识的重要性和价值属性；创新的价值创造本身就是知识增值的过程，创新主体通过创新资源共享，特别是人力资源的知识共享来实现知识增值。知识资源是重要的创新资源，企业拥有较多的知识资源意味着其创新能力越强。从合作创新、开放式创新到协同创新，这些创新模式都强调了对创新资源的整合，特别是对知识资源的整合，以实现知识增值为目标。因此，从这种意义上说，知识资源的重要性表现为知识增值，而知识增值正是合作创新、开放式创新、协同创新的动力系统。

3.1.2　创新的知识增值过程

知识可以实现知识增值，但是静态的知识本身并不能够实现增值，只有通过某种介质相互联系起来，并发生转化和提升，知识的价值才可以最大限度地发挥出来。在战略管理领域内，价值链很好地解释了企业的价值创造过程和增值过程。以价值链为基础，我们可以用知识价值链来分析协同创新的知识增值过程。知识正是通过知识价值链这种特殊的联系中介实现价值增值的。图3-1简单给出了从"价值链"到"知识价值链"再到"知识链"工具的延伸应用。

图 3-1　知识价值链

什么是知识链？类似于价值链活动分析，知识链是从组织内部知识和组织核心竞争能力的关系出发，由主要活动功能和辅助活动功能两部分组成，构成了知识链的五阶段四层次结构，即知识获取、知识选择、知识生成、知识内化和知识外化五个阶段，以及领导、合作、控制和测量四个层次。

如图 3-2 所示，知识链模型表明了知识链的"产出"是各个阶段的知识"学习"活动的结果。

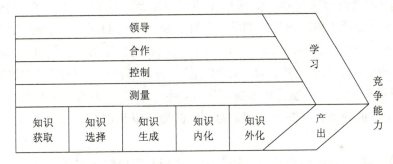

图 3-2　知识链模型

知识链的主要活动功能如下。

（1）知识获取。知识获取是从组织外部获取知识，并使之变得易为组织所用。组织获取知识的方式非常多，包括人才招聘、员工培训、集体学习等方式，具体的知识获取途径包括主动学习、信息搜集等。

在各种创新模式下，知识获取包括各种创新主体向外获取知识的过程，知识获取的范围和边界不仅局限于组织内部，还包括组织之外的各种知识和信息提供方。创新主体的知识获取是一个主动获取的过程，不同组织之间创新资源的异质性决定了各种创新主体需要从其他主体那里获取自己所需要的知识资源，与组织自身的创新资源形成互补，以实现创新项目的实施和成果再现。同时，在合作创新和协同创新模式下，不同创新主体可以从合作联盟之外的更大范围内获取知识，这也是一个主动获取知识的过程，从而为创新项目和科技攻关项目的顺利实施奠定基础和提供保证。

（2）知识选择。知识选择是从组织内部选择知识资源，并使之易为组织所用。任何一种类型的组织，其所获取的知识资源集合，并不一定能够全部为组织所用，会存在知识冗余的情况。知识选择是组织主动地根据经营任务的需要，对自身知识库内的知识进行有目标性的选择，以更好地完成组织的任务。

在自主创新模式下,企业可以从组织内部选择知识资源,形成创新资源库。在开放式创新和协同创新模式下,企业、高校和科研机构的知识库相互融合,形成一个更为全面的知识资源集合,这一庞大的知识库整合了各种异质性和同质性的知识资源。在合作创新项目和协同创新项目的实施过程中,每一个项目都需要整合不同的知识资源,都是知识选择的过程。研究项目进行知识选择的外在表现是选择不同的人力资源组合,形成项目团队共同完成该项目。知识选择是为了给每一个研究项目定制化地投入其所需的知识,体现专业化的运作管理,使创新项目的效率更高,实现开放式创新和协同创新的非线性效应。

(3)知识生成。知识生成是从现有的知识中发现和分化出新的知识。知识获取和知识选择是为知识生成做准备的,并非所有获取和选择的知识都可以达到知识生成的效果。那些不求甚解的知识积累、信息沉淀只会导致知识无用,而非真正的知识生成。

在创新活动的过程中,知识生成是一个动态的持续的过程,需要不断地将从多方获取和选择的知识进行分类整理、资料消化和归纳总结。只有经过分类、消化、吸收总结,才可以提升创新主体的思考、判断、认知和解决问题的能力,才能在真正意义上实现知识生成。每类创新主体都应是知识型主体,能够规范地对选择的知识进行"分类管理",在合作的过程中长期慢慢高效"吸收消化",并能够根据一定的逻辑对知识进行"归纳总结",形成新的知识形态,如解决问题的心智、方法、手段和工具等。知识生成是知识链中最关键的环节,是知识管理的最高级阶段,也是创新主体提升创新能力的高级阶段。

(4)知识内化。知识内化是将已经获得、选择和生成的知识通过分发和储藏等方式进行整理,从而改变组织的知识资源状态。对于组织而言,知识内化是知识交流和知识共享后,组织内部员工可以吸收和理解新知识,从而改变其认知模型,以更好地理解和帮助创新。

创新主体需要对知识生成阶段的知识进一步内化,以形成新的认知模式。知识内化的过程是创新主体形成新的知识体系的过程,是主体将已有的知识和新生成的知识进行重新排列组合的过程,以特定的逻辑形成自身对外界的认知模式。知识内化的作用表现在两个方面。一是帮助创新主体巩固其获取的知识,使得组织内部的所有员工深入理解创新,结合组织自身的发展战略和外部环境的特征,提高组织创新过程中的知识资源匹配能力。在这个过程中,知识内化可以减少创新阻力,提高员工对创新的执行力,实现新知识在创新中的应用。二是知识内化可以帮助组织再次获取新知识,促进组织不断地创新,以实现持续创新的过程。内化的知识体系可以指导组织再次进行知识获取,提高知识获取的有效性,促进组织创新循环的形成。

(5)知识外化。知识外化是将知识融入组织的产品中。与知识内化相对应,知识外化是将主体所掌握的知识表达为显性知识,向外传播和交流的过程。经过"知识获取、知识选择、知识生成、知识内化"四个阶段后,创新主体需要将新积累和消化吸收的知识,以自身特定的认知模式向外传播和交流。

在创新活动中，显性知识与隐性知识相互作用、相互更替，不断增值。创新活动的知识增值需要实现隐性知识和显性知识的螺旋式转换与提升，知识外化是从隐性知识到显性知识转化的过程。以科研项目为导向，在解决某一具体问题时，创新主体需要在自身的知识系统内搜寻并提取相关知识，将自身掌握和熟悉的这部分隐性知识进行显性化，如以比喻、隐喻、类比、模拟等方式和方法将知识更好地展现出来，以实现分享和交流。知识外化是知识"产出"的重要阶段，也是知识链模型的最后一个环节，实现了完整的知识增值过程。

从知识获取、知识选择、知识生成、知识内化到知识外化这五个阶段，统一构成了知识链的知识增值（"产出"）过程。但是，知识增值（"产出"）却是这五个阶段的知识"学习"的结果。

知识链模型的"学习"活动功能包括领导、合作、控制和测量四个方面。

知识链的辅助活动功能如下。

（1）领导。领导是知识管理的核心功能，通过建立条件使知识管理的引导工作更富有成效。领导的职责决定了知识链中知识获取、知识选择的范畴和边界，使得知识增值的目标更加明确。

（2）合作。在知识管理活动中，加强合作管理，将合适的资源在合适的时间带到合适的地点，并充分加以运用。知识获取、知识选择、知识生成、知识内化、知识外化都是合作的过程，例如需要协调在何时何地获取、选择哪些知识并生成新知识。

（3）控制。控制是使知识面的质量和数量满足需求，并符合安全性的要求。在知识获取、知识选择、知识生成、知识内化、知识外化的全过程中，需要把控知识面的合法性和安全性，即哪些范畴内的知识可以获取、选择和生成应用，哪些不可以获取、选择和应用。

（4）测量。测量是评估知识资源、知识生成和知识新陈代谢的价值。测量是知识链模型中较为重要的环节，通过测量来评估获取选择的知识资源、知识生成、知识增值的程度和广度，间接地把握知识增值的效果。

知识链模型中的领导、合作、控制和测量，是知识"学习"的过程，可以较好地支撑知识获取、知识选择、知识生成、知识内化和知识外化的知识"产出"过程，两者相辅相成，缺一不可。

在创新管理和知识管理的相关文献和著作中，都有涉及知识链模型及其应用，虽然存在差异，但都体现了知识获取、知识选择、知识生成、知识内化和知识外化的过程。简化的知识链模型，如图3-3所示。

图3-3 简化的知识链模型

3.1.3 创新中知识增值的保障

在现实的创新活动中，某一创新项目的创新主体并不唯一，需要多种创新主体的合作和协同。为了保证知识增值的实现，需要注意两个方面的问题。

1. 知识产权的归属问题

在自主创新模式下，企业通过知识增值创造的知识产权，完全归属企业自身所有，产权清晰。但是在开放式创新模式和协同创新模式下，不同创新主体之间需要约定产生的知识产权的归属问题。由于知识产权本质的法学属性，即排他性和独占性比较强，并且会受到法律保护，所以知识产权归属问题一定要明确。在合作早期，双方可以根据各自的贡献程度和投入程度约定知识产权的归属问题，可以通过具有法律效力的合同文本形式，也可以是其他契约形式。在提前约定的条件下，各方更容易充分共享知识，以实现隐性知识和显性知识的转换和提升，达到知识增值的效果。

2. 利益的分配问题

创新活动中的知识增值是否能够实现，在一定程度上还依赖价值创造之后的利益分配。知识增值带来的价值创造包括经济价值和社会价值，相对应的利益分配包括经济利益分配和社会利益分配。经济利益分配可以量化，容易实现具体的分配方案；社会利益分配不可以量化，可以通过共享社会利益的方式间接实现经济利益的分配。创新活动中的利益分配问题，也可以提前以合同文本的形式约定。

另外，开放式创新和协同创新模式更具备知识增值向价值创造转化的条件。一是信息能够在知识链内部无障碍地流动，通过积极的知识管理增强知识增值过程，因为开放式创新和协同创新本身也是知识共享的过程。二是可以完成从学术研究领域到应用实践领域的跨越。产学研开放式创新、产业集群开放式创新以及各种形式的协同创新，都可以实现研究领域和应用领域的对接，将创造的知识产权价值产业化或商业化，创造出经济价值和社会价值。三是在价值创造的过程中具备完善的制度保障和激励机制。开放式创新和协同创新都有相应的制度激励机制，以促成知识增值和价值创造。

3.2 创新的经济价值

创新活动所创造的价值绝大多数属于经济价值，即可以量化的经济利益，并可以根据创新活动中创新主体的投入程度进行经济利益分配。

3.2.1 创新的经济价值

以单个企业为创新主体而言，创新活动所创造的经济价值包括供应商、顾客、投资者、员工、政府、债权人、行业协会、社会团体等创新参与方创造的经济利益。在开放式创新和协同创新模式下，创新的经济利益是所有参与创新的主体（如合作或协同单位）

共同创造的，是一个价值共造的结果。

经济学中关于价值的定义是：价值是体现在商品中的社会必要劳动。从这种意义上来理解，创新的经济价值就是创新活动中创造某种商品所需要的社会必要劳动时间。经济价值的多少取决于生产这一商品所需的社会必要劳动时间的多少，经济价值就是经济行为体从产品和服务中获得利益的衡量，经济价值是可以量化的。

创新活动的经济价值表现为经济利益，可以通过有形资产的形式表现出来。这些经济利益是创新主体可以直接获取的，具有非常高的可量化性，并且是自主创新、开放式创新和协同创新中创新主体参与创新活动的内在动力和追求的目标。创新的经济利益依托于创新成果的产业化和商业化程度，本质上仍依赖知识增值实现的价值创造。

3.2.2 创新的经济价值分类

创新的经济价值，即经济利益，是可以根据价值的产生过程进行分类的。

1. 创新活动创造的产品或服务的经济利润

任何创新活动都需要一定的资源投入，即创新的成本。创新活动创造的产品或服务的经济利润，即该项创新活动带来的销售收入减去创新中投入的各种成本所得到的收益。这种经济利润直接表现为某种商品或服务的销售利润，如一种新产品或新工艺、新服务的销售利润。新产品或新服务带来的高额利润正是创新主体追求以创新驱动发展的真正动力。

例如，2017年8月，中国创业者周刚发明的"防水插座"轰动了全国，这一创新产品将带来的巨额的经济利润。85后创业者周刚是成都阿尔刚雷科技有限公司的创始人，该公司成立于2008年，专注于防水插座的研发。用了近10年的努力，周刚终于成功研制出第三代防水插座，这一产品不仅解决了插座的防水问题，同时解决了"漏电、短路、电弧"三大安全问题。该产品属于中国人的原创产品，2017年9月，周刚的这一防水插座新产品的订单就已经达到了5 000多万元，同时，多家国内外知名企业都已开始同公司洽谈合作。

2. 创新活动创造的半成品的经济利润

创新活动创造的半成品带来的经济利润，主要指存货、半成品的市场价值。因为在创造过程中投入了一定的人类劳动，因此，所有创新的半成品和存货也具有一定的市场价值，并且是可以进行市场交易的。这部分市场交易换取的利润也是创新活动的经济价值。

例如，上文中提到的周刚创建的成都阿尔刚雷科技有限公司，其团队发明的第一代绝缘连电插座和第二代绝缘连电插座，都是其第三代产品的半成品。前两代产品也都具有一定的价值，可以带来经济利润。第一代产品是圆头的，还有许多附加的模块，"看起来感觉很丑"；第二代产品也取得了欧洲认证标准。这两代产品问世后，有多家公司与其谈合作事项，想把这些产品推向市场，实现经济利润，但周刚不满足于这一新产品的技术和工艺，想继续研制新一代的产品。

3. 创新活动创造的技术转让收益

某些创新主体的创新效率相对较高，创新技术和专利产出较多，为了更有效地实现创新成果的商业化或产业化，可以将发明的技术转让，同时实现经济收益。特别是高校或者科研机构，可以将自身具备的某些技术或研发成果转让给企业，从中获取经济收益。

例如，2014年11月25日，郑州大学、浙江奥翔药业有限公司"治疗脑卒中一类新药BZP[①]"专利技术转让与研究开发签约仪式在郑州大学举行。该专利成果是由郑州大学副校长常俊标教授主持完成的，其将这一专利转让给浙江奥翔药业有限公司，并获得专利转让与研究开发费4 500万元，这一技术转让收益再创郑州大学单项成果转让费的最高纪录。

3.2.3 创新的经济价值分配

创新的经济价值分配即对经济利益的分配，需要遵循一定的原则。

1. 平等性

在自主创新过程中，创新的经济利益分配在组织内部实现，参与创新活动的所有人力资源都有权利参与利益分配，具体表现为研发资金或科研奖励。在开放式创新和协同创新中，对经济利益分配的平等性表现为创新主体享受利益分配的地位是相同的。

2. 公平性

创新的经济利益分配还应该遵循"按劳分配"的原则，依据创新主体的投入程度和贡献程度进行分配。公平性不仅是经济利益分配需要遵循的原则，同时也是推动创新的激励机制，公平的利益分配反过来会激发更多的创新和创意产出。

3. 协商性

在自主创新模式下，创新经济利益的分配需要在组织内不同部门之间实现，协商性原则十分重要。在开放式创新和协同创新模式下，更需要协商不同的创新主体，以更平等、更公平地实现经济利益的分配。

创新活动中影响经济利益分配的因素包括贡献程度、投入程度、风险承担水平。①贡献程度。无论是自主创新，还是开放式创新和协同创新，经济利益分配的影响因素

---

① BZP的研发历经13年，它源于天然化合物芹黄素，拟用于治疗轻中度急性缺血性脑梗死，是我国脑血管领域拥有自主知识产权的一类新药。它可以增加缺血区的脑血流量，重建缺血区微循环，缩小脑埂塞面积，保护线粒体，改善脑缺血后的能量代谢，减轻局部脑缺血所致的脑水肿，作用靶点明确；作为固体药物，溶解性好，制剂方便，成本较低，具有很好的生物利用度；能够提高药物对酶及酸糖解的稳定性，在体内不易被氧化代谢，半衰期较长，在临床使用中不会造成肝功能异常及转氨酶升高，毒副作用小，不会出现消化道反应等不良反应。

首先表现为各方的贡献程度，即对创新项目的贡献率。②投入程度。创新活动中各方投入的创新资源，如人力资本、科研仪器、科研场地、研发资金等，都会影响后期的经济利益分配。③风险承担水平。利益和风险是对等的，创新活动中会面临着技术风险、市场风险、财务风险等，创新主体对创新风险的承担程度不同，直接影响其对经济利益分配的参与程度，经济利益的分配应避免"平均分配、吃大锅饭"现象，依据风险承担水平进行利益分配。

3.3 创新的社会价值

创新的社会价值的第一层次表现为创新的公益性，即创新的最终成果应该服务于全社会和全人类。践行"大众创业、万众创新"这一国家战略，为充分保证创新的公益性，政府在科研领域和教育领域进行了大量投入，包括科技体制改革方面的措施以及创新体制的革新，最终目标是把我国建设成为创新型国家，形成以创新驱动发展的经济结构。

创新的社会价值的第二层次表现为创新的社会责任，即创新需要解决经济发展过程中的能耗高、效率低、污染重等问题，实现绿色创新发展。创新产品或服务的社会价值可以理解为是否降低了能耗、提高了效率、降低了环境污染。创新发展战略是实现经济可持续发展与环境协同发展的正确战略，企业的创新战略本质上也体现了企业的社会责任。

创新的社会价值的第三层次表现为具体创新活动中的社会价值。与经济价值相对应，社会价值表现为创新活动创造的无形资产带来的价值，具体如商誉、商标和品牌。虽然不能够带来直接的经济价值，但是这些无形资产具有较高的价值空间，可以间接带来经济利益。例如由国家市场监督管理总局、经济日报社、中国国际贸易促进委员会、中国品牌建设促进会、中国品牌杂志社、中国经济网等联合承办的"2018 中国品牌价值百强榜"评选活动中，百家企业品牌入选。其中，腾讯的品牌价值是 3 084 亿元，阿里巴巴的品牌价值是 3 066 亿元，中国工商银行的品牌价值是 2 886 亿元，上榜品牌总品牌价值高达 56 578 亿元。这充分说明创新的社会价值 – 品牌价值的价值空间。

最具有代表性的"创新的社会价值"表现为区域品牌的价值。从创新过程来看，区域品牌是协同创新的成果，它可以是产业集群企业共同创造的成果，也可以是由政府牵头产学研共同创造的成果。例如广东省的澄海玩具、狮岭皮具、阳江刀具，以及山东的青岛电器、湖南的"浏阳花炮"都是知名的区域品牌，区域内产品以区域品牌的标识销售，可以获取高于行业一般水平的利润，使所有创新主体从中受益。关于协同创新模式下创新的社会价值，特别是商誉、商标和品牌价值，这些社会价值的创造过程、分配过程和管理过程属于较为前沿的学术问题，尚不成熟，暂且不在本书中多做介绍。

案例 3-1

浙江大学"煤炭资源化利用发电技术协同创新中心"的价值创造

浙江大学的"煤炭资源化利用发电技术协同创新中心"也属于国家的"2011 计划"（产业类），由浙江大学牵头成立，清华大学、华东理工大学、中国国电集团公司、神华集团有限责任公司、中国东方电气集团有限公司、中国中材集团等高校和企业单位为协同单位。

该协同创新中心自成立以来，创造了巨大的价值，可以从效率、互补性、锁定效应和新颖性 4 个维度来分析其价值创造过程。

效率

首先，表现在能源利用效率方面，各协同创新单位在技术和资源方面实现了规模经济利益。浙江大学、清华大学、华东理工大学三所高校，以及国电集团、神华集团、东方电气集团、中材集团组成的三校四企协同创新体，积极开展煤炭分级转化与多级利用技术的研究及应用，有效缓解了我国油气资源供应不足的问题。其次，表现为交易成本的有效降低，该协同创新中心降低了学科融合、产学融合的信息成本和资源成本，将外部的交易成本转化为内部的管理沟通成本。再次，降低了技术衔接成本与复杂问题的信息不对称，提升了效率。在煤炭资源利用发电技术方面，浙江大学负责裂解燃烧发电、灰渣/废弃物综合利用，清华大学负责污染物脱除与资源化，华东理工大学负责裂解气化产物深加工，分别建立了相关的研发平台，实现技术对接。国电集团负责电站工程，神华集团负责煤化工工程，东方电气集团负责装备制造，中材集团负责材料工程，实现了工程知识的对接。最后，建立了人才资源率，提高了人才效率。创新中心形成了包括院士、国家千人计划、长江特聘教授和杰出青年基金者、工程技术人员、骨干人才等 70 多人的团队，并拥有一支约有 1 000 人的集科技研发、成果转化、创新管理、人才培养于一体的协同创新团队，建立了"离岗不离职""事业留人、科学用人"的人才机制。

互补性

该协同创新中心是一个整合创新资源、创新成果并服务于国家的创新平台，各协同单位合作的基础是创新资源、知识、产业能力、技术专长、人才储备、实践活动等方面的互补。如浙江大学、清华大学、华东理工大学在燃煤发电、煤化工和污染物控制方面形成学科优势互补。另外四家央企分别属于煤炭开采、设备制造、发电运行、建材环保等不同产业链环节，构建了煤炭资源化利用发电的全产业链和完整的生命周期。

锁定效应

首先是国际合作方面的战略锁定。煤炭资源化利用发电技术协同创新中心下设国家能源科学与技术学科创新引智基地，同时与欧美著名大学和世界 500 强公司建立了 9 个联合研究中心，是组建"中美清洁能源联合研究中心"的核心成员单位。目前该协同创新中心已经承担了 40 多项国际科技合作项目。

其次是成员声誉的锁定。协同创新中心的参与成员均是行业与技术领域的领先者。如浙江大学、清华大学和华东理工大学是我国著名的理工科大学,实力雄厚,关键它们都是能源动力、化工领域的高端科研和顶尖人才培养基地。浙江大学拥有能源清洁利用国家重点实验室,清华大学拥有燃烧国家工程研究中心,华东理工大学是新中国第一所以化工特色闻名的高等学府。国电集团、神华集团、东方电气集团、中材集团在煤炭资源化利用发电方面具有行业领导优势。

最后是成员信任与忠诚的锁定。各协同单位资源互补,具有良好的合作基础。如浙江大学与国电集团合作将300MW褐煤循环流化床锅炉改造为以褐煤为原料的300MW循环流化床热电气综合利用装置,合作成功;神华集团和浙江大学联合成立了国家能源煤炭清洁转换利用技术研发(实验)中心;浙江大学、清华大学等都参与了神华集团申报的国家科技重大专项"绿色煤炭"。此外,基于较好的合作基础,4家央企单位已先期投入1亿元基金,重点支持协同创新中心的前期研发。

新颖性

协同创新中心的创新举措表现在以下几个方面。如以项目为依托,汇聚创新资源,搭建一系列的研发平台和工程技术体系;灵活的人事考核制度,协同创新中心采取统一聘用、考核和薪酬体系,实行按需设岗、跨单位聘任制;形成以任务为导向的"开放、共享、有偿"的资源配置方式;创新的人才培养机制,根据行业需求进行协同创新体产学内部的轮换式培养,即高校之间、校企之间深度的联合培养模式。

资料来源:根据"项杨雪,梅亮,陈劲. 基于价值创造的协同创新本质研究——以浙江大学协同创新中心为例[J]. 科技进步与对策,2015,32(23):21-26"整理。

案例3-2

粤港澳大湾区的价值创造

粤港澳大湾区涵盖广东省9座城市——广州、深圳、珠海、佛山、惠州、东莞、中山、江门、肇庆,以及香港、澳门特别行政区,土地面积约5.6万平方公里,占全国国土面积的0.6%。2016年经济总量为9.2万亿元,占全国GDP的12.4%;常住人口6 800万,占全国人口数量的4.9%,是一个创新能力极强的世界级湾区,可以与美国纽约湾区、旧金山湾区和日本东京湾区相媲美。

一个区域的科技创新能力,反映了该地区的创新能力,粤港澳大湾区是以创新驱动发展的区域规划,集聚了高科技公司、热门创业公司、顶级制造业企业、一流大学、国际科技创新中心等,具备创新带动区域发展的特征,是世界第四大湾区。2017年,粤港澳大湾区人口达6 956.93万,GDP生产总值突破10万亿元,约占全国经济总量的12.17%,GDP总量规模在世界国家排行中名列第11位,与韩国持平,是全国经济最活跃的地区。

近几年来,粤港澳大湾区持续以创新驱动发展,各种创新活动创造了巨大的价值,以下从发明专利、PCT专利、施引专利、同族专利4个方面阐述该地区的创新价值创造。

发明专利

发明专利最能够衡量一个国家或地区的科技创新能力和创新价值成果。相关统计数据显示,2012～2016年,粤港澳大湾区历年发明专利总量依次为61 764件、71 037件、103 610件、155 074件和193 712件,呈现逐年稳步递增趋势,增幅分别达15.01%、45.85%、49.67%和24.92%,其中2014年和2015年的增幅最大,接近50%。这5年来,粤港澳大湾区发明专利总量增幅达213.6%。

PCT专利

PCT是《专利合作条约》(patent cooperation treaty)的英文缩写,是有关专利的国际性条约。根据PCT的规定,专利申请人可以通过PCT途径递交国际专利申请,向多个国家申请专利。2012～2016年,粤港澳大湾区东岸PCT专利数量多于湾区西岸和港澳地区;湾区西岸的PCT专利增长率呈现较平稳增长态势,在2016年出现小幅度下滑;湾区东岸的PCT专利数增长率波动较为明显,在2015年出现较大幅度下跌。港澳地区PCT专利数量相对较少,每年均在800件以内,2013年和2014年出现负增长。从PCT专利年复合增长率分析,粤港澳大湾区各地区中澳门以39.16%位列第一,其次是佛山、惠州、东莞、广州和深圳,肇庆、江门呈现负增长。

施引专利

施引专利是指专利被引用的次数。被引次数是指观测专利后续被引用的次数,反映了专利的质量,被引次数高的专利往往代表专利质量高。在施引专利数量上,粤港澳大湾区城市与旧金山湾区城市存在较大差距。尽管粤港澳大湾区近5年来的发明专利数量超过了旧金山湾区,但在施引专利数量上远不及旧金山湾区。数据显示,2012～2016年,粤港澳大湾区的发明专利施引数量低于旧金山湾区,该现象在2013年和2014年尤为明显。2012年,粤港澳大湾区的发明专利施引数为旧金山湾区的53.56%,2013年和2014年降到30%以下;2015年差距有所缩小,但粤港澳大湾区的发明专利施引数为旧金山的39.52%,2016年再次降至22.81%。

同族专利

同族专利是在不同国家(地区)、以不同(或相同)语言公开的与同一发明相关的专利文献的集合,又被称作专利族。2012～2016年,粤港澳大湾区东岸的同族专利数量多于湾区西岸和港澳地区,2016年东岸同族专利数量总量突破16万件,西岸同族专利数量突破12万件;在增长幅度上,粤港澳大湾区东岸和西岸都呈现逐年增长的态势,但西岸增长率明显高于东岸,2014年其增长率一度超过70%,而港澳地区的同族专利数量相对较少,每年均在2万件以内,2014年出现负增长。

粤港澳大湾区作为全球最具经济活力的城市群之一,11个城市各具优势,如广州的教育科研、深圳的高科技产业、东莞和佛山等周边城市的先进制造业,香港的金融和高端服务业、澳门的商务服务业,协同创新发展成为必然。虽然粤港澳大湾区的创新能力较强,创造了较高的专利价值,但借鉴世界重要湾区的发展路径和经验,未来粤港澳大湾区仍须进一步加大协同创新力度,打造新型合作平台,整合金融、科创、产业、人才和交通等资源,共同建设世界一流湾区。

资料来源:根据粤港澳大湾区发展规划的相关资料整理。

本章小结

创新的本质在于价值创造,能够创造经济价值和社会价值的创新活动才有意义。创新活动的价值创造是通过知识增值实现的,创新主体通过创新资源共享特别是人力资源的知识共享来实现知识增值。创新活动可以创造价值,这是创新主体参与创新活动的内在动力和追求的目标。创新的价值创造首先表现为经济价值创造,即创新活动创造的经济利益,它是一种可以量化的有形资产。创新的价值创造还表现为社会价值,如创新活动的公益性、创新活动的社会责任,以及创新活动创造的商誉、商标和品牌等无形资产价值。

复习思考题

1. 什么样的创新才是有意义的创新?创新的本质是什么?
2. 如何理解创新的价值创造?创新活动的价值创造是通过什么实现的?
3. 知识增值是一个什么样的价值链活动过程?请举例说明创新活动通过知识链实现知识增值的过程。
4. 创新的经济价值创造具体表现为什么?请举例说明。
5. 如何理解创新的社会价值创造?创新的社会价值和社会公益性、社会责任等同吗?举例讨论创新的社会价值的意义。

Chapter 4
第4章

创新的共享机制

创新已经成为时代的特征，创新活动逐渐转变为创新资源的整合。只要能够创造价值，带来经济效益和社会效益，创新活动是可以整合跨组织、跨学科和跨领域的创新资源的。这些创新资源包括技术标准、专利、科研成果、学术论文等科技信息资源，以及科学设施资源，最重要的是实现科研人员的交流和合作。在创新的共享资源中，人力资源是最重要的资源，尤其是人力资源所拥有的知识，知识共享是创新活动中创新共享的本质所在。因此，在创新的共享机制中，知识共享应放在首要位置，其次是人力资源共享，最后是创新的信息资源和设施资源共享。

⚠ 学习目标

理解和把握知识共享的内涵。
理解和把握知识共享的 SECI 模型。
理解创新活动中的人力资源共享。
了解创新活动中的其他资源共享。

📚 引例

北京物资学院的物流学院与中都物流公司的合作创新

互联网时代，物流业迅速发展并成为第三产业中的支柱产业。物流业的发展方向，需要结合新路径和新模式。在这种时代背景下，北京物资学院的物流学院与中都物流公司开展合作，共同培养专业人才，打造新型的现代物流服务业模式。北京物资学院推出了一系列的改革措施，让学生与教师通过校企合作的新模式与企业有效对接，换思路、换角度，力求培养高水平应用型学生，促进学生在物流行业内实现高质量就业。对于中都物流公司而言，企业内部虚位以待，却难求人才，通过这种创新的合作模式，可以使企业节约人力培训成本，招聘到适应岗位的高素质人才。

在创新资源共享模式下，北京物资学院的物流学院与中都物流公司合作的具体方式是成立订单班。订单班是双方于 2012 年 9 月联合设立的，主要功能就是培养汽车物流经营管理专业人才，是校企联动的人才培养模式。订单班面向物流学院所有专业的大三学生招生，通过自愿报名的形式，经过暑假约两个月的企业实习后确定最终人选，并给予 1 000～10 000 元不等的奖学金，毕业后由学生与企业进行双向选择。2013 年，订单班首批一共选拔了 19 名学生，其中有 14 名学生进入该公司管理培训生的岗位就业。毕业不到一年，他们中大多数人已经成为基层骨干，这与正常毕业后进入公司的其他大学生相比，成长期至少缩短了一半。订单班仅仅是双方合作的一个项目（2013 年又开设了经理班等项目），但是这种创新模式帮助物流学院培养了大批优秀的应用型人才。

双方在人才培养方面实现了以下创新资源的共享。一是师资队伍的共享。具体模式是"一来二去"，把校外的专家和业内知名的企业家请到学校做讲座，一对一指导学生；学校的老师去企业挂职，同时作为桥梁，带学生去一线实践。"一来二去"实现了双方人力资源的共享。二是知识的共享。主要是专业知识的共享，学校和企业对学生的双创课程体系进行了优化，采取以实践为导向的教学内容。改变传统的知识传授模式，引进实践教学环节，使课程内容更加接地气，以实践内容为主，学以致用。三是设备和设施资源的共享。学校和企业共同推进各种赛事训练体系，如创业计划大赛、创新实践项目、大学生挑战杯等，共享双方的实验室和设备场地。通过双方创新资源的共享，实现了双赢的局面，学校在教育教学改革、毕业生就业方面取得了巨大成就，中都物流公司在人才招聘和人才培训方面也节约了成本，提高了人力资本的工作效率。

双方已经形成战略合作协议，除继续冠名物流文化节和开办"订单班""经理班"外，双方将针对企业亟待解决的问题开展科学研究和企业培训合作，充分挖掘和共享物流领域内的各种创新资源。

资料来源：根据北京物资学院的官网的相关内容整理。

4.1 创新的知识共享

4.1.1 知识共享的内涵

知识共享是一个复杂的过程，不能够简单地理解为信息或者数据共享。知识共享是实现个体或组织之间的显性知识与隐性知识的共享。

知识共享是一个动态的过程，知识在不同个体或组织间转移、吸收、消化、共享、集成、利用以及再创造，本质上是不同主体或组织各自拥有的隐性知识与显性知识的相互转换和提升的过程。

顾名思义，显性知识是能够被人类以一定的符码系统（语言、文字、图表）加以完整表述的知识。显性知识的共享相对比较容易实现，因为这些知识可以被表述、被理解和被吸收。显性知识具体可以通过会议、讨论、聊天等进行传播，并且可以被知识接受方记录、消化和吸收。在创新活动中，显性知识可以通过语言沟通、书面材料、数据库等编码方式共享，容易被人们学习、消化和吸收。

隐性知识是迈克尔·波兰尼（Michael Polanyi）在1958年从哲学领域提出的概念。相对于显性知识而言，隐性知识是未被表述的知识，例如我们在做某件事的行动中所拥有的知识。隐性知识可以被分为两类：一类是技能类知识，包括那些非正式的、难以表达的技能、技巧、经验和诀窍等；一类是认识类知识，包括洞察力、直觉、感悟、价值观、心智模式、团队的默契和组织文化等。在创新活动中，个人或组织的隐性知识共享需要通过显性化之后，才可以实现传播和学习，所以隐性知识向显性知识转化的程度决定了隐性知识的共享程度，以及这类知识实现共享和增值的可能性。

4.1.2 知识共享的 SECI 模型

知识共享是显性知识、隐性知识相互转化和提升的动态过程，在这个连续的转化和提升过程中，不断地实现知识增值。日本知识管理专家野中郁次郎（Ikujiro Nonaka）提出了显性知识和隐性知识相互转换的 SECI 过程，如图 4-1 所示。

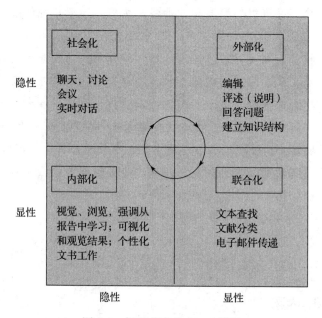

图 4-1 知识共享的 SECI 模型

1. 第一阶段：社会化

社会化（socialization）过程是把隐性知识汇聚在一起进行交流，共享经验并产生新的隐性知识的过程。在这一过程中，个体或组织在进行隐性知识交流时，主要是通过观察、模仿、感悟等方式实现的。

在创新活动中，知识共享的这一阶段主要是促进创新团队成员之间隐性知识的交流，因为隐性知识也是创新的源泉，能够给企业带来竞争利益。创新人员或创新主体以会议、讨论、谈论的形式进行知识交流，将个体的隐性知识转化为共同的隐性知识，并使其丰富化。简单地说，这一阶段也是共享经验产生新的意会性知识的过程。例如，师徒传授就是个人间分享隐性知识的典型形式。如今信息技术较为发达，创新人员之间的隐性知识共享可以借助虚拟的知识社区平台，在更大范围内实现从隐性知识到隐性知识的转化创造。

2. 第二阶段：外部化

外部化（externalization）是把隐性知识清晰地表达出来，从而成为显性知识的过程。在很多情景下，隐性知识是无法被表述的，需要慢慢领悟和练习。隐性知识向显性知识的转化依赖一连串的隐喻、类比、范例、概括、归纳和抽象提炼，尽可能地把隐性知识显性化，并且保持隐性知识的内涵。

在各种创新活动中，知识共享的这一阶段是隐性知识显性化，实质上是知识外化的过程。不同的创新人员和创新主体需要实现知识转移和共享，必须要求知识传播方把自身的隐性知识合乎规范地表述出来，或通过各种形式将知识进行编码，以便于隐性知识的传递、修改、储存和复制。只有隐性知识外部化，才可以进一步实现隐性知识在创新主体间的传输和传播。简单地来理解，在创新活动中，知识共享的外部化过程，就是各创新人员或创新主体将专业领域内的隐性知识通俗化地展现出来。例如，在访问没有文化知识的农民时，可以将"灌溉"表述为"浇地"。

随着人工智能时代的到来，知识挖掘系统、商业智能、专家系统等为隐性知识显性化提供了手段。

3. 第三个阶段：联合化

联合化（combination）是将分散的、独立的显性知识进行结合，形成更系统的、更复杂的显性知识的过程，或者形成新的显性知识。简言之，知识共享的联合化就是整合零碎的显性知识，使知识更容易被共享，并且创造价值。

在创新活动中，知识共享的这一阶段是参与创新的人员或组织把自身拥有的显性知识与外部获得的显性知识进行汇总组合，将分散的显性知识整合形成新的显性知识系统。知识共享的联合化过程，使创新人员或组织的知识增加，进一步形成以创新项目为主题的显性知识体系，为创新项目的顺利开展提供知识库。具体而言，分布式文档管理、内容管理、数据仓库等是实现显性知识系统化和组合的有效工具。

知识共享的联合化过程强调的重点是知识采集、知识组合、知识管理、知识分析和知识传播。以企业的创新活动为例，在创新团队内部，组织会从创新人员那里收集显性知识，然后将这些知识进行加工整理形成体系化的显性知识，最终提升为组织的创新知识库，以便于创新人员进行吸收和使用。

4. 第四个阶段：内部化

内部化（internalization）是个体或组织吸收显性知识并使其转化为新的隐性知识的过程。把显性知识转化为隐性知识，成为个体或组织在新条件下内在化了的知识，用来拓宽、延伸和重构组织成员的隐性知识，以提高其应对环境变化的实际工作能力。知识共享的内部化阶段，实质上完成了知识共享的一个循环。

显性知识内部化是知识共享的高级阶段，将新创造的显性知识转化为个人或组织的隐性知识，对个人或组织而言，显性知识内部化实质上是知识创造的过程，很容易实现新知识的应用与创新活动。在创新活动中，个人或组织通过学习和实践，消化和吸收组织内部和外部的显性知识，最终内化为自己的隐性知识。隐性知识是创新的源泉，个人或组织将已有的隐性知识与内部化的隐性知识进行结合，将形成更庞大的隐性知识体系，在创新活动中最大化地应用这些知识，从而取得创新成果。

在知识共享的 SECI 模型中，第二个阶段——外部化，即隐性知识向显性知识的转化是核心，是知识增值的最直接和最有效的途径。在自主创新、开放式创新和协同创新模式下，个人或组织的隐性知识是创新活动中知识创新的核心。如何有效地激发个体或组织的隐性知识，克服转化过程中的障碍，推动隐性知识与显性知识相互转化和提升，将直接影响创新活动的创新成果产出水平。

4.1.3 创新的知识共享

如第 2 章内容所述，依据创新资源的来源以及合作范围，创新模式可以分为自主创新、开放式创新、协同创新。这三种创新模式的知识共享本质上都是隐性知识与显性知识的转化和提升，但具体表现有所不同。

1. 自主创新的知识共享

企业的自主创新模式，主要依赖企业内部的创新资源进行创新，包括制度创新、组织创新、文化创新、技术创新、产品创新和市场创新等。无论哪一个环节的自主创新，都仅对组织内部的个人知识进行共享，以实现知识增值和价值创造，进而达到创新目标。

如图 4-2 所示，在创新项目团队内，每一个员工构成了知识共享的基本元素。通过项目团队员工之间的学习，隐性知识和显性知识进行交流，实现了知识共享的四个阶段，从而实现知识增值。在此基础上，项目团队员工的个人知识库整合成为项目知识库，形成项目创新的原动力。

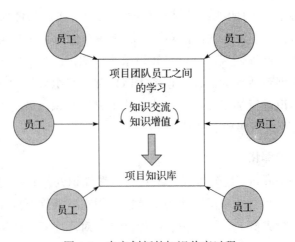

图 4-2　自主创新的知识共享过程

2. 开放式创新的知识共享

开放式创新模式打破了原有的组织边界，在更大范围内整合创新资源以实现创新。典型的开放式创新模式包括产学研合作创新、产业集群合作创新。在这两类创新模式下，实现的是产业、高校、科研机构之间的合作，或者是产业内企业间、科研机构以及服务机构间的合作。因此，开放式创新的知识共享也表现为不同创新主体间的知识共享，特别是跨组织、跨部门、跨领域的合作，知识共享的难度加大，但是知识共享带来的价值创造也更大。

如图 4-3 所示，产学研合作创新、产业集群合作创新实现知识共享的基本元素是产业知识库、专业中介机构知识库、高校知识库、科研机构知识库等。开放式创新的知识共享以合作项目为导向，组织之间进行跨组织学习，实现知识交流和知识增值，最终形成以项目为主题的开放式创新知识库。开放式创新知识库不是各创新主体知识库的简单相加，它包含隐性知识和显性知识的增量部分，形成了"1+1+1>3"的新知识库，开放式创新项目以此为基础进行价值创造。

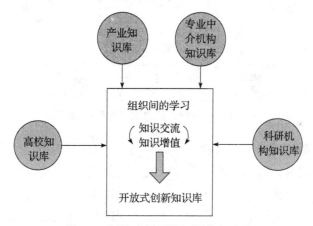

图 4-3 开放式创新的知识共享过程

3. 协同创新的知识共享

协同创新是以大学、企业、科研机构为核心，以政府、金融机构、中介组织、创新平台等为辅助要素的多元主体之间进行跨组织、跨学科、跨领域的创新资源共享范式。以协同创新项目为载体，大学、企业、科研机构之间实现高度的资源融合，这三类主体间的组织学习、知识交流通过 SECI 四阶段模型充分实现了知识共享，是协同创新的主要驱动力；政府、金融机构、中介组织、创新平台为辅助主体，这四类主体之间也相互学习，从而实现跨组织的知识共享和知识增值。

如图 4-4 所示，协同创新的知识共享可以分为两个层次，第一个层次是大学、企业、科研机构之间的知识共享，是主体的知识共享；第二个层次是政府、金融机构、中介组织、创新平台之间的知识共享，是辅助的知识共享。同时，大学、企业、科研机构之间的知识共享存在交互作用。第一个层次以大学、企业和科研机构为创新主体，主要是实现科研人员的知识共享。大学的知识是开放性的，企业的知识相对封闭，科研机构的知识两者兼有，跨组织的科研人员通过会议、座谈、访谈等形式，充分实现隐性知识和显性知识的共享和知识增值，这一层次的知识共享是协同创新的核心动力。第二个层次是政府、金融机构、中介组织、创新平台之间的知识共享。在协同创新项目中，政府、金融机构、中介组织、创新平台起辅助支撑作用，这几类主体也会存在组织间学习和知识交流，特别是与大学、企业、科研机构共同实现知识共享。参与协同创新项目的科研人员也会贡献知识，与第一层次的知识共享形成的知识库共同构成了协同创新知识库。

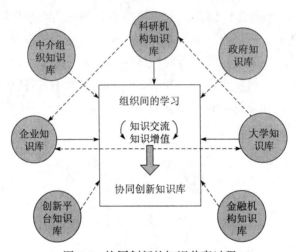

图 4-4　协同创新的知识共享过程

无论是自主创新，还是开放式创新和协同创新，创新主体间的知识共享能否实现知识增值存在一个共同点，即知识的异质性程度。创新主体间进行合作的前提是各自的知识能否形成互补性、依赖性，如果互补性和依赖性较高，那么知识共享的效果较好，较容易实现知识增值，进而创造创新价值。如果知识的互补性和依赖性较低，那么同质性知识共享较难实现知识增值，更不会涉及知识增值的过程。所以，异质性知识是知识共享和知识增值的关键，异质性更容易促成创新主体间的合作，自主创新、开放式创新和协同创新在进行创新活动时，都应注意资源的异质性配置过程。

在开放式创新和协同创新模式下，知识共享是可以创造价值并形成知识产权的，为了使合作创新的效果更好，需要处理好两个方面的问题。一是知识产权的归属问题。在合作创新前期，应该以合同文本的形式约定知识产权的归属问题。二是知识产权带来的利益分配问题。知识产权带来的利益包括经济利益和社会利益，合作创新的各类主体可以协商利益分配的评价标准，如以合作创新中资源付出多少来衡量，以避免知识产权纠纷问题或影响后期的继续合作。

4.2　创新的人力资源共享

从本质上来讲，所有创新活动资源共享的根基都是人力资源共享。人力资源共享是知识共享的保证，人力资源也可以称为人力资本，是创新活动最关键的要素投入，人才是创新的关键。

4.2.1 人力资源共享的条件

创新活动中人力资源共享会受到很多内外部条件的影响，包括政府政策、信息技术、行业间的差异性、创新主体间的共识等。

1. 政府政策

政府的相关政策特别是创新政策，包括创新体制机制等方案，都直接影响创新的人力资源共享。如国务院 2018 年印发的《关于优化科研管理提升科研绩效若干措施的通知》（国发〔2018〕25 号）中提到，支持高校、科研院所科研人员到国有企业或民营企业兼职开展研发和成果转化，加大高校、科研院所和国有企业科研人员科技成果转化股权激励力度，科研人员获得的职务科技成果转化现金奖励计入当年本单位绩效工资总量，但不受总量限制，不纳入总量基数。可见，目前政府创新体制对人力资源共享的政策是有利于创新活动中人力资源共享的，特别是对于开放式创新和协同创新模式而言，这些政策有利于不同创新主体间的人力资源共享。

2. 信息技术

随着互联网技术的发展，人们已经习惯了知识、专业技术的共享，新一代的信息技术为创新的人力资源在更宽泛范围内的合理使用提供了可能性。在共享经济时代，人力资源的配置、使用方式发生了根本性的变化。在自主创新模式下，企业可以以柔性的方式引进和运用人才，使组织内部的专职和兼职人力资源形成共享。实际上，各类创新主体的"充分发挥柔性人力资源引进机制""引进来＋走出去"等措施，都是在充分利用信息技术的基础上实现创新人力资源的共享，不仅吸引更多的人力资源到本平台工作，还在更大的范围内利用"研发基地""孵化器"等吸纳当地人力资源为创新活动服务。

在开放式创新和协同创新模式下，信息技术对人力资源共享更是起到极大的促进作用，可以使不同的合作主体在异区域、异空间内实现跨区域合作，以实现创新项目的推进。

3. 行业间的差异性

异质性是可以促成合作的，特别是拥有异质性知识背景的创新人力资源。行业间的差异性对人力资源的合作存在拐点影响：当行业间的差异性在适度范围内时，不同知识背景的创新人力资源较容易形成合作，因为这些人力资源相互形成补充，并存在依赖性；当行业间的差异性较大，超出了合作范围时，不同行业内的创新人力资源很难形成合作，因为很难有相关联的创新项目促进人力资源之间的合作。例如，行业差异不太大的研发机构、制造企业、营销机构之间较容易整合人力资源形成合作；而行业差异较大的研发机构、制造企业、营销机构之间很难有合作项目。

4. 创新主体间的共识

在自主创新模式下,创新主体间的共识指的是创新个人之间能否在价值观、创新理念上实现共识,一旦形成共识,就很容易推进创新项目的实施。在开放式创新和协同创新模式下,不同创新主体之间的人力资源是否可以形成合作,还在于创新主体之间是否存在共识。具体来讲,当创新主体之间在战略定位、价值观方面形成共识时,他们就愿意提供人力资源等创新资源,从而形成创新项目的合作;如果创新主体之间战略定位存在差异,价值观也存在分歧,那么就很难依托创新项目形成人力资源的投入合作。

无论是自主创新模式,还是开放式创新模式和协同创新模式,人力资源共享是实现创新的关键,因为人力资源共享能够充分发挥人力资本的作用,发挥人力资本创造价值的作用。

4.2.2 人力资源共享

自主创新、开放式创新和协同创新三种创新模式下的人力资源共享,是指从事创新活动的科研人员之间进行互动与合作。企业里的科研人员、大学和科研机构的科研人员,包括直接科研人员和间接科研人员,都可以合作实现创新。

1. 自主创新范式下的人力资源共享

在自主创新模式下,创新活动的人力资源共享表现为组织内部的科研人员之间的合作,可以是研发人员、技术人员,甚至间接参与创新活动的其他职能部门的人力资源合作。例如,以科研项目为载体,企业组织内部的研发部门、生产部门、营销部门、财务部门、人事部门等都可以进行人力资源共享,以项目推进实施为主线,实现这些人力资源的互动合作。在自主创新模式下,人力资源共享是组织内有边界的资源合作。

随着信息技术的发展,越来越多的企业成立了组织内部自身的人力资源共享中心。人力资源共享服务中心(HRSSC)是指企业集团将各业务单元所有与人力资源管理有关的行政事务性工作(如员工招聘、薪酬福利核算与发放、社会保险管理、人事档案、人事信息服务管理、劳动合同管理、新员工培训、员工投诉与建议处理、咨询与专家服务等)集中起来,建立一个服务中心。该服务中心为集团所有的业务单元提供人力资源管理服务,业务单元向其支付服务费用。人力资源共享服务中心的建立,提高了人力资源的运营效率,更好地服务业务单元。而企业集团的人力资源部门则专注于战略性人力资源管理的实施,使人力资源管理实现战略转型。

2. 开放式创新范式下的人力资源共享

在开放式创新模式下,创新活动的人力资源共享包括以企业为中心的产业链上下游企业内的科研人员合作,或者是产学研一体化的科研人员合作,或者是产业集群内的产业内科研人员合作。开放式创新模式下的人力资源共享,具体表现形式有多种。比如,制造企业与上游供应商、下游经销商的合作创新,这三类创新主体之间以项目团队为表现形式的人力资源共享;政府主导下的企业、高校与科研机构的合作创新,这三种类型的创新主体以创新项目为核心的项目组人力资源共享等；产业集群打造"区域品牌"的合作创新，产业集群内的政府、企业、中介机构、专业评估机构、行业协会/商会、高校等形成人力资源共享，相互之间可以调动人力资源，形成产业集群的研发中心、营销中心、设计中心等合作平台，进行创新活动。

3. 协同创新范式下的人力资源共享

在协同创新模式下，人力资源共享包括企业、高校、科研机构，以及政府、中介机构、金融机构、平台中心的科研人员之间的高度互动合作。这些不同的创新主体相互之间可以形成合作，共享人力资源，同时，协同创新平台上的所有主体可以共同参与重大科技攻关项目，形成协同创新平台上的整体人力资源共享。例如，企业与高校的科研人员可以相互兼职，到对方单位工作，进行岗位互换等，以激发更多的创新性创意。或者所有的协同单位都可以在协同创新中心进行人员兼职，形成以协同创新平台为中心的人力资源共享。协同创新的人力资源共享是高度互动的，创新主体之间可以实现人力资源的多次共享和合作，合作深度和广度也较高。

创新的人力资源共享需要有一定的保障机制，其中最重要的是信任机制。只有存在信任，创新个人或主体之间才可以实现真实的人力资源共享，信任关系也可以很好地促进创新的合作深度和知识共享程度。较高程度的信任关系，可以明显地增加创新个人之间的合作，或者增加创新主体之间的沟通交流次数和知识共享程度，从而使大学、企业、科研机构等单位的科研人员和技术人员获得更多有价值的经验和创新想法。在合作创新过程中，高度信任关系一旦建立，各合作创新方就会更容易实现人力资源共享，不会因为害怕对方的投机行为而保护自身的创新资源，进而实现信息、经验等知识的交流分享。

为了保证创新活动的人力资源共享，创新人员或者创新主体需要通过以下几种途径建立信任关系。一是与合作过的创新人员或者创新主体进行合作。重复合作会增强相互之间的信任关系。二是通过中间人员或者中介机构的推荐形成创新合作，进而建立信任关系。三是通过契约或合同签订合作协议，通过合约的契约性和强制性来约束合作方的行为，从而建立信任关系。四是通过"背德成本"的约束来建立信任关系。背德成本其实是一种惩罚机制，一旦存在违背合约的行为，合作方再也不会信任对方，再也不合作，更不可能实现人力资源共享。

4.3 创新的信息资源和设施资源共享

除了知识共享和人力资源共享之外，创新的共享机制还包括信息资源和设施资源共享。

4.3.1 信息资源共享

在大数据时代，信息资源已与能源、材料并列成为不可或缺的三大社会支柱，开发、利用、共享信息资源已成为重要趋势。在创新活动中，信息资源的共享也较为关键，因为信息资源共享实质上解决了信息资源利用的社会化、效率化问题，可以提升创新活动的效率。

一般来说，信息资源共享的具体操作如下。①信息资源共享的各方签订信息资源共享协议。协议围绕"共享哪些信息资源""是否涉及密级问题以及密级如何规定""信息资源共享方有哪些权利""信息资源共享方有哪些责任"等。②信息资源共享的各方跟进并完善信息资源库。③信息资源共享的各方按协议获取和利用信息资源，同时向信息资源库提供有关的信息。④根据信息的更新速度，信息资源共享的各方及时跟进信息，并修改、补充信息资源库。⑤按照协议，信息资源共享的各方按规定支付信息使用费用，即信息付费。⑥信息资源使用效果检测，进一步完善共享的协议，修订新的使用条件等。

在创新活动的信息资源共享中最重要的信息是技术信息，技术信息共享是创新，特别是科技创新活动的核心资源。技术信息共享包括技术图纸、科技成果、技术诀窍等技术信息资源共享，还包括数据库信息共享和政策信息共享。从信息的价值来看，技术图纸、科技成果、技术诀窍等信息本质上都是显性知识和隐性知识的集合体，通过共享可以实现价值增值。而数据库信息和政策信息的价值表现为信息不对称，各方通过共享各自的数据库信息和政策信息，可以实现信息的全面掌握和利用，便于开展创新活动。

4.3.2 设施资源共享

在创新活动的各类资源投入中，设施资源的投入成本较高，表现为固定成本和沉默成本。创新的设施资源共享，可以降低设施资源的成本投入，同时提高设施设备的利用效率。

具体而言，设施资源共享包括各类创新主体，如高校、企业、科研机构或者政府等机构为实现创新而投资的场地、仪器、设备等。这些创新活动的设备设施成本较高，如果可以共享，则会大大降低创新活动的门槛。特别是重工业类企业和相关的科研机构，是否拥有先进的设备和设施直接决定了其竞争力的强弱。对于大多数中小企业而言，由于资金问题或者人力资源问题，它们无力购买设施和设备，直接影响了其创新活动的动力。如果可以实现设施资源共享，不仅可以帮助企业降低成本，还可以提高设备设施自身的使用效率，最关键的是解决了这类企业从事创新活动的门槛和阻碍。

在开放式创新和协同创新模式下，设施资源共享是促进合作创新的重要原动力之一。因为较多的科技攻关项目、重大科研项目的推进都需要先进的设施设备，而先进的设施设备的投入是所占比重较大的投入。近几年来，国家的相关创新政策也倡导共享设施资源，实现产学研的合作创新，如推进军工融合发展的政策。

例如，2018 年 6 月 22 日，科技部、国家发展改革委、国防科工局、军委装备发展部、军委科技委共同制定了《促进国家重点实验室与国防科技重点实验室、军工和军队重大试验设施与国家重大科技基础设施的资源共享管理办法》，这一管理办法重点在于统筹推进国家重点实验室与国防科技重点实验室、军工和军队重大试验设施与国家重大科技基础设施的资源共享，提高资源利用效率，提升协同创新能力。

案例 4-1

开放式创新模式下供应链上下游企业间的知识共享：丰田公司的案例

供应链上下游企业间的合作已经较为成熟，供应链中的知识管理越来越重要。类似单个组织，供应链中的知识管理也包括知识获取、知识共享、知识运用、知识保护等内容，其中知识共享是关键。如果供应链企业间形成较好的知识共享机制，那么就能够保证供应链的知识增值，实现价值创造，提升整个供应链的竞争力。作为汽车供应链中的核心企业，丰田公司早在20世纪就开始主动设计和管理供应链中的知识共享，为提高自身和整合供应链的竞争力奠定了基础。

丰田公司与供应商的知识共享机制

成立供应商协会

丰田公司成立供应商协会，就是为了加强供应商之间的联系，并为知识共享提供一个平台。1989年，丰田公司在美国成立了供应商协会BAMA。截至2000年，BAMA已经从最初的13个会员增加到97个会员。此后，丰田公司又在日本成立了供应商协会Kyohokai。Kyohokai的具体操作在于提供一种机制促进成员间的知识共享，这种机制主要包括供应商联合大会会议（每两个月举办一次）和主题委员会会议（每个月或两个月举办一次）。前者是关于高水平的显性知识的分享，比如供应链内的计划、政策、市场趋势等；后者则是关于时常发生变动的四个特殊领域（成本、质量、安全和社会活动）的知识分析。这一系列举措都有助于发展供应商之间的关系，促使它们分享有价值的知识。

组建咨询/解决问题的团体

组建咨询/解决问题的团体，是为了从供应链中获取、储存和传播有价值的知识，增加供应商对核心企业的认同感，提高核心企业与供应商知识共享的效率。

早在20世纪60年代中期，丰田公司便开始在日本为其供应商提供专家顾问以帮助他们。1977年，丰田在日本组建了OMCD这一咨询/解决问题的团体，目的是在丰田公司团队里面获取、储存和传播有价值的生产知识。OMCD由6个资深的主管人员以及大约50个顾问组成，每位主管负责2个丰田公司工厂和大约10个供应商。丰田公司将这些专家顾问派给供应商，帮助他们解决履行丰田生产系统（Toyota production system，TPS）方面的问题。丰田公司不限制它的专家顾问的时间，有时他们会持续数月指导供应商学习TPS。事实上，OMCD已经成为一个有效的知识资源，有助于供应链中作为核心企业的丰田公司指导供应商履行自己独特的生产系统。

1992年，丰田公司在美国组建了咨询/解决问题的团体TSSC。类似于OMCD的性质，TSSC 的目的是由供应链中的核心企业丰田公司帮助其美国供应商完成 TPS 专门技能的过户。为更好地达成这一目标，TSSC 需要参加的供应商彼此分享他们的知识，鼓励供应商彼此开放他们的操作，以及鼓励成功履行 TPS 的供应商展示他们的方法和经验。事实证明，有了 TSSC 的参与，供应商履行丰田生产系统的效率明显提高，生产率平均增加了 123%，减少了 74% 的存货。

组织自愿学习团队

学习团队是一个能熟练获取、传递和创造知识，同时善于修正自己的行为以适应新的知识和见解的团队，组织自愿学习团队是提高供应链整体竞争力的必要条件。

1977 年组建的 OMCD 在日本组织了自愿学习团队 jishuken，这个团队有 50 多个丰田公司的供应商加入。Jishuken 是一个先进的分享知识的机构，主要负责组织团队成员学习新知识、探究新思想以及学习和提高 TPS 的应用。

1994 年，丰田公司在美国的 40 个供应商中确立了 3 个富有主动发展性的 PDA(plant development activity) 核心团队。PDA 传递知识相当有效，其关键原因在于组织各个成员持续不断地学习那些复杂而特别的知识。

知识共享机制的演进过程

上述三种知识共享机制（供应商协会、咨询/解决问题的团队和自愿学习团队）的发展经历了一个长期的演进过程。

初期

丰田公司与供应商建立了较为松散的联系，促进显性知识的共享。这一时期丰田公司的供应链刚刚搭建，供应商对供应链本身的认同感较低，几乎没有知识共享的活动。为改善这种状况，丰田公司在日本和美国建立了供应商协会，旨在加强成员企业之间的知识共享。供应商之所以加入供应商协会，根本原因在于他们希望获得更多的丰田公司的订单。由于交流尚处于初级阶段，交流的知识仅限于彼此的显性知识。

中期

丰田公司与供应商建立了较为紧密的联系，促进 TPS 的学习和隐性知识的共享。为更好地向供应商传授丰田生产系统，丰田公司在日本和美国组建了咨询/解决问题的团体，以极低的成本送专家顾问去指导供应商学习 TPS，转移有价值的知识，从而逐渐增加其与供应商的双边关系。专家顾问的指导提高了供应商学习运用 TPS 的效率，同时也促进了隐性知识的共享，使供应商对丰田公司给予的帮助心存感激，并使彼此的联系更为紧密。

后期

丰田公司加强了与供应商之间的多边关系，促进显性、隐性知识的共享。在这一成熟时期，供应商非常认同供应链网络，开始加入自愿学习团队，并与其他供应商免费分享知识。这也使得供应商之间存在多条转移显性和隐性知识的路径，加强了多边关系，并且产生了知识共享的次级网络。

值得一提的是，丰田公司通过建立知识共享机制分享显性和隐性知识，帮助供应商改进产品质量,提高劳动效率,降低生产成本后,并不要求供应商及时降低产品的价格。一段时期内,供应商还是可以维护自己产品的价格,并获得相对较高的利润,这也有利于提高供应商加入丰田公司供应链网络的积极性。所以,从长期来看,丰田公司还是会从与供应商的知识共享行为中获利,这也促使它更为积极主动地致力于供应链的建设,增强供应链的整体竞争力。

资料来源:张玉蓉,张旭梅. 供应链中核心企业与供应商知识共享的分析与启示——丰田公司案例研究[J]. 科学管理研究,2006,24(4):117-120.

案例 4-2

沈阳万科的人力资源管理实践与企业内部的知识共享

1993 年,万科房地产开发有限公司进驻沈阳。截至 2015 年,沈阳万科先后开发了"城市花园""新榆公馆"等 20 几个中高档项目,为超过 3 万户家庭带来了高品质的万科生活,更凭借万科集团连续 10 年第一的市场占有率成为沈阳地产业的领跑者。同时,沈阳公司在知识管理、人力资源管理、周边城市业务拓展等方面也在集团中名列前茅。

截至 2015 年,沈阳万科有 12 个职能部,13 个项目部,鞍山、抚顺两个异地事业部,公司拥有员工 350 人,平均年龄 31 岁,本科及以上学历占 89.5%。公司内部员工分为管理序列和专业序列,人才梯队分为管理层、一线经理层、二线主管层/接班人和三线潜力人员。公司的组织架构是典型的矩阵式项目管理体制,采用异地事业部、片区项目等多种项目管理方式。

房地产行业是一个资金密集型、知识密集型行业,同时受政府的宏观调控影响较大,同行业的竞争也较为激烈。在这种背景下,沈阳万科通过内部有效的知识管理获取了一定的竞争优势。

为了进行知识管理,进一步实现知识共享和价值创造,沈阳万科的人力资源管理高度重视打造自己的"知识共享型企业文化",将企业外部推动的"要我学"模式真正转化为依靠员工内在拉动的"我要学"模式。这种"知识共享型企业文化"通过"可以共享"和"值得关注"两种具体措施来激发共享意愿,促使员工间进行知识共享。下面通过 SECI 四个方面来介绍沈阳万科的知识共享措施。

潜移默化(S):隐性知识间的转化

隐性知识很难明确表述,获取途径主要是观察、模仿和实践。因此"师徒传授"就成了隐性知识间传递与转化的主要方式。沈阳万科也不例外,每年从校园招聘中脱颖而出的"新动力",都将得到指定导师的专门帮助。由于新员工对环境和业务的熟悉程度不够,而工作开展中的一些技巧性内容又难以通过简单的培训来获得。因此,新员工在工作中常常听得明白,办起事来却很糊涂,干什么都似懂非懂,又或者自认圆满但不乏漏洞。此时,在新老员工之间建立一种"师徒"关系不仅缩短了"新动力"的适应时间,也顺利实现了隐性知识在新老员工间的传承。

这种导师制的应用范围不仅局限于对"新动力"的培养，对管理层的新经理人员（项目经理），公司也会采取矩阵式关注与"下沉式"辅导来帮助其成长。在沈阳万科，总经理一直把人才培养和梯队建设视为比销售业绩更为重要的战略目标，尽管被评价的新经理不直接由总经理管理，但他总会积极参与新经理在见习期的工作表现评议，及时与人力资源部经理、相关部门经理进行沟通对话，判断新经理的未来发展方向，这种管理方式就是总经理矩阵式关注。"下沉式"辅导则负责具体的实践操作，是指由管理层领导或资深经理亲自做导师手把手地指导新经理的日常工作。人力资源部也会根据新经理以往的工作经历，梳理其长处和缺项，为每一位新经理制订辅导和关注计划，帮助新经理尽快熟悉和胜任新的工作岗位。新经理在工作过程中遇到任何问题，都可以随时向自己的导师请教。这样，经验丰富的老经理就可以在日常的指导中将自己的隐性管理技巧、问题处理方式等无形地传输给新经理，真正起到"扶上马，送一程"的作用。在导师辅导的过程中，为防止老员工"留一手"，公司还把对新经理的培养质量纳入绩效评价体系，并通过确保分配公平来消除员工因知识共享而导致自身利益受损的顾虑，这样导师也就更加愿意进行隐性知识的共享，从而真正推动潜移默化的影响的实现。

外部明示（E）：隐性向显性的转化

沈阳万科知识的外部明示主要通过内部导师制、标杆员工和跨部门培训来实现。

首先，公司的培训强调内容的实用性和落地性，培训必须贴近企业实际的日常工作。由于企业员工对公司的情况最为熟悉，所以公司鼓励内部员工成为讲师，把自己的所长和工作心得与其他员工分享，以营造一个良好的学习气氛。以公司举行的练兵学习行动为例，兰乔、惠斯勒项目部带来的"百家讲坛"，详细总结了兰乔项目的成熟经验，并融会了惠斯勒项目的创新手法，吸收先进、摒弃不足；鞍山事业部带来的"讲武堂"，八堂堂主按专业划分，全面介绍了各专业技术知识和经验。同时，沈阳万科还设定了"标杆员工"供员工学习。每个月公司都会要求标杆员工在网上公开亮相，与其他员工直接交流工作中的常见问题。

另外，沈阳万科在矩阵式的管理模式中，充分意识到项目团队在知识创造与共享中的重要性，积极推动知识的跨部门学习共享，即根据和其他相关部门在共同推进工作的过程中遇到的实际问题，普及相关部门应该知悉、了解以及关注的有关本部门的信息，以便于知识共享和工作配合。跨部门培训包括：①需要本部门之外的业务相关部门知悉并执行的制度、规范、流程；②在工作的推进过程中，需要本部门之外的业务相关部门支持、配合和重点关注的内容；③从本专业的角度对其他部门进行风险提示等。由于不同职能和项目部门的员工通常拥有较多的与该部门相关的隐性知识，而这类知识往往对其他部门也是有益的，通过跨部门团队，使不同领域工作人员所拥有的隐性知识得到共享，跨部门团队完成任务解散后，员工又可将其学会的互补性隐性知识带回各自的部门。因此，由不同职能和项目部门的员工所组成的跨部门团队成为知识共享的基石。

汇总组合（C）：显性知识间的组合

这一般要借助于一定的信息处理手段和 IT 系统平台。在知识的汇总组合阶段，沈阳万科主要是通过地产信息化平台和工作经验案例化来实现的。首先，沈阳万科凭借公司强大的地产信息化平台系统，实现了知识的高效整合。这个平台系统的知识管理根据专业知识、行业知识、经验案例以及公共知识来划分知识类型，支持多维的知识管理以及专家在线解答，并提供授权的共享机制，为员工提供了方便、快捷的智能检索和查询功能。同时，OA、PLM、ERP、HER、合同管理、物业管理、现场施工管理和物资采购管理等各项系统之间彼此联系，将知识管理与万科的各项具体工作事务紧密相连，形成一张规范、便捷的系统网，实现了不同部门、不同知识的交换、存储、共享和应用。

工作经验案例化是指沈阳万科在每个部门都委派了一名员工作为 HR 大使，负责协助人力资源部在公司各个部门进行个体工作经验的案例收集，并上传到知识共享平台。该平台汇集了大到国内外知名公司的商业运作案例，小到公司某一项实践的细微操作。员工如果想要了解某一方面的实践经验，就可以直接去这个平台查找，然后通过阅读案例来迅速识别出问题的关键点，提升解决问题的能力。这样，一个人的经验总结，被大家学习后，就能在很大程度上提高集体的知识水平。

内部升华（I）：显性到隐性的转化

"干中学"是实现知识内化的一种重要形式。在沈阳万科，"干中学"的一个典型性途径就是岗位复合。岗位复合是以打造复合型人才、促进知识内化为目标的岗位轮换过程。沈阳万科根据企业结构的特点和隐性知识的特征做活了工作设计，使以能力发展为导向的"岗位复合"成为知识共享与转化的重要环节。

第一，万科的矩阵式组织管理形式把按职能划分的部门和按项目划分的项目部结合起来，形成一个棋盘。职能式结构强调纵向的信息沟通，而项目部式结构强调横向的信息流动，矩阵式结构将这两种信息流动模式在企业内部同时实现。因此，无论是职能部还是项目部的某个节点的职位变动，都可以成为激活岗位轮换链条的原动力。

第二，隐性知识经常与知识拥有者的心智模式结合在一起。共享隐性知识的有效途径之一便是知识拥有者的流动，而基于岗位的轮换就成了不同员工拥有的知识进行有效流动的最好方式。企业具体的复合方式包括职能到职能、职能到项目、项目到职能、单项目到多项目、小项目到大项目等。对个体来说，这种丰富的在职体验，不仅有助于实现已有的显性知识向隐性知识的转化，进而内化为自身的活性知识，还有助于在实践中进一步挖掘潜在的隐性知识，推动下一环节的知识共享过程。对企业来说，通过大量的、有经验的员工在不同部门间的轮换，也可以促使员工的隐性知识在企业不同部门间扩散，最终扩充企业的知识资本，产生"牵一发而动全身"的网络化效果。

综上所述，沈阳万科人力资源管理实践与知识转化的关系如表 4-1 所示。可以看出，人力资源管理是提高知识共享水平的重要手段，有效的人力资源管理实践既有助于激发知识共享意愿，也可以通过潜移默化、外部明示、汇总组合和内部升华这四种模式来推进知识转化。

表 4-1　沈阳万科的人力资源管理实践对知识共享的作用

人力资源管理实践	知识转化过程	对知识共享的作用
"新动力"导师辅导，新经理"下沉式"辅导	潜移默化（S）	实现了隐性知识在个体层面的传承和共享
内部导师制，标杆员工，跨部门培训	外部明示（E）	挖掘隐性知识，并借助外化形式向显性知识转化，有利于推动组织知识共享
工作经验案例化，信息化平台建设	汇总组合（C）	将显性知识系统化、规范化，提高了组织整体的知识共享与应用效率
岗位复合	内部升华（I）	把显性知识内化为个体的隐性知识，并通过对知识的深化理解和运用，提高个体的能力，增强组织人力资本

资料来源：李明斐，贝文海. 人力资源管理实践与企业知识共享的实现——基于沈阳万科的案例研究 [J]. 中国人力资源开发，2015（04）：75-83.

本章小结

新时代特征下创新活动已经演变为创新资源的整合和共享，知识资源是创新活动最宝贵的资源，知识共享是创新成功的关键。在自主创新、开放式创新和协同创新三种创新模式下，创新人员或创新主体的知识共享是创新资源共享的核心，知识共享包括显性知识和隐性知识的共享。这种共享需要通过社会化（S）、外部化（E）、联合化（C）、内部化（I）四个阶段来实现，并且是一个动态的过程，只有通过 SECI 四个阶段，才能真正实现知识的转化和提升，实现知识增值和价值创造。创新活动中的知识共享需要通过人力资源共享来实现，特别是科研人员和技术人员的共享。最后，创新活动，特别是开放式创新和协同创新模式下的创新活动，也需要共享信息资源、设施资源等，以提高资源的配置效率和利用效率。

复习思考题

1. 如何理解创新活动中的知识共享？如何理解知识共享中的显性知识共享和隐性知识共享？
2. 什么是知识共享的 SECI 模型？知识共享的社会化（S）、外部化（E）、联合化（C）、内部化（I）四阶段分别代表什么含义？
3. 请举例说明知识共享是如何通过社会化（S）、外部化（E）、联合化（C）、内部化（I）实现的，并解释每一个阶段具体是如何实现的。
4. 哪些因素会影响创新活动中的人力资源共享？人力资源共享是如何实现的？
5. 请从成本和效率两个方面解释创新活动中的信息资源和设施资源共享。

中篇

创新模式

Chapter 5
第 5 章

自主创新模式：企业的管理创新模式

自主创新是我国科技振兴的正确路径，是在技术引进、模仿创新基础上的转型升级，是依赖自身资源进行创新的模式。自主创新可以帮助企业提升竞争力，是企业更快、更好发展的原动力。对于企业而言，自主创新包括很多方面，管理创新是企业创新活动的前提。企业在制度创新方面有所举措，或者采取组织创新、构建新的组织模式，或者打造一种创新的文化氛围，都有利于企业技术创新、产品创新、市场创新的推进。本章重点介绍制度创新、组织创新和文化创新，以及这三种创新的价值、内涵、范围、原则等。这三种类型的创新属于企业的软实力创新范畴，既是技术创新、产品创新、市场创新的前提，又是技术创新、产品创新、市场创新的保障机制。

⚠ 学习目标

了解制度创新的意义。
把握制度创新的内涵和内容。
了解组织创新的原则。
掌握组织创新的内容及影响因素。
理解文化创新的内涵、价值和保障。

 引例

格兰仕公司的企业文化创新

格兰仕于 1978 年建厂，创始人梁庆德以作坊起家，制作鸡毛掸子。1986 年，企业以合资形式经营毛纺和羽绒制品。直到 1992 年，格兰仕才转向微波炉，全盘放弃与微波炉无关的业务，果断出售羽绒服业务。1992～2002 年，格兰仕经过 10 年的发展，从一个微波炉零基础的企业，迅速成长为微波炉产业中国第一、世界第一。截至 2005 年，格兰仕已经连续 11 年蝉联中国微波炉市场销量及占有率第一的双项桂冠，连续 8 年蝉联微波炉出口销量和创汇双冠。

格兰仕的成功与其企业文化创新密切相关，文化创新引领了企业的产品创新和工艺创新，使企业获得了可持续的竞争力和优势。

品牌制胜和塑造名牌企业形象的文化理念

格兰仕的企业文化理念认为，品牌和企业形象都是企业重要的无形资产，这种无形资产具有强大的影响力，可以帮助企业占领国内市场和国际市场。如美国的微软、日本的彩电、中国的海尔等，都是依赖品牌塑造树立起的良好的企业形象。格兰仕早期的品牌理念和经营理念认为，"只有世界的，才是民族的；品牌是全人类共同的财富，也是企业核心竞争力的核心要素之一。必须以顾客为导向，引领消费潮流，以满足顾客的多层次需求为企业最高愿景"。

"以人为本""注重学习"的文化理念

作为民营企业，格兰仕的劣势在于员工的信念和追求不一致，员工与企业之间仅存在经济利益关系。为了提升企业的凝聚力，必须超越传统的观念和思维，树立起共同的价值观念。只有拥有共同的价值观念和理念，企业的人力资本、金钱资本、物质资本才会最大化地发挥价值。"人是格兰仕的第一资本""每天都要进步"等价值观念和理念，不断地激励员工和影响员工行为。同时，企业内部尊重、关心、爱护每一个员工的文化氛围，增强了员工的事业心、责任感、使命感、认同感，充分调动了员工的积极性和创造性，为企业创造了巨大的价值。

"仁""和"的文化理念

"仁""和"的文化理念，决定了格兰仕履行其社会责任。企业的社会责任是超出法律和经济要求的、谋求对社会有利的长远目标所承担的责任，企业的利润只是社会对企业贡献的恰当回报。格兰仕的发展充分调动了各种社会资源，必将回报以社会。虽然是民营企业，但格兰仕的社会责任意识强烈，杜绝偷税漏税、破坏环境、生产假冒伪劣商品、不注重消费者和劳动者权益保护的情况出现。承担相应的社会责任，使得格兰仕公众信誉度较高，获得了充足的发展空间。格兰仕继承了"义利统一"的传统伦理理念，推崇竞争、和谐相统一的"双赢"模式，这些都有利于增强员工的凝聚力，为企业提供精神动力和道德保证。

"不断创新"的文化理念

格兰仕拥有大胆创新、敢于开拓的文化氛围，塑造了"不断创新"的企业文化。企业不断运用新技术，创造新产品，引领消费潮流，把握流行趋势，使得企业的产品深受消费者欢迎。"不断创新"的企业文化，使得"人无我有，人有我优，人优我转"的理念，以及"穷则变，变则通，通则久"的观念深入每一位员工内心，形成了工作流程规范和行为准则。创新意识贯彻企业的中长期发展战略、市场定位、年度销售计划、人力资源规划等每一个环节。

资料来源：李健. 论格兰仕公司企业文化创新 [J]. 群文天地，2011（10）：215.

5.1 制度创新

5.1.1 制度创新的内涵

制度创新理论的提出者是美国经济学家道格拉斯·诺斯（Douglass North）、兰斯·E. 戴维斯（Lance E. Davis）、罗伯特·P. 汤玛斯（Robert P. Thomus）。

制度创新的内涵包括两个层面，宏观层面的制度创新，主要把制度视为与经济利益相关的激励或约束机制，探讨制度创新与经济增长、产业发展、企业技术创新的关系等；微观层面的制度创新，把制度视为企业内部的制度安排、激励或约束机制，探讨制度创新与企业创新行为的关系（李英等，2016）。

制度创新是创新的制度安排，例如创新的组织结构、创新的组织运行规范等。本书内容以创新的通识教育为主线，在谈到制度创新时，主要关注微观层面的制度创新，即企业层面的制度创新。

企业层面的制度创新包括企业内部的制度安排创新、策略创新、企业家行为创新等内容。在制度创新的具体内容上，特日昆等（2015）学者重点研究了企业的产权制度安排，认为我国许多企业并不重视产权制度，而更多地关注有形资产管理，使得其创新成果即知识产权缺乏保护，从而带来巨大的经济损失。Yildizoglu（2002）研究了制度创新的创新策略方面，运用简化的 N-W 模型，研究了创新策略与企业竞争优势的变化关系，以及分析了不同创新策略对产业演化的影响。李志强（2009）的观点是，企业家需要不断强化制度创新的行为惯例，以获得持续的竞争优势。企业在学习的过程中，一方面需要利用外部制度环境资源，另一方面需要整合组织内部的隐性知识，以提升企业家的创新能力，提升自身的核心竞争力。项国鹏等（2012）认为，企业的制度创新可以从两方面入手，一是调整企业内部的产权制度，二是调整企业内部的职能管理制度。这两个方面的制度创新可以提高企业的经营效益和管理效率。此外，企业的制度创新还可以改变外部制度环境，如打破行业的管制性制度，使企业寻找到新的发展路径和增长点。

所以，制度创新是企业创新的前提，具有完善的企业制度创新机制，才能保证技术创新、市场创新的有效进行。如果陈旧的、落后的企业制度不进行创新，就会成为严重制约创新和发展的桎梏。民生银行行长董文标也曾讲过：制度创新是创新之本，没有制度创新，就没有核心竞争力。

5.1.2 制度创新的价值

企业本身是生产要素的集合，需要对各类生产要素进行组合安排，才能够成为经营主体。从这种意义上来讲，企业是依赖各种制度安排而设立的经营单元，制度对企业来说是极其重要的。企业在进行创新活动时，制度创新应放在首位。企业的制度创新是重新设置一种制度安排，配置各类生产要素和资源，调整所有者、经营者、劳动者以及各种利益相关者的关系，从而提高企业的经营效率和效益。所以，制度创新是管理创新的最高层次，同时也是管理创新实现的根本保证。制度创新不仅可以规范化技术创新、市场创新、产品创新等活动，还可以引导技术创新、市场创新、产品创新活动。

具体来讲，对于企业而言，制度创新的重要性表现在以下几个方面。

（1）制度创新是企业的根本创新。企业是各种生产要素的集合，制度是安排生产要素组合的依据，企业制度是企业形成的根本和基础。企业制度的突出重要性表现为企业的产权制度。没有产权制度，没有出资人的契约方式，就没有企业的存在。所以，没有制度，企业就不会存在。企业的制度创新是企业最根本的创新，是企业存在和发展的体制根基。

（2）制度创新是企业的行为准则和规范创新。企业制度规定了企业的行为范畴，以及企业所有经营活动的行为准则，同时体现了全体员工的行为规范。制度创新不仅重新安排了企业本身及经营活动的行为规则和规范，同时重新设计了企业员工的行为规范和行为准则。制度创新体现了企业本身及企业构成机构的行为准则，并重新界定和约束了员工的行为规范。

（3）制度创新是企业高效率运营的原动力。制度的本质是激励或约束机制，如果制度安排可以调动各类生产要素的积极性，那么企业的运营效率就会大大提升；如果制度安排打击和约束了各类生产要素的积极性，那么企业就会没有活力，运营效率也较低。制度创新是企业自身进行制度优化的过程，以提高生产要素的配置效率为目标，所以说制度创新是企业高效率运营的原动力。

（4）制度创新是企业有序化的体制框架创新。企业制度可以细化为各种管理制度和保障制度，是一个完整的体制框架，以保证企业有序化地经营运行。制度创新也可以是某一方面的管理制度创新，使无序的经营活动或员工规范更加有序。有序的制度可以保证企业的高效运营，无序的制度只会降低企业的效率。所以，制度创新是企业有序化的体制框架创新，改变无序的状态，使企业的生产要素配置、员工行为规范等更加有序，经营活动更有体制保障，从而提升企业的可持续竞争力。

讨论企业的创新活动，需要从制度创新谈起。企业的创新活动首先要考虑制度创新，通过制度创新改善或重新设定企业的产权制度，重新界定企业的行为准则和规范创新，形成合理化的体制框架，提高企业的运营效率。

5.1.3 制度创新的内容

企业的制度创新非常重要，制度创新涉及的内容也非常多，包括出资人制度、法人财产制度、所有者权益制度、法人治理结构制度、企业规章制度等方面的创新。狭义上的制度创新，一般指管理规章制度的创新。

1. 出资人制度创新

出资人是企业组建时投入一定量的资金、技术、产权的自然人。出资人制度明确界定了出资人的职责和权利所在。出资人制度创新指出资人制度方面的创新举措，例如国有资产出资人制度就是对一般意义上出资人制度的创新。国有资产出资人制度是实现政企职责分开，以及企业中国有资产保值增值的重要制度基础。国有资产出资人制度将国有企业变为国家投资企业，政资分离，代表国家专营国有资产的部门、控股公司、资产运营公司承担出资人的有限责任。

2. 法人财产制度创新

法人财产制度是以企业法人而非自然人作为企业资产控制主体的一项法律制度，它是以企业出资者不直接控制和支配企业的资产为特征的。法人财产制度的建立，使企业的财产权利被分解为财产终极所有权和法人财产权。企业可以对总资产所表现出来的资金、物资、人力、设备、物业等多种资源形态进行优化、处置、重新组合等。法人财产制度创新是指企业法人可以对总资产进行优化、改变、重新组合，以实现资产增值和扩充。

3. 所有者权益制度创新

所有者权益是指企业资产扣除负债后，由所有者享有的剩余权益，一般指股东权益。所有者权益制度也可以创新，例如国有企业改革后，国有出资人对投资企业会出现类似于集团母公司对控股子公司的控制权。充分建立起所有者权益制度，具体包括对经营者选择的控制、对投资回报的控制、对重大经营决策的控制等。

4. 法人治理结构制度创新

企业的法人治理结构包括各层委托代理关系，科学地规范和健全企业的治理结构，实现股东、董事会、经理层的各司其职、相互制约是企业领导体制的重大变革方向。法人治理结构制度的创新，具体可以在股东与董事会、董事会与经理层、经理层对管理层的各种制度上进行创新，以优化企业的治理结构，降低治理成本，提升治理结构的执行力。

5. 企业规章制度创新

企业的规章制度与自身的发展相适应，是企业的各种利益相关者，特别是企业员工在生产经营过程中必须共同遵守的规定和准则的总称，属于约束性的规范。企业的规章制度包含企业的各种基本制度，如人事制度、分配制度、财务制度、投资管理制度、激励制度等。企业规章制度创新是一个多层次的体系，可以在某一个方面实现改进创新；也可以是整体的出资人制度创新、法人财产制度创新、所有者权益制度创新和规章制度创新，需要政府、企业、员工等主体"合力"完成。

通常情况下，企业的规章制度创新涉及管理思想创新、管理制度创新、决策制度创新、组织制度创新、人事制度创新、营销制度创新、战略管理制度创新等。制度创新的目标与企业的发展运营目标一致，保证企业高效率、协调、有序地运行。广义上的制度创新，还包括企业的文化创新，企业文化建设需要与企业管理制度相融合，实现人本管理的现代管理理念。

5.2 组织创新

5.2.1 组织创新的内涵

"组织创新"一词并不新颖，在中国知网（CNKI）上以组织创新为关键词进行搜索，发现截至2016年年底，以"组织创新"为主题的文献有18万篇之多。其实，对组织创新的研究，可以追溯到熊彼特的创新理论。熊彼特于1912年在《经济发展理论》中首次提出了创新的概念，并且对创新进行了定义，"创新即新的生产函数的建立"。依据熊彼特的观点，创新是把一种新的生产要素和生产条件引入生产体系。这种观点重点强调了技术创新的重要性，因此后来的学者在研究组织创新时，都延续了熊彼特的研究观点，研究焦点都集中于技术创新，而组织创新的内涵和外延很少受到重视。直到20世纪90年代，随着知识经济的到来，组织创新才重新成为学术界关注的研究领域和焦点话题（韩凤晶等，2005）。组织创新也不再被简单地认为是技术创新，它的范畴不断扩大，如产品创新、工艺创新、流程创新、商业模式创新等都被纳入组织创新的范围。

同样地，国内对组织创新的研究始于20世纪90年代，起步较晚。到目前为止，组织创新的概念界定尚未统一，缺乏统一的研究框架，单一的创新研究较多，缺乏完整性。不同的学者对组织创新的理解不同，或者依据研究需要给予特定的含义。关于组织创新的定义和内涵的研究，现有的研究观点可以归纳为三类（刘漩华，2003）。第一种是以威廉姆森为代表的观点，认为组织创新是组织结构创新，具体指组织结构的调整或者优化，重新配置组织员工的责任、权利、利益关系等。国内学者傅家骥（1992）的观点也类似。第二种观点认为组织创新就是技术创新。组织创新依附于技术创新，技术创新引起组织内部的各种关系变化（陈光，1994）。第三种观点将组织创新与制度创新联系在一起，认为组织创新主要指制度创新，将组织内各种制度的创新视为组织创新，如李培林等（1992）、常修泽等（1994）、梁镇等（1996）。

不同学科角度和学科背景下的学者对组织创新的理解和关注点是不同的，另外一些学者，如盛亚等（2014）的研究将组织创新的定义总结为以下三种观点。第一，组织创新是组织自适应的调整过程，是组织为了适应外部环境和内部环境的需要，进行创新以进一步实现组织目标的过程。第二，组织创新主要是指技术创新。组织创新是能使技术创新得到追加利益的组织的变化。第三，组织创新是构建新的组织。将新的组织方式引入现在的生产体系，构成新的生产要素和生产方式。

最常见的关于组织创新的定义可以分为三种观点。第一，根据创新的发起者不同，组织创新可以理解为管理创新或者是技术创新。第二，根据组织创新的结果不同，可以将组织创新理解为产品创新或服务创新、人员创新、生产流程创新、组织结构创新等。第三，根据组织创新对组织的影响力不同，可以将组织创新理解为渐进性创新与根本性创新。针对创新结果来理解组织创新，可以将组织创新进一步细化为四种情况（Knight，1967）。一是产品或服务创新，指组织生产、销售或配送新的产品或服务。二是生产流程创新，指新要素的加入引起的组织任务、决策、信息系统或生产作业的改变。三是组织结构创新，指组织中工作分工、权责关系、沟通系统以及制约约束的改变。四是人员创新，指新的雇用关系或者是通过系列措施来改变员工的行为和信念。

综上所述，由于组织创新没有统一的概念和界定，我们可以从广义和狭义两个方面来理解和把握组织创新。广义的组织创新包括新设想或行为的产生、发展和实施，可以是新的产品或服务、新的生产流程技术、新的组织结构或管理系统，也可以是与组织成员有关的新的计划或项目。刘漩华（2003）认为，组织创新就是通过对组织构成要素及要素间关系的变动或重组，以维持组织自身及其与环境间的动态平衡的过程。组织创新是涉及战略、文化、结构和流程的系统创新。狭义的组织创新只包含组织的某一基本要素的创新，如组织创新等同于组织结构创新。狭义的组织创新重点强调某个方面，而非全面的创新。

本书采取组织创新的狭义概念，组织创新指组织结构设计创新，即重组企业的资源，采用新的管理方式和方法，形成新的组织结构和权责关系，使企业的效益最大化。

5.2.2 组织创新的内容

根据本书对组织创新的定义，组织创新可以通过三种途径实现，一是组织结构创新，二是组织流程创新，三是组织学习模式创新。具体而言，组织创新的内容主要指组织结构与运行以及组织间关联方式的改变，包括组织的职能结构、管理体制、机构设置、协调机制、运行机制等方面的变革与创新。

1. 职能结构创新

职能结构创新可以提高企业的经营效益。一是通过专业化分工来改变企业原有的职能结构。将原有的职能部门、岗位职责等进一步细化，将能够创造经济效益的机构与非经济效益机构剥离，使每一个职能部门、岗位职责更加专业化，以此来提高资源利用效率。二是增加或合并职能部门、专业岗位。根据企业的发展目标，可以增加全新的职能部门，如在经济全球化的背景下，越来越多的企业设置全球事业部或跨国经营部。增加新的职能部门也可以是产业链上的业务职能部门，如 OEM 企业在转型升级过程中，可以增加研发部门、设计部门，或者是营销部门和服务部门。三是减少或合并职能部门、专业岗位。为了整合资源，提升部门的工作效率，可以减少或合并一些部门，如将人事部和行政部进行合并，重新设置专业岗位。在共享经济和信息技术飞速发展的背景下，企业的组织结构可以重点设置信息部门、人力资源部门、资金/资本部门，减少和合并职能部门，强化对重要生产要素的管理。

2. 管理体制创新

管理体制创新是组织的整体性创新，重新进行集权、分权的设置，构建新的管理层次和管理幅度，以及安排新的工作流程。首先，依据组织目标和工作任务构建新的管理层次与管理幅度。需要科学、合理地处理集权与分权的关系，管理层次和管理幅度是相互影响的，管理层次越多，管理幅度越小，管理层次越少，管理幅度越大。新的管理层次和管理幅度设置一定要注意过于集中、管理失控的问题。另外，设置新的部门间的工作流程关系。以制造业为例，按照产业链分工，有的企业主要从事上游产业链业务活动，如研究开发、工业设计等；有的企业主要从事中游产业链业务活动，重点是制造生产环节；有的企业主要从事下游产业链业务活动，如营销销售、售后服务等。企业的核心业务活动不同，部门间的工作流程关系也不同，可以是生产经营部门服务于管理职能部门，也可以是管理职能部门服务于生产经营部门，可以根据企业的业务活动重新设置部门间的服务关系。此外，以工作流程为重点，也可以将流程活动进行细化或合并，进行工作流程创新。

3. 机构设置创新

机构设置创新是重新设置每一个管理层次下的管理部门，以及每个管理部门内的岗位职务。在管理层次既定的情况下，重新设置管理部门，管理部门的任务是完成该管理层次的职能责任，可以进一步细化分工，设置一级职能部门和二级职能部门。在管理部门确定的前提下，重新分解管理部门的工作任务和职责，细化至每一个工作职务、岗位的工作职责。新的机构设置需要保证管理信息流的畅通、管理过程的连续性。

4. 协调机制创新

协调机制创新主要指管理层次、管理幅度、管理部门、职务岗位间的协调系统更新或改变。横向协调机制创新，可以是组织工作流程的自我协调创新，也可以是专业业务流程的协调创新，或者是常规性管理业务的协调创新。纵向协调机构创新，可以是组织与外部组织间的相互联系创新，可以是组织外缘边界的改变，也可以是组织间的关系网络创新。

5. 运行机制创新

运行机制创新主要是"价值链活动"相互关系的创新。企业的"价值链"活动，是由基本活动和辅助活动构成的，价值创造活动的上下工序之间、服务活动之间都是通过一定的形式联系起来的。运行机制创新可以改变主要价值链活动的上下工序关系，也可以改变服务活动间的关系，甚至是重新设置企业的价值链活动关系。运行机制创新需要注意，所有的创新都是以降低成本、节约费用、提高企业价值创造效率和效益为目标的。

组织创新是一个渐进的过程，往往从技术创新或产品服务创新开始，逐步向职能结构创新、管理体制创新、机构设置创新、协调机构创新、运行机制创新发展，甚至转向战略创新和文化创新。

5.2.3 组织创新的影响因素及原则

1. 组织创新的影响因素

组织创新涉及的范围较广，受到多种因素的制约和影响。组织创新依赖自身的资源能力等，也受外部环境的推动。具体来讲，影响和推动组织创新的因素包括以下几个方面。

（1）组织层面的因素。组织的惯性思维、有限资源、权力分配、相关的既得利益者，都会影响组织创新的深度和广度。一定条件下，组织的惯性思维、有限资源会限制组织创新，同时权力分配问题以及既得利益者的自我保护都会制约组织创新。相对而言，灵活的组织文化氛围、高效率的资源配置、恰当的集权与分权分配、有效的沟通等都有利于组织创新的实现。

（2）个体层面的因素。个人的知识和技能、个人利益、个人惰性、个人对创新的认知等，都会影响组织创新，尤其是当组织创新影响员工的切身利益，如工作岗位和收入水平时，组织创新的阻力最大。与时俱进的个人知识库、勇于打破现状的创新思维、对新事情和新工作状态较易接受的个体，将会形成组织创新的推动力。如果组织的人力资源质量较高，创新思想、创新思维较为活跃，那么该组织有可能就是创新型组织，可以实现组织的可持续创新。为了保证组织创新，组织倾向于雇用拥有自信、坚韧、冒风险品质的员工。

（3）环境因素。大部分组织创新是迫于对外部环境的适应，环境因素是组织创新的间接推动力。外部的宏观环境、行业环境、竞争环境变化都会促使组织进行创新，环境因素促使组织创新是为了保持组织的可持续竞争优势。外部市场变化是组织创新的首要外部因素，特别是外部需求条件的变化，因为组织的存在就是为了满足需求；政治、经济与社会文化因素是推动管理创新的重要外部因素，如新的经济政策、独特的地域文化都会促使组织创新。市场竞争的强度、市场上技术变革的速度、市场中产品的同质性、产品生命周期缩短等关键外部环境因素是组织创新的直接源头。

总体上来讲，组织创新不仅会受到组织层面的因素的影响，也会受到个体层面的因素的影响，同时还会受到整个社会经济环境的制约，如图 5-1 所示。

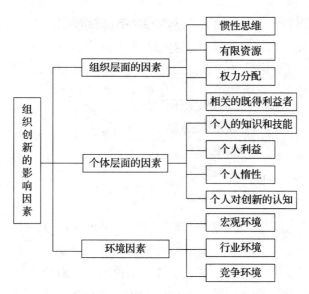

图 5-1 组织创新的影响因素

2. 组织创新的原则

组织创新是一个渐近的过程,是有计划、有组织的系统变革过程,需要遵循以下基本原则。

(1) 组织创新需要符合组织管理部门制定的规划目标。

(2) 组织创新需要同时符合组织的规划目标、适应当前的环境要求。

(3) 组织创新需要考虑组织的可持续性发展,既能适应当前的环境要求和组织规划,又能适应未来的外部环境要求以及未来的内部条件变化。

(4) 组织创新需要有相应的配套措施,包括应对知识、技术、人员心理和态度的变化,以及应对工作程序、行为、工作设计和组织设计的改变。

(5) 组织创新需要同时满足两个条件,提高组织效率和员工个人工作绩效,使员工个人的目标和组织目标相融合。

5.3 文化创新

5.3.1 文化创新的内涵

国外学者对企业文化有着不同的认识和理解。威廉·大内(William Ouchi)认为,企业文化是由传统和风气构成的,包含企业的价值观。沙因(Schein)则认为,企业文化是企业寻求生存的竞争"原则",是新员工要被企业所录用必须掌握的"内在原则"。约翰·科特(John Kotter)、詹姆斯·赫斯克特(James Heskett)的观点是,企业文化通常是指企业内部至少是高层管理者共同拥有的价值观念和经营实践。企业文化可以分为两个层面:较深层次的企业文化不易被察觉,是一种基本价值观念;较低层次的企业文化较易被察觉，表现为企业的行为方式或经营风格。

国内学者对企业文化的定义具有一致性。企业文化是企业在经营活动中形成的组织文化，是企业独特的精神财富和物质形态，包括共同的价值观、基本信念/理念、行为规范等，是企业观念形态文化、物质形态文化和制度形态文化的复合体（张德等，2000）。

对于文化创新，有两种层面的理解，一是广义上的文化创新，二是组织层面的文化创新。广义上的文化创新，是指在一定的社会历史条件下，人类在创新活动中形成的新的精神财富和物质形态的总和，包括创新价值观、创新准则、创新制度和规范、创新物质文化环境等。文化创新可以释放新的能量、热情、主动性和责任感，以实现组织目标。

组织层面的文化创新，是企业在与外部环境互动的发展过程中，依赖自身资源和性质形成的共同价值观、企业精神、员工行为准则、管理规章制度等。企业的文化创新本质上是建设一种新型文化，如新的文化观念、价值观念、道德规范、行为准则、文化环境等，并形成创新氛围，打破旧的、僵化的文化理念和观点的束缚，并将这种创新的文化氛围贯穿组织的全部创新过程，包括新型的经营管理方式等。从这层意义上来理解，文化创新覆盖了制度创新、组织创新的范畴。本节内容重点介绍文化创新，仅指企业的文化建设创新，不再涉及制度创新与组织创新内容。

5.3.2 文化创新的价值

在日益深化与激烈的国内外市场竞争环境下，企业文化创新成为企业核心竞争力的表现。越来越多的企业开始意识到企业文化的重要性，大多数企业的文化创新实际上就是建设企业文化，因为对原有的企业文化进行创新改变是比较困难的，企业文化具有根植性。一般意义上的文化创新，是企业改变原有的文化形态，并把新的文化观念在组织内部落实，贯穿组织的管理实践活动。文化创新的重要性体现在以下几个方面。

1. 文化创新可以形成企业的核心竞争力

在共享经济和大数据时代，企业间竞争的关键点随环境而发生变化，开始关注软实力的较量，特别是企业文化的竞争。企业文化是长期沉淀的结果，文化创新可以使企业持续保持竞争力。

从内容上来看，文化创新可以表现为价值观、基本信念/理念、行为规范的创新，文化创新可以影响企业的经营管理模式。文化创新的本质属性仍是增强企业的凝聚力，用新的理念约束员工的行为方式，激发员工的积极性和主观能动性，充分发挥人力资本的价值创造能力。文化创新所创建的新文化氛围，能够给组织带来群体知识共享，为企业的其他创新活动提供精神支撑，建立和保持企业的文化核心竞争力。

2. 文化创新是企业可持续发展的保障

制度创新和组织创新相对较容易实现，而文化创新的难度较大，文化往往和观念、理念、价值观、信念等相关联，改变旧的理念和信念，接受或创建新的理念和信念绝非易事。

文化创新不是静态的过程,而是一个与时俱进的过程,需要企业根据内外部环境的变化适时进行调整。当外部环境发生变化时,特别是经济利益观念发生变化时,企业文化需要及时进行调整,以新的理念和信念融合社会文化的变化。例如,中国转型经济体背景下制造企业的文化理念需要从低成本向高差异转变,创建追求高品质产品和服务的理论。当内部资源环境发生变化时,企业文化也需要进行调整、更新、丰富、发展。

文化创新使得企业不仅需要与现有的内外部环境相适应,同时需要预见未来的内外部环境,并随时做出文化理念的调整。企业文化创新使企业保持活力,扬弃原有的不合理的思维理念,创建新的观念意识和思维方式,影响企业的管理方式和员工行为规范。优秀的企业,其企业文化永远不是一成不变的,会永远随环境的变化而调整和改变,从而为企业创新提供动力,保证企业的可持续发展。

3. 文化创新先行于其他各类创新活动

制度创新、组织创新、产品创新和市场创新等创新活动,都需要与企业的文化创新相匹配。企业进行制度创新、组织创新、产品创新和市场创新,都必须先进行文化创新。文化创新中的理念创新、精神创新首先影响企业的出资人、股东和高层管理者,然后才推动一系列的创新行为。如组织创新,企业必须接受创新的思维观点,打破现有文化模式,新的文化理念在组织内部得到认可,才可以具体地进行组织结构、管理体制、运行机制等方面的创新。再者,文化创新中的科学管理理念也是企业在竞争中求生存、谋发展的关键。从战略高度来分析,文化创新甚至影响了企业的各种决策行为和具体的经营管理活动,以及企业的各种细节创新行为和创新活动。所以,企业的文化创新先行于其他各类创新活动。

5.3.3 文化创新的保障

文化创新的价值充分展现了文化创新的重要性,文化创新的根本趋势是从概念化、形式化向贯穿于企业价值创新、制度创新、决策创新、管理创新、产品创新、营销创新等全过程的创新理念转变。文化创新可以通过价值观念创新、愿景和使命创新、精神创新、制度创新、行为创新等呈现出来。那么,文化创新需要哪些前提和保障呢?

(1)企业的文化创新活动需要从理解文化的内涵着手。文化的内涵相当丰富,不仅仅是简单地组织员工活动,如工会活动、群体活动等,更包括全面、深层次的价值观、经营理念、企业精神和企业形象等。

(2)企业的文化创新活动需要全员积极转变思想观念。企业的全体员工需要树立全新的思想观念,认识到市场经济需要新的发展理念、经营理念、竞争理念、效益理念等,摒弃原有的封闭意识、自我保护意识,如知识产权的产权私有化管理意识。

(3)企业的文化创新活动需要创新精神、创新思维做保障。无论是以绩效为导向,还是以和谐伦理思想为导向的企业文化创新,都需要有强烈的创新精神、创新思维的领袖人物出现。具有创新活力的人,一直保持创新的心理状态,能够敏锐地观察到外部经营环境的变化,以及内部资源的优势所在,可以准确地抓住市场需求,并通过各种信息的组合分析出新的创新决策。企业的文化创新需要具有创新精神的领袖人物,以保证和规划创新的框架和蓝图。

案例 5-1

华为的制度创新

华为技术有限公司于1987年在广东省深圳市注册成立,是全球领先的信息与通信技术(ICT)解决方案供应商,核心业务是ICT领域,在电信运营商、企业、终端和云计算等领域构筑了端到端的解决方案优势。2013年,华为首超爱立信,成为全球第一大电信设备商。截至2016年年底,华为的员工人数超过17万,其产品和解决方案已经应用于全球170多个国家,营业收入达3 950.09亿元。2018年年底,世界品牌实验室公布的《2018世界品牌500强》名单中,华为排名第58位。2019年,华为的5G技术成为全球通信领域的引领者。

华为能够在32年内快速成长为全球通信行业的领导者,主要源于持续创新,包括创新理念、技术创新、产品创新、服务创新、商业模式创新、制度创新等。其中制度创新是华为创新的根本所在,主要表现在以下几个方面。

三权分立的治理结构创新

华为的治理结构创新表现为"三权分立、三权制衡",董事会、监事会、道德遵从委员会三个权力体系各自承担不同的角色和职责。董事会的主要职能是公司经营管理决策、战略决策、各体系高级干部的人事任免等。监事会代表全体股东对董事和各级高管履行监督权,对经营管理层的财务经营状况履行检查权,对内外部合规履行监督权。道德遵从委员会是公司员工的政治核心,其职能是引导全体员工热爱国家、拥护共产党,遵守各国道德规则,这是华为30多年来坚定不移的准则。华为的干部任命也是三权分立制,用人部门有推荐权,上级部门有决定权,党委还有一票否决权。

"工者有其股"的制度创新

华为高速成长的主要原因是"工者有其股"的劳动者普遍持股设计。劳动者普遍持股,给华为带来了一种"人人做老板、共同打天下"的群体合作动力。企业的劳动者不只是员工,还是企业的所有者,他们共同为了合理的回报而做出贡献。华为要想持续扩张、持续成长,必须将其财富增长的主要部分给予劳动者,华为的核心理念是"劳动者先于并优于股东分享公司的发展成果"。在华为32年的发展历程中,员工的年平均收入之和(包括工资、奖金和福利)和股东之间的分红比例是3∶1。这种分配制度体现了员工与企业发展的正向分享,公司在不断地发展壮大,公司的员工和普通劳动者也共享发展成果,这是一个带有良性循环的动力机制。

市场与研发组织创新

华为的市场组织创新主要体现为"一点两面三三制",这是一种重要的战术思想、战术原则。华为20多年的成功受益于"一点两面三三制"的市场运作方式。华为的研发体制创新的核心表现为"客户需求和先进技术"双轮驱动,是一条理想主义和现实主义相结合的研发路径。研发体系的金字塔顶部是华为的科技思想研究群体,他们是创新的战略引导者,第二层是科学家或工程商人,将战略引导下的技术方向与客户的需求相结合,形成研发目标。华为技术与产品创新的清晰方向是坚持以客户为导向。客户显性需求的满足更多的是通过微创新或跟随式创新,客户隐性需求就需要与科学家结合形成最终的开发目标。

组织制度创新

在组织制度创新方面,华为主要引进西方的先进理念。从1997年开始,华为就聘请IBM等欧美咨询公司,为华为的研发、供应链、财务、HR等各个体系的管理变革提供咨询。华为每年在管理制度创新上的投入占年销售收入的1.5%~2.5%,累计投入达400多亿元人民币,从而构筑了基于中央管控体系的强大的管理流程和体系。目前,华为共有17万名员工共同在组织平台上运作,这在全球并不多见。为了避免"大企业病",华为从2009年开始就进行组织制度的持续变革,变革目标是基于一线作战、客户导向和结果导向的管理组织,未来的华为前端将是面向客户的精干作战部队,后台有一个大体系支持服务的精兵作战组织,实行管理权与指挥权适当分离。

决策制度创新

华为于2004年起就开始进行决策制度创新,推出了轮值COO制度。这种制度就是让任正非脱离事务层面,成为完全意义上的华为思想领袖。轮值COO制度的实践是成功的,随后华为又开始推行轮值CEO制度。轮值CEO制度推行3年以来,效果非常显著,实现了决策体系的动态均衡。这套决策制度创新的原型来自于咨询公司的建议,但华为做了很多改造和创新。华为的轮值COO、轮值CEO制度,从体制上制约了山头文化的坐大,使整个公司的决策过程越来越科学化和民主化,决策制度也越来越民主。

激励制度的创新

华为的激励制度创新表现在对员工的非物质激励,主要体现在两个方面。一个是华为的金牌奖,受奖励员工占员工总数的5%,各级管理者根据各种量化指标从上到下进行评比。另一个是"明日之星","明日之星"评比的特征是"群众民主投票选举"+"高达20%的比例"。从理论上讲,每选四年就会有80%的人成为"明日之星"。华为认为大多数员工都是优秀的,这种肯定大多数、孤立极少数落后的人也是一种有效的激励办法。华为的非物质激励充分释放了员工的活力,能够有效地激励团队,使团队从上到下有活力、有激情,而华为的多样性、丰富性、变化性的组织文化也为组织注满了活力。

资料来源:根据官网信息和相关网络资料整理。

案例 5-2

深圳市长龙铁路电子工程有限公司的组织创新

深圳市长龙铁路电子工程有限公司于 1985 年在深圳市成立，注册资金 5 062 万元，经营领域主要是铁路通信信号设备技术研发。公司不仅拥有生产和经营相关产品的资质与能力，还具有较强的产品研发和新技术开发能力，是一家国家级高科技产业公司。公司在华北、华东、西北、东北、西南等区域都建立了办事处和产品相关的售后服务部，组织结构庞大，设有市场部、财务部、人力资源部、售后服务部、供应部、生产部、品质管理部、软件开发部、硬件开发部、产品管理部、研发测试部、质量审核部、经营部办事处等职能部门。

2010 年之前，公司依赖自身的无线列调、机车信号、信号微机监测、CIR 设备等产品，营业收入和净利润保持持续增长，发展势头良好。但 2010 年之后，公司各项经济指标开始大幅度滑落，特别是净利润从 2007 年的 2 339.91 万元直落为 2010 年的 60.30 万元，公司的流动资金近乎为零，连员工工资都难以维持。

分析公司自身的原因，公司的组织结构（见图 5-2）极为落后，已不能满足日益窘迫的公司状况，管理水平也已经不能满足企业运营的需要，部门职权不清，内部管理混乱，干群矛盾突出，员工情绪低落。公司组织结构的问题可以归纳为几个方面：①组织结构与战略定位不匹配；②部门职能权责混淆，管理层级复杂；③组织结构与市场需求不匹配；④组织结构与信息沟通渠道不匹配。

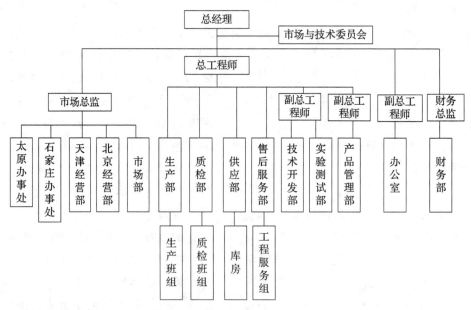

图 5-2 2010 年公司的组织结构

基于对公司自身问题的认识，公司制定了技术创新战略，从技术研发、市场开拓、组织结构创新等方面进行大胆而科学的尝试，以改变公司的经营现状。其中，组织结构优化是重要决策。从2010年下半年起，公司开始调整原有的组织结构，理顺管理层面的领导关系；先后成立了市场部、售后部、产品管理部；重新修订了各个部门的管理职责和岗位说明书；建立了公司网站，安装了集团程控电话；2014年，科学合理地制定了企业的"十三五"发展规划。根据可行性分析，公司的组织结构创新表现在两个方面。

模块化与基于项目的资源整合

首先是将公司的职能部门进行模块化分工。深圳市长龙铁路电子工程有限公司是国家级高新技术企业，主要从事铁路通信信号设备技术研发、生产制造、销售服务。在技术创新战略的指导下，公司将职能部门进行模块化分工，分为四个核心模块：功能、研发、产品、市场。功能模块主要负责客户关系、采购、行政、人事管理等职责；研发模块主要负责技术开发、测试和技术支持；产品模块主要负责生产过程中涉及的生产设备、各种材料以及应用技术等；市场模块主要负责公司经营范围的目标市场，以及服务推广过程中的销售技巧和销售管理等。

其次，重点设计研发部门的组织结构。根据公司的主营业务，铁路通信信号设备技术研发是最核心的业务，所以研发部门是本次组织结构优化的重点，研发部门优化之后的组织结构如图5-3所示。其中，管理岗位包括技术总监、技术副总监、软件设计部经理、硬件设计部经理、产品管理部经理、研发测试部经理。研发岗位包括软件工程师、硬件工程师、结构工程师、PCB工程师、产品经理、测试工程师等。

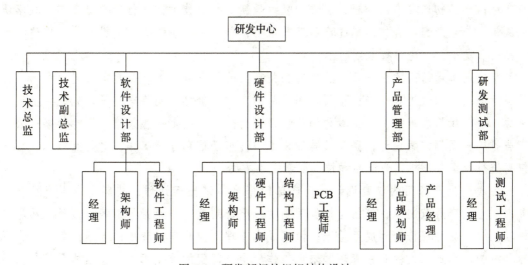

图5-3 研发部门的组织结构设计

最后，重新设计公司的整体组织结构。在模块化分工的基础上，考虑到各部门之间的协调性和配合性，以及组织结构与产品创新速度、产品创新质量之间的关系，公司提出了网络化的组织结构设想。为了更好地把握市场需求和客户需求，公司设立了项目组。项目组负责人可以协调研发部门、功能部门、产品部门、市场部门，调动各种资源为项目服务，极大地降低了生产经营中不必要的机会成本。公司的整体组织结构设计如图5-4所示。

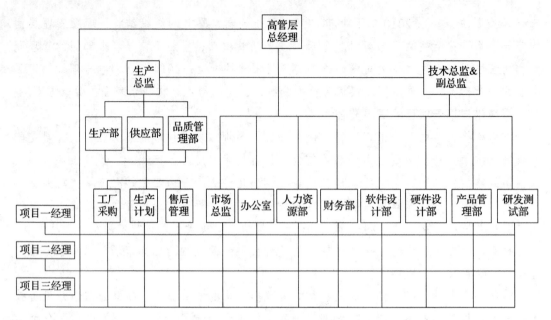

图 5-4　公司的整体组织结构设计

明确核心职能部门的权责

首先是研发部门的权责设计。研发部门的权责包括规划新产品开发方案,并严格组织实施;产品初选和产品分析;引进和吸纳最新的行业技术;进行产学研合作,共享研究成果;与生产部门合作,提高产品工艺水平;与项目小组跨组织边界合作,构建项目产品的研发小组,进行技术创新。

其次是市场部门的权责设计。市场相关部门的权责包括对产品竞争者进行调研,并撰写产品或技术改进建议书;全面控制产品的定位、价格、销售渠道等,完成年度销售目标;对市场需求规模、竞争者和销售预算进行分析,制定销售策略和投标价格;公司广告推广和促销方案设计;企业品牌建设工作;市场信息分析工作,对行业信息和客户信息进行搜集与分析,为产品和技术创新提供方案。

再次是生产部门的权责设计。生产部门需要制订生产计划,按期完成生产经营任务;制定生产规范制度,包括生产管理制度、生产制度、作业指导书等;负责产品原料检验、半成品全程检验和成品检验;做好成本管理,控制车间费用;生产设备的日常保养和维护;生产工人的日常管理和培训工作。生产部门的重点工作还包括质量控制,品质管理部应编制新产品试车方案;车间工艺检测,工艺改进;工艺流程设计和操作方案;生产工人和品检工人的质量检测培训等。

最后,为了保证各部门尽职尽责,公司还重新设计了薪酬管理制度。在薪酬与考核管理委员会的指导下,人力资源部主要负责具体的薪酬制度设计和激励方案,根据绩效考核、项目考核、年终考核等量化全体员工的薪酬,制定工资表,并由财务部门发放工资。薪酬与考核管理委员会对总经理负责,总经理及高管的激励方案由董事会确定。

2010 年公司的组织结构重新设计后,公司接下来的业绩取得了明显成就,如表 5-1

所示。尤其是 2014 年的业绩实现了极大突破，营业收入、利润总额、净利润三大账务指标喜人，营业收入过亿元。2015 年，公司实现营业收入约 8 345 万元，实现利润总额约 1 716 万元，净利润 1 561 万元。

表 5-1　公司 2010～2015 年的财务指标情况

项目	2010 年	2011 年	2012 年	2013 年	2014 年	2015 年
营业收入（万元）	4 118.30	5 801.69	4 731.04	7 535.15	11 884.79	8 345.79
利润总额（万元）	78.44	388.04	439.46	785.57	1 659.21	1 716.21
净利润（万元）	60.30	270.40	405.96	683.90	1 511.37	1 561.00

资料来源：根据"刘涛. 深圳市长龙铁路电子工程有限公司的组织结构优化研究 [D]. 成都：西南交通大学，2017."整理。

本章小结

企业层面的自主创新首先表现为管理创新，管理创新涉及制度创新、组织创新和文化创新。设计新的制度、采取新的组织结构、打造新的文化氛围，都有利于企业创新活动的开展。制度创新是前提，包括出资人制度创新、法人财产制度创新、所有者权益制度创新、法人治理结构制度创新、企业规章制度创新。组织创新包括组织的职能结构、管理体制、机构设置、协调机制、运行机制等方面的变革与创新。组织创新会受到组织层面和个体层面因素的影响，同时受外部环境的制约和推动，所以组织创新需要遵循一定的原则。企业文化也可以表现为竞争力，文化创新越来越受到重视和关注，文化创新具有较高的价值，但需要一定的前提条件和保障。

复习思考题

1. 什么是制度创新？什么是企业层面的制度创新？企业制度创新包括哪些具体内容？
2. 对企业而言，制度创新的重要性表现在哪些方面？
3. 如何理解组织创新？组织创新包括哪些内容？
4. 组织创新需要遵循哪些原则？企业的组织创新会受到哪些因素的影响？
5. 如何理解文化创新？如何理解企业文化创新的重要性？如何更好地推动企业的文化创新？

Chapter 6
第6章

自主创新模式：企业的盈利创新模式

企业的自主创新模式除了制度创新、组织创新和文化创新之外，还可以表现为技术创新、产品创新和市场创新，这三种创新模式都可以给企业带来一定的盈利。技术创新包括技术进步和技术应用两个层面，技术进步可以帮助企业降低生产成本、提高生产效率，技术应用可以帮助企业进行产品创新或工艺创新，这两个层面的技术创新均可以为企业创造效益。产品创新是以满足客户需求为前提的，创新的产品可以吸引和维护顾客，增加企业的产品销量，为企业创造高额收益。市场创新主要通过拓展市场边界来提高企业的产品销量，直接增加企业的销售收入和利润水平。本章内容主要介绍技术创新、产品创新和市场创新的内涵、实现路径/方式、影响因素，以及这三种创新模式的相互关系等内容。

⚠ 学习目标

理解技术创新的内涵和外延。
了解企业技术创新能力的界定、构成和评价体系。
了解产品创新的内涵。
把握产品创新的实现路径。
理解和把握市场创新的内涵。
把握市场创新的实现方式。

📚 引例

广东新宝电器股份有限公司的产品创新

广东新宝电器股份有限公司（简称"新宝电器"）创立于1995年，是国内较早从事小家电产品代工生产的OEM企业，生产和销售电热水壶、食品料理机、咖啡壶、打蛋机、面包机、多士炉、微波炉、电烤箱、油炸锅、电烫斗等时尚小家电，产品95%出口海外发达国家，其中在电热水壶、咖啡机方面是国内最大的出口商。

2008年金融危机后，新宝电器的国外订单大幅下滑，生产运营受到严重影响。为了寻求新的增长点，新宝电器制定了"OEM-ODM"的转型升级战略，依赖自主产品创新驱动销售增长。公司成立了专门的研发部门，面包机的设计创意是"让您在每天的任何时间可以吃到新鲜、营养、健康的面包"。在这种产品创意理念的引导下，公司研发设计出自有的新产品——东菱面包机，该产品外形设计流畅时尚，采用电脑控制，将面包房十几道复杂的工序简化成轻松的操作，成为公司热销的自主设计产品。依靠单一的创新产品，新宝电器打开了国内市场，并赢得了市场份额。公司在金融危机时期实现了利润的持续增长，2008年实现销售额41亿元，比2007年净增长2亿元。

新宝电器的自主产品创新，使得公司对东菱面包机拥有完全的知识产权，自有的知识产权能够为公司创造高额利润。在这种自主产品创新的动力机制下，2013年，公司的研发队伍又为东菱面包机添加了自设程序功能，这种被命名为"迪艾法"的自设程序模式将面包制作的搅拌、发酵、烘焙、保温等流程进行分解，并通过使用者的自由选择设置，实现流程与时间的自由掌控，变固定面包制作模式为无限面包模式，云菜单带来面包的百变魔法。新的产品功能进一步提升了产品的价值和使用价值，提高和巩固了东菱面包机的市场占有率。目前，新宝电器获得了"广东省专利试点企业""中国工业设计十佳最具创新力企业设计中心"等称号。公司持续以研发设计引领产品创新，不断为其带来盈利和利润增长。

资料来源：根据广东新宝电器股份有限公司的官网资料整理。

6.1 技术创新

6.1.1 技术创新的内涵

在创新的时代背景下，"技术创新"一词属于高频率词汇，各行各业各个领域，一旦提及创新，都会谈到技术创新。通俗地讲，技术创新就是指生产技术的创新，可以是开发新技术，也可以是对原有技术的改进或应用创新。但这种对技术创新的理解，并没有真正把握技术创新的内涵，或者说多少存在一些片面性或局限性。

1. 技术创新的经济学界定

技术创新的内涵仍然源于熊彼特1912年在《经济发展理论》中的阐述。熊彼特认为创新是把一种从来没有的关于生产要素的"新组合"引入生产体系，创新包括五种情况，即引进新产品、引用新技术（采用一种新的生产方法）、开辟新的市场、控制原材料的新来源、实现任何一种工业的新组织。很明显，技术创新属于创新的一种情况。随后，理论界对技术创新的研究逐渐分为两大分支，一是将技术创新纳入新古典经济学理论框架中，认为技术创新可以解释经济增长问题；二是重点关注技术创新的扩散、技术创新的"轨道"以及技术创新范式问题。20世纪50年代后，针对技术创新的理论研究，形成了新古典学派、新熊彼特学派、制度创新学派和国家创新系统学派四个学派。

克里斯·弗里曼（Chris Freeman）从经济学的角度给出了技术创新的定义，认为技术创新包括新产品、新过程、新系统、新装备等形式的技术向商业化实现的首次转化。1973 年，弗里曼在《工业创新中的成功与失败研究》中提出，技术创新是一种技术的、工艺的和商业化的全过程，技术创新会导致新产品的市场实现和新技术工艺与装备的商业化应用。1982 年，弗里曼在《工业创新经济学》修订本中明确指出，技术创新就是指新产品、新过程、新系统和新服务的首次商业性转化。国内学者于 20 世纪 90 年代开始研究技术创新的内涵，清华大学傅家骥教授（1998）指出，技术创新是企业家抓住市场的潜在盈利机会，以获取商业利益为目标，重新组织生产条件和要素，建立起效能更强、效率更高、费用更低的生产经营系统，从而推动新产品、新的生产（工艺）方法、开辟新的市场、获得新的原材料或半成品供给来源或建立企业的新的组织，技术创新是包括科技、组织、商业、金融等一系列活动的综合过程。浙江大学许庆瑞教授（2000）认为，技术创新泛指一种新的思想的形成，得到利用并产生出满足市场用户需要的产品的整个过程。可以看出，国内学者对技术创新的理解偏重于技术创新的过程化，技术创新是一个系统过程。

2. 技术创新的主流观点

实际上，对于技术创新的理解存在两种流行的观点。一种观点认为，技术创新是纯粹的技术行为，技术创新的目标就是技术的进步。技术创新等同于生产过程中的产品创新或工艺创新，认为技术创新可以带来产品创新或工艺创新，技术创新就是技术开发。另外一种观点认为，技术创新是纯粹的经济行为，重视技术应用层面，技术创新的关键在于价值转化和应用创新。第一种观点强调了技术开发，第二种观点强调了技术应用。

对于技术创新的全新理解应该是："技术创新是一个从产生新产品或新工艺的设想到市场应用的完整过程，它包括新设想的产生、研究、开发、商业化生产到扩散这样一系列活动，包括技术开发和技术应用这两大环节"。技术创新不仅包括一项技术创新成果本身，而且包括成果的推广、扩散和应用过程，即技术创新包括技术开发和技术应用的过程，这样的理解更能全面地指导企业的创新实践。技术创新涉及创新构思、研究开发、技术管理与组织、工程设计与制造、用户参与及市场营销等一系列活动，这意味着技术创新伴随着文化创新、制度创新、组织创新、营销方式创新等。

从技术创新的内涵可以看出，企业是技术创新的主体，技术创新是以新技术为基础的，技术创新的效果是技术应用，可以直接给企业带来经济效益，所以，技术创新是给企业带来盈利的创新模式。从技术创新能够给企业带来盈利的可能性，或者技术创新能够给企业带来多少盈利的角度来分析，技术创新可以分为渐进性创新、根本性创新、技术系统的变革、技术 – 经济范式的变更。

同样地，技术创新的内涵也表明技术创新是一个动态过程，包括创意认知阶段、创意形成阶段、问题解决与解答寻找阶段、研究开发阶段、应用与扩散阶段。技术创新是一个系统工程,需要企业建立技术开发中心,提高自身的技术开发能力和层次,并建立技术开发的有效利用机制。

6.1.2 技术创新能力

1. 技术创新能力的界定

国外学者最先对技术创新能力进行界定的是巴顿(Barton),他于1992年提出了技术创新能力的概念,认为技术创新的核心是掌握专业知识的人力资源、技术系统、管理系统以及企业的价值观。这种观点揭示了技术创新能力的关键要素,即人力资源、技术知识等,但是缺乏整合框架。后来,柏格曼(Burgelman)和曼迪奇(Maidigue)于1998年再次阐述了企业的技术创新能力。他们认为,企业的技术创新能力是支撑企业实施技术创新战略的综合能力体系,包括资源分配利用能力、行业发展理解能力、组织结构能力、战略管理能力。但这种对技术创新能力的界定过于笼统、抽象,比较难以理解。

国内学者和产业界对技术创新能力的理解,偏重于许庆瑞(1986)的观点,认为技术创新能力涉及产品创新和工艺创新。这种观点是根据技术创新的内容来进行分析的,技术创新一般包括产品创新、工艺创新、设备创新、材料创新、生产组织与管理创新等。一般意义上,学术界和产业界在提到技术创新时,重点指的是产品创新和工艺创新。所以,本书也采取这种观点,对技术创新能力进行如下界定:技术创新能力包括产品创新能力和工艺创新能力,是支持企业创新战略实现的产品创新能力和工艺创新能力的耦合,及由此决定的系统的整体功能。

技术创新能力能够反映企业的研究开发能力、满足顾客需求的能力、产品创新能力、产品市场化能力。对技术创新能力概念的全面理解,应该包括如下几个方面:一是技术创新能力是产品创新能力和工艺创新能力的整体功能;二是技术创新能力是一个系统的能力;三是技术创新能力与技术创新战略密切相关,企业的技术创新能力是通过技术创新表现出来的。

2. 技术创新能力的构成要素

技术创新能力的构成是指技术创新能力的基本要素及其组合联结方式。企业的技术创新能力是一种整体能力,从不同的角度来理解,企业的技术创新能力构成要素也不同。

国外学者的观点认为,技术创新能力是组织能力、适应能力、创新能力、技术与信息获取能力的综合。或者,技术创新能力是产品开发能力、改进生产技术能力、储备能力、组织能力的综合。国内学者关士续(1990)、顾国强和李文旭(1993)也认为对技术创新能力的理解不同,技术创新能力的构成也不同。

企业技术创新的过程可以分解为六个阶段,即确认机会、形成思想、求解问题、得解、开发、运用并扩散。其中,前五个阶段是研究开发过程,第六个阶段为生产和市场营销过程。所以,技术创新能力包括企业的研究开发能力、生产制造能力、市场营销能力。为了保证企业技术创新过程的实现，技术创新能力还应该包括较强的组织能力、资金投入能力。综合以上观点，技术创新能力的构成包括研究开发能力、生产制造能力、市场营销能力、组织能力、资金投入能力。

3. 对技术创新能力的评价

技术创新能力的核心构成包括研究开发能力、生产制造能力和市场营销能力。所以，对技术创新能力的评价也需要从这几个方面考虑。

（1）对研究开发能力的评价。考察企业的研发部门的研发能力，以及研究部门内部、研发部门与高校科研院校的沟通能力。主要考察企业的研发投入比、研发人员的人数比重、技术带头人数、技术桥梁人员数，以及技术人员人均培训费用、技术人员参加国内外技术会议次数等。

（2）对生产制造能力的评价。主要考察企业的研发部门与制造部门的沟通交流频数，从而衡量生产制造环节对技术创新的应用程度。

（3）对市场营销能力的评价。主要考察企业对行业竞争和市场情况的分析能力，包括对国内外本行业相关竞争情报的分析，如各类科技情报信息分析、市场信息分析、技术预测分析等。

6.1.3 技术创新能力的影响因素

企业技术创新能力的强弱主要受外部宏观环境和竞争环境因素的影响，以及组织内部各种因素的影响。

1. 外部因素

（1）行业竞争程度的影响。行业的竞争激烈程度在一定程度上决定了技术创新的紧迫性和必要性。行业内企业之间的竞争越激烈，意味着企业越需要从成本、效率两个方面重新配置企业资源。技术创新可以有效地降低生产成本、提高生产效率，并能够保证产品创新的实现。所以，行业的竞争程度直接影响了企业的技术创新意愿、技术创新的投入程度。

（2）行业竞争结构的影响。行业的垄断程度越高，垄断企业对市场的控制力度越大，其他企业的进入壁垒就越高。行业的垄断力量影响技术创新的持久性，行业的垄断力量越强，其他企业越难模仿垄断企业的技术创新，垄断企业通过技术创新得到的超额利润就越持久。所以，"中等程度的竞争"即垄断竞争下的行业结构最有利于技术创新，一是非垄断企业想要获得垄断利润而采取技术创新，二是垄断企业因担心竞争对手模仿而采取技术创新。

（3）政府的R&D资助幅度。在"提高自主创新能力，建立创新型国家"的战略指导下，各级政府每年都对企业的R&D活动进行资助，以降低企业的研发成本和风险，提高企业技术创新的动力。政府的R&D资助幅度正向地影响企业的技术创新能力。

2. 内部因素

（1）企业的所有制形态对技术创新能力的影响。混合所有制企业的技术创新能力较强，国有企业的技术创新能力相对较弱，民营企业具有灵活的创新优势，但整体创新能力有待提高，外商投资企业在创新产品和生产率方面能力较强。

（2）股权结构对企业技术创新能力的影响。股权结构特别是股权集中度会影响企业经营者的思维模式，经营者特别是高层管理团队的思维模式直接决定了企业的技术创新意愿以及技术创新投入程度。

（3）企业规模对技术创新能力的影响。技术创新需要一定的人力资源、资金资源和设施资源，同时还需要承担相应的风险。企业的规模越大，企业的资源能力越强，越有利于进行技术创新；反之，企业规模越小，技术创新能力越差。

6.2 产品创新

6.2.1 产品创新的内涵

首先需要厘清产品创新与技术创新的关系。产品创新更加注重商业特征，是为了满足消费者需求而进行的产品改进，而技术创新更多地注重技术的开发过程。产品创新可能需要技术创新做支撑，但是不一定必须要技术的创新。因为产品创新可能是由技术创新引起的，也有可能是商业创新和设计创新的结果。例如，技术创新可能降低了生产成本、提高了生产效率，或者改变了生产作业流程，但是不一定会带来产品创新。

产品创新的具体内涵还没有统一的阐述。经济合作与发展组织（OECD）对产品创新进行了界定，认为产品创新是产品或服务具备改进的性能，能够为消费者提供新的使用功能或改进服务。简单地理解，能够把技术创新活动应用到开发新产品中都可以称为产品创新。对于制造业企业而言，产品创新就是某种新的改进或改善的工业设备。对于服务业而言，产品创新就是改进的服务流程或内容。也可以从产品整体观的三个层次，即核心、形式和附加来理解产品创新，产品创新是建立在产品整体概念的基础上，以市场为导向的系统工程。针对具体的某种产品创新而言，产品创新表现为产品某项技术经济参数质和量的突破与提高，包括新产品开发和老产品改进。从创新的整体来看，产品创新贯穿产品构思、设计、试制、营销全过程，是功能创新、形式创新、服务创新多维交织的组合创新过程。

产品创新的内涵相对较容易理解，它是围绕产品或服务的性能、功能、内容进行的改进或提升，可以是全新的产品或服务，也可以是原有产品或服务的改善。

6.2.2 产品创新的实现路径

企业进行产品创新的动力是新产品可以增加销量、提升市场份额和市场占有率，使企业持续盈利。从产品创新的意愿来分析，企业的产品创新可以是主动的，即以顾客为导向进行创新。本书不再讨论企业由于竞争压力而被迫进行的产品创新。以顾客为导向进行产品创新，实现路径包括以下几种。

1. 技术创新驱动产品创新

技术创新驱动产品创新，主要是依赖从基础科学领域创新延伸出的技术创新进行产品创新，技术创新的应用是产品创新的重要推动力。技术创新驱动产品创新的核心在于产品功能或性能的改进，本质上是产品的功能创新。产品的功能是产品存在的根本目的，也是产品创新的核心内容。从顾客导向出发，产品创新是为了更好地满足顾客需求，创造一种更美好、更合理、更和谐的生活方式或行为方式。所以对产品功能进行分析并找到突破点，通过技术创新带动产品创新是一种有效的产品创新逻辑。

（1）通过技术创新扩展产品的实用性功能。深入研究产品的各种隐藏功能，把一种新的使用功能运用在现有的产品上，主要是实用性功能。但是，这种新功能的开发以及与原有功能的融合，需要通过技术创新来实现。例如，厨房用的刀具的主要功能是"切"，但通过对刀具使用者的使用状态的思考，会发现使用者会在不自觉的情况下使用刀具的其他实用功能，如"削""拍""割""压""铲"等功能。因此，在对刀具进行产品创新时可以从扩展实用性功能入手，将"削""拍""割""压""铲"等功能应用在刀具上，生产出系列的创新产品。但这种产品创新需要刀具原材料的相关技术支撑来完成，只要刀具原材料的合成技术和熔炼技术能够实现"削""拍""割""压""铲"，那么产品创新就很容易实现。

（2）通过技术创新扩展产品的附加功能。扩展产品的附加功能主要是告诉顾客产品还可以怎么用，如何实现了其他功能的融合。一方面，产品的形式、材料、色彩、结构等要素都可以发生改变，从而引起产品附加功能的增加，方便顾客使用。另一方面，也可以从产品的象征性、趣味性和主题性入手，告诉顾客加入这些元素后产品的使用性是什么，从而满足顾客的精神文化需求。例如，手机外观造型的不断更替、手机色彩的不断变化都是针对手机附加功能进行的产品创新，这些创新也离不开工艺技术、制造技术的驱动，也是由技术创新驱动产品创新的表现。

2. 市场需求驱动产品创新

市场需求驱动产品创新的着眼点是，发现新的市场需求，或者是以满足顾客的特殊需求为驱动力进行产品创新。发现一种新的市场需求，需要敏锐的观察力去发现人们对生活方式、行为方式的前沿追求，然后创造新产品来满足这种新需求，这是新的市场需求对产品创新的驱动。挖掘和关注顾客的特殊需求，进行产品创新，满足顾客需求，这是特殊顾客需求对产品创新的驱动。

（1）发现新的市场需求，进行产品创新。这种产品创新的逻辑模式是"市场需求－产品创新"。发现新的市场需求是关键，需要充分的市场调研和市场分析，发现环境变化所带来的人们的新需求。例如，近几年来雾霾天气受到人们的广泛关注，出于健康考虑，人们便产生了呼吸新鲜空气的需求，这种新需求刺激了空气净化器产品的诞生。空气净化器是一种全新的产品，之前在其他国家和地区没有出现过，率先研发、生产、销售空气净化器的企业获得了巨额利润，出现了供不应求的情况。另外，随着人们生活水平的提升，人们对身体健康、完善身材产生了新的需求，为了满足人们的这一需求，市场上陆续出现了很多减肥、瘦身的新产品，深受顾客喜爱。除此之外，人们对绿色消费的需求也越来越高，早期发现顾客这些需求的企业，都通过一定的措施，如绿色原材料、循环使用、回收性强等设计创造出了新产品，实现了产品畅销。

（2）发现特殊顾客的需求，进行产品创新。出于人性化考虑，现在的企业越来越多地关注特殊群体和特殊顾客的需求，根据他们的需求创造出新产品。例如，针对老年人群体，为了方便他们使用手机，一些手机厂商设计出了包括紧急呼叫、手电筒、超长待机等功能的手机。为了满足小额信用额度顾客的需求，蚂蚁金服推出了"蚂蚁花呗"这款消费信贷新产品，用户申请开通后，将获得500～50 000元不等的消费额度。用户在消费时，可以预支"蚂蚁花呗"的额度，享受"先消费，后付款"的购物体验。

3. 设计需求驱动产品创新

设计需求驱动产品创新，是以设计思想为出发点，将设计创意转换为创新产品的产品创新逻辑。与技术创新、市场需求驱动产品创新不同的是，设计需求驱动产品创新主要从社会文化和顾客群体深层次的潜在需求挖掘入手，提出新的产品功能和实现形式。通过社会、文化视角深度识别，敏锐地挖掘潜在的、隐形的，甚至是顾客自身无法感知、无法描述的需求，然后把这些需求通过设计创意展示出来，结合技术创新、工艺创新创造出新的产品，从而颠覆性地满足深度市场需求。在设计需求驱动产品创新模式下，设计导向可以不受任何约束，只要是使人们的生活变得更舒适、更安全、更有效、更快乐的好创意，都可以使其产品化。设计需求驱动产品创新的过程是：识别未来需求－设计创意生成－设计创意的产品化－产品的商业化。

6.2.3 产品创新的影响因素

影响产品创新的因素非常多，可以从外部需求因素、内部组织因素来进行分析。一方面，市场需求对产品创新会产生影响，新的市场需求可以刺激产品创新，但是市场需求规模的大小将直接影响产品创新的成败。另一方面，企业内部因素也会影响产品创新，组织内技术创新水平、工艺创新水平、营销能力水平等，都会影响新产品的生产和销售情况，决定产品创新的成败。

企业的行业特征不同、竞争优势不同，产品创新的影响因素具体表现也不同。研究者普遍认为，产品创新的影响因素包括五个方面：对顾客需求的把握程度、对市场的关注程度、产品开发的有效性、技术对外交流的有效性、开发管理者的职位和权威性等。其中，开发管理者的职位越高、越有权威，就越有利于产品开发的推进和产品创新的实现。简单来理解，影响产品创新的因素也可以概括为三个方面：创新产品的优势、市场信息与营销效率、技术与生产环节的协同效率。

如果把产品创新看作是一个过程，产品创新成功与否的影响因素如下。一是对顾客需求的把握能力。以市场需求驱动产品创新，必须准确地把握市场需求，并预测市场需求的规模大小。二是研发设计能力。大部分产品创新的节点是使用功能或附加功能的添加，这需要研发设计部门的大力支撑，能够将新产品设计出来，否则将直接影响产品创新的成功与否。三是制造能力。企业的制造能力要具备一定的优势，保证新产品的生产流程不出问题，能够同时实现定制化生产和大批量生产所需。四是市场营销能力。新产品能够被设想出来、研发设计出来、生产制造出来，但如果企业的市场营销能力不具备优势，无法在短时间内打开市场，就有可能被竞争对手模仿创新，使产品创新夭折。五是企业的创新投入程度。产品创新需要投入大量的人力、物力和财力，如果企业的创新投入不足，就很难实现产品创新。六是企业实施产品创新的组织能力。强有力的组织能力是产品创新的保障，可以充分协调和控制产品创新的全流程。

6.3 市场创新

6.3.1 市场创新的内涵

市场创新源自熊彼特提出的五种创新情况之一，即开辟新的市场。通常情况下，提及市场创新，人们指的都是开辟一个新的市场和控制原材料的新供应来源，重点是对新市场的开拓和占领，以充分满足顾客需求。

市场创新的内涵体现在两个方面。一是开拓新的市场。现有的产品进入新的地域市场，如国内畅销的产品开辟新市场，进入国外市场；现有的产品进入需求意义上的市场，如牙膏企业将成人使用的牙膏推广至儿童市场，化妆品企业将女性化妆品推广至男士市场；现有的产品根据价格、质量、性能等方面细分为不同档次的、不同特色的产品，以满足或创造不同的消费层次、不同的消费群体需求。二是创造市场"新组合"。市场创新是市场各要素之间的新组合，包括产品创新和市场领域的创新，以及营销手段和营销观念的创新。

综上所述，市场创新是企业为了适应和利用市场环境进行新市场开发的活动，包括为了更好地开发新市场而进行的消费者需求识别和分析，围绕消费者需求进行的产品及服务创新，以及新市场开发过程中的营销执行等活动。

由市场创新的内涵可知，市场创新的本质是开发新市场。市场创新可以分解为三类活动：①识别和分析新的市场需求；②开发和设计新产品或新服务；③通过营销执行活动将新产品或新服务传递至顾客，以满足新的市场需求，开发新市场。市场创新的四大基本要素包括新市场、新需求、新产品或新服务、营销执行活动。

6.3.2 市场创新的实现方式

按照市场创新的四大要素即新市场、新需求、新产品或新服务、营销执行活动，企业的市场创新可以通过以下方式实现：市场渗透战略、市场开发战略、产品开发战略和多元化战略，如图 6-1 所示。

1. 市场渗透战略

市场渗透战略是企业利用现有产品在现有市场上扩大市场销量和市场份额，从而实现市场创新。这种市场创新方式依赖于企业对产品的使用方式、方法的重新理解和定义，企业需要引领和影响顾客的消费习惯，增加产品销量，扩大市场份额。例如，为了扩大牙膏的销

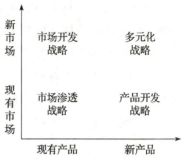

图 6-1 市场创新的实现方式

量，企业在广告中会宣传"牙膏需要挤满牙刷表面，才刷得干净"的理念，倡导顾客增加每次刷牙时牙膏的使用量，从而提升产品的销量。为了扩大牙刷的销量，牙刷企业也会以广告的方式宣传每三个月换一次牙刷的消费理念，增加产品的销售量。需要注意的是，市场渗透战略的关键在于企业需要充分挖掘现有的市场需求空间，发现产品的新使用方法，通过改变经营策略来拓展市场。

具体来讲，市场创新的市场渗透战略可以通过价格途径来实现。第一，高价格的市场创新途径。企业可以利用提高产品价格的手段来开拓市场，但是高价格的市场创新途径只适合于拥有以下产品特征的产品：稀缺性产品、质优产品、贵族性产品、初生性产品。利用稀缺性、质优性、"贵族效应"、求新心理等提高产品价格，用现有的产品开拓现有的市场。第二，低价格的市场创新途径。企业可以利用低于市场上同类产品的价格为特定的顾客群体提供产品来拓展市场。低价格方式只适用于生产批量大、销售潜力高、产品成本低、顾客熟悉的产品。例如，美国戴尔计算机公司创始人米歇尔·戴尔，就是以低价格方式来开拓学生计算机市场的。低价格方式可以使潜在的顾客变成现实的顾客，使市场空间扩大。"物美价廉"可以刺激顾客，扩大销售量，提高市场占有率。

2. 市场开发战略

市场开发战略是企业利用现有产品进入新市场的过程，新市场可以是地域边界市场，也可以是需求意义上的市场。为了进行市场创新，企业必须对现有产品市场进行分析和研究，发展新的细分市场，以现有产品满足这部分细分市场的需求。简言之，市场开发战略是为企业的现有产品寻找新顾客。市场开发战略最经典的案例就是"让不穿鞋子的人都去买鞋子穿"，它的实现途径有两种。第一，将现有产品推广至新的地域市场，进行市场创新。这种市场创新模式和企业的成长路径相一致，企业的产品首先是在本地销售，当企业规模扩大后，企业会通过营销渠道将产品销售至其他地方或国家，在其他区域的市场中复制产品销售模式，拓展新市场。第二，将现有产品推广至需求意义上的新市场，进行市场创新。通过广告效应、价格手段，使本来对企业的现有产品没有消费需求的顾客成为企业产品的新顾客，从而增加产品销量。例如通过低首付、首付分期的价格方式，使没有购房需求的人成为购房者。

3. 产品开发战略

产品开发战略是企业对现有市场进行进一步细分和研究，发现新的需求特征，通过产品改进或新产品来满足这些需求特征，以实现市场拓展、市场创新的目标。显然，以产品开发战略来实现市场创新的方式，依赖于产品创新。产品开发战略本质上是市场需求驱动的产品创新，挖掘现有市场，发现新的市场需求，或者是以满足顾客的特殊需求为驱动力进行产品创新，最终实现市场创新的目标。产品开发战略可以通过以下途径实现。第一，通过产品创新来满足现有市场的新市场需求，进而实现市场创新。发现现有市场的一种新的市场需求，需要有敏锐的观察力去发现人们对生活方式、行为方式的前沿追求，然后通过产品性能、外观、原材料改进等进行产品创新，拓展新市场。第二，通过产品创新满足现有市场的特殊顾客需求，进而实现市场创新。通过增加或者减少产品的实用性功能来扩大产品的需求。如前文所述，为了满足老年人这种特殊群体的需求，手机厂商设计出了包括紧急呼叫、手电筒、超长待机等功能的手机，从而拓展了市场空间。

4. 多元化战略

多元化战略是指企业在现有的业务经营范围之外，通过产品创新的方式拓展新市场，使得经营范围涉及两个或两个以上的行业，生产和提供两种或两种以上基本经济用途不同的产品或服务，并推向市场。简言之，多元化战略是企业为了更多地占领市场和开拓新市场而生产经营不同的产品或服务。例如，家电企业以研发、设计、生产、销售家用电器为主，为了进行市场创新，可以涉及房地产行业，以房子这种商品去满足人们的住房需求，从而扩大企业的市场边界，提高销售收入和盈利水平。企业实施多元化战略的方式可以是区域多元化、产品多元化。本书提及的多元化战略指的是产品多元化，通过开发新产品来实现开拓新市场的目标。

需要注意的是，企业通过多元化战略来实现市场创新时，需要根据自身的资源和能力控制多元化的边界和速度，否则会导致市场创新失败。例如，成立于1987年的太阳神集团，在短短10年时间内，经营的市场就涉及房地产、石油、边贸、酒店、化妆品、计算机等20多个行业，由于多元化战略的速度太快，涉及的行业市场过多而最终导致破产。

6.3.3 市场创新与技术创新、产品创新的关系

同样是企业的自主创新活动，市场创新最为重要，因为市场创新的目标是直接拓展市场，增加企业产品的销量，增加销售额，提高企业的盈利水平。而技术创新、产品创新都是间接地为企业增加盈利。

1. 市场创新决定了产品创新与技术创新的内容和方向

首先，市场创新决定了产品创新的内容和方向。产品创新需要依赖市场需求来驱动，虽然企业的产品创新是为了给企业增加收入、提高企业的市场占有率和市场份额，但它必须以顾客需求为导向。如果纯粹地进行产品创新，而不考察市场的需求，那么性能再优越的产品也是没有销路的，不可能给企业带来盈利。产品创新需要以消费者需求

为导向,以满足市场需求为目的,以产品商业化和市场实现为目标。所以,市场创新决定了产品创新的内容和方向。

另外,市场创新决定了技术创新的内容和方向。技术创新的重要目的是技术应用,以新技术产品满足市场需求。技术创新促进产品创新,技术创新能够提供新产品,或者将新生产工艺应用到生产过程中去。技术创新始于企业的研究开发,终于市场实现。市场竞争越来越激烈,为了满足不断变化的市场需求,实现市场创新,企业必然会利用技术创新降低成本、提高效率,以满足市场需求;或者是将技术创新应用于新产品,以新产品来保持和扩大市场占有率,或开发新产品以适应新市场。所以,市场创新也决定了技术创新的内容和方向。

2. 技术创新与产品创新是市场创新得以实现的载体和手段

市场创新即对新市场的开拓和占领,为了充分满足顾客需求。企业如何满足顾客需求以开拓市场呢?技术创新与产品创新是重要的载体和手段。新的市场需求可能是追求物美价廉的产品,技术创新正是实现物美价廉的有效途径,可以降低成本和提高效率,使企业生产出物美价廉的产品。新的市场需求也可能是追求新产品,产品创新正好可以满足新的市场需求。所以,技术创新与产品创新是市场创新得以实现的载体和手段。

案例 6-1

格力电器的持续技术创新

珠海格力电器股份有限公司(以下简称"格力电器")是目前中国最大的集研发、生产、销售、服务于一体的专业化空调企业,旗下拥有格力、TOSOT、晶弘三大品牌,主营家用空调、中央空调、空气能热水器、手机、生活电器、冰箱等产品。从 1991 年成立至今,格力电器已经从一个年产量不到 2 万台的小空调厂,成长为中国空调业唯一的"世界名牌"企业,空调业务遍及全球 100 多个国家和地区。2016 年,格力电器实现营业总收入 1 101.13 亿元,净利润 154.21 亿元,纳税 130.75 亿元,公司连续 15 年位居中国家电行业纳税第一,同年,公司连续 9 年上榜美国《财富》"中国上市公司 100 强"。

以技术创新起家

自 1991 年成立以来,公司一直坚持"技术创新促发展"的理念,制定了"通过技术创新形成自己的核心竞争能力"的发展战略,在家电行业稳健发展,取得了良好的经济效益和社会效益。公司的产品理念是"精品空调,格力创造"和"买品质,选格力",以技术创新推进产品创新,在国内空调市场赢得了消费者的美誉。在技术创新的支撑下,公司的产品获得了"中国驰名商标""中国名牌产品""国家免检产品"、海关总署"进出口企业红名单""WQC 国际之星金奖"等荣誉。早在 2005 年,格力电器就连续 3 年被授予中国"节能贡献奖"称号,是空调品牌云集的广东省内唯一连续 3 年获得这一称号的空调企业。2006 年,格力电器获得了中国质量领域的顶级荣誉"全国质量奖"。2007 年,格力品牌被国家商务部授予"最具竞争力品牌",并被国家人事部、国家质检总局联合授予"全国质量工作先进集体"称号,是家电业唯一获此殊荣的企业。

持续的技术创新

家电行业属于传统的制造行业,竞争比较激烈。格力电器在中国家电行业保持持续竞争优势的关键在于企业进行了"持续的技术创新",不断地培育和保持核心竞争力,拓展产品系列,提升产品品质和使用性能。在技术创新的引领下,公司目前已经拥有包括家用空调和商用空调在内的20个大类、400个系列、7 000多个品种规格的产品。在技术创新方面的投入,使得公司取得了多项国内外技术专利,打破了美、日制冷巨头的技术垄断,在国际制冷行业取得了一定的影响力。

格力电器的领导团队一开始就意识到了技术创新的重要性,把技术创新和技术进步视为企业的生命力。通过技术上的不断创新,格力电器可以以更快的速度设计出新产品,占领消费市场,公司认为"没有不挣钱的行业,只有不挣钱的企业"。多年来,格力电器的持续技术创新表现在以下几个方面。

(1)坚持"专业化的技术创新"战略。公司刚成立时,就已经明确了"专业化的技术创新"发展战略定位。长期经营于空调行业,不再涉足其他行业领域,集中公司的人力、物力、财力资源进行空调产品的研发、生产和销售。专注于单一行业,以技术创新驱动产品创新,大大缩短了新产品开发周期。纯粹的技术创新,保证了新技术在大规模生产中的应用,提高了生产效率,降低了生产成本。而技术创新的应用,缩短了从技术创新到产品研发设计、批量生产的过程,同时使得安装、维修、服务更加快捷周到,新产品受到消费者的青睐。

(2)持续投入大量资金进行新产品的技术研发。格力电器每年拿出3 000万~5 000万元投入新产品研发,以保证每年都有新产品上线。公司刚刚成立6年的时候,就已经开发出了130多种空调新产品,拥有68项专利。技术创新的持续投入,使得格力电器率先在行业内推出"小霸王"电扇、"空调王"和"冷静王"空调,而同行业内的企业在一年之后才出现类似的产品系列。

(3)技术创新始终以"顾客需求"为导向。满足顾客需求是技术创新的出发点和归宿,格力电器将"顾客需求"贯穿于技术创新的过程中。早在1992年空调市场供不应求的背景下,格力电器就以技术创新的形式推动研制出了分体机"空调王",这种新产品的能效比是3.3,高于国家规定的能效比2.8。"空调王"投放市场后,深受消费者喜爱,产品十分畅销。随着人们生活水平的提高,人们对空调产品的需求演变为更冷、更静、更省电的空调,为了满足顾客的这一需求,格力电器1996年通过技术创新设计出了新产品"冷静王",产品能效比高达3.35,而噪声仅34.2分贝,两项关键指标均位居世界前列。"冷静王"投放市场后,一直供不应求,并顺利进入国际市场,畅销欧洲。

如今,随着人们住房条件的改善,为了满足顾客对家庭中央空调的需求,格力电器又通过技术创新推出了系列家用灯箱柜机,这种空调产品小巧玲珑,噪声极低,一台空调就能满足三室一厅的制冷需要。同时,为了满足商家对大功率空调的需求,格力电器从节约空间上考虑,通过技术创新开发出了3匹壁挂机空调。格力电器推出的新产品还包括分体吊顶式空调和四面出风的分体式天井空调系列，以满足人们的个性化需求。

综上，格力电器专注于空调行业，以持续的技术创新提高了企业的竞争力。技术创新推进了产品的持续升级换代，新产品的出现都是为了满足现代社会消费群体对产品的要求；同时，技术创新降低了生产成本，提高了生产效率，增加了生产产量和销量，使企业获得了较高的盈利水平。

资料来源：根据格力电器官网资料和"熊波. 格力电器技术创新的案例分析[J]. 管理评论，2001（4）：30-31."文献资料整理。

案例 6-2

设计师主导的颠覆性产品创新：联想 YOGA 案例的研究

联想的 YOGA 产品在电脑行业属于颠覆性创新产品，彻底改变了电脑的产品形态、使用习惯和模式，引领了一场电脑输入的革命，实现了平板电脑、传统电脑和多模电脑的高度融合，以产品创新驱动了电脑市场的复苏。YOGA 产品是联想坚持设计驱动产品创新的成果，自 2012 年以来 YOGA 已经发布了五代产品。YOGA 产品的创新是设计驱动的产品创新，经历了以下几个发展阶段。

未来需求识别阶段（2003 年以前）

2003 年之前，中国企业的创新理念还比较薄弱，普遍采取追随创新或模仿创新的模式进行竞争，更没有意识到设计驱动创新的重要性。但在计算机行业，领军企业联想已经把设计视为产品创新的主要驱动力，设置了设计部门，实施设计驱动创新战略。2001年，李凤朗入职联想设计部门，联想的设计团队便开始研究社会文化的发展趋势，以识别未来消费者的需求特征。

如何识别消费者未来的需求特征呢？以李凤朗为核心的联想设计团队并没有将思维局限于笔记本产品的性能，而是从人与电脑的关系视角出发，引发了对笔记本电脑本质意义的思考。联想的设计团队认为，笔记本电脑诞生的根本原因是"便携性"，人们使用笔记本电脑的主要原因是可以使工作、学习、生活更加便利。但是，联想的设计团队思考发现，传统的笔记本电脑使得使用者和机器之间的关系是冰冷的、不友好的：笔记本电脑的低屏幕、人手与键盘的关系等使得人们在使用笔记本电脑一段时间后精神上和身体上都会感觉很累。以此为出发点，联想的设计团队重新构建了使用者和电脑之间的关系：友好的、贴心的，即预测未来人们对笔记本电脑的使用需求是更加友好的、贴心的工具，如图 6-2 所示。这种全新的对个人电脑未来需求的识别在 21 世纪还不被产业界所接受。

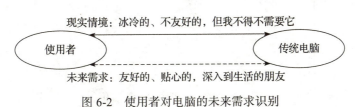

图 6-2　使用者对电脑的未来需求识别

颠覆性创意设计（2003～2005年）

YOGA产品的创意产生于2003至2005年间。从2003年开始，联想的设计团队开始为设计"友好、贴心、能真正融入生活的朋友"的电脑而努力。在YOGA的创意阶段，设计团队需要对电脑进行重新认知。设计师李凤朗认为电脑不仅需要满足消费者对速度、美观、便携等产品性能的需求，更需要体现未来消费者的价值观和信仰，电脑需要创造独特的情感价值。在设想人们未来的生活、工作场景时，联想的设计团队从瑜伽大师那里获得了灵感，提出了YOGA的概念。

联想的设计团队设想把瑜伽的文化融入产品创新中，并做出了一个初步的产品模型。未来的YOGA电脑应该像瑜伽大师一样，机体可以360度灵活转动，能满足不同情景下的使用者使用电脑的要求。YOGA电脑的创意产生了，但在当时并没有立即被认可且设计出来。

设计驱动颠覆性创意的产品化（2006～2012年）

这一阶段是YOGA从创意转变成产品的时期。首先，设计团队必须指定明确的目标客户。针对目标客户进行产品设计是把颠覆性创意转换为现实的第一步，YOGA的产品定位是提供多媒体娱乐，产品表现形式是便携性、轻办公应用二合一平板。其次，设计团队与新产品开发团队的合作。设计团队需要与目标客户、工程设计者、研发工程师沟通，阐述创意的思路和观点，负责答疑，促成产品创新的实现。设计师充当了设计理念解说员、协调者和驱动者的角色。2012年，YOGA产品发布，YOGA不仅是一种新的电脑产品，而且创造了一个新的电脑品类。

设计驱动颠覆性产品的商业化（2012～2014年）

从2012年开始，YOGA产品经历了四代，每代产品都在外观和功能方面有所提升（见图6-3）。YOGA产品的商业化大致可以分为两个阶段。2012～2013年为第一阶段，YOGA第一代、第二代产品的主流功能（如反应速度、工作效率等）和颠覆性性能（如应对多种场景使用的性能）都比较低。2014年，YOGA3产品发布，真正意义上实现了YOGA从创意设计到产品的转换。YOGA产品不仅在表链轴设计上实现了工程创新，还在灵活性、不同的使用场景上取得了突破，最大可能地提升了产品的颠覆性性能，以提升产品利基市场的稳固性。

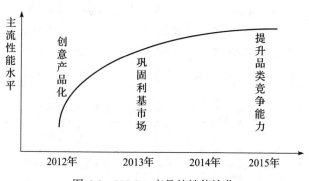

图6-3　YOGA产品的性能演化

设计驱动产品品类竞争能力（2014—）

2014年之后，YOGA又发布了两代产品。2016年，YOGA产品在设计上陆续增加了手写板、虚拟键盘等各种功能；2017年，YOGA产品又在外观上进行了设计改进，创新性地将天线、出风口内置在链轴中，产品更加轻薄。YOGA产品的持续升级，使得设计创意真正转换为产品创新，产品的主流性能和颠覆性性能都得以增强，提升了YOGA产品的竞争力。如今联想的设计团队与工程设计部门协同创新，优化了链条的设计，进一步降低了核心部件的生产成本，以价格优势提升了产品的竞争力。

资料来源：根据"万方，姚伟坤，李凤朗. 设计师主导的颠覆性产品创新——联想YOGA案例的研究[J]. 清华管理评论，2018，60（04）：55-62."文献资料整理。

本章小结

本章系统地介绍了技术创新、产品创新和市场创新的相关内容。技术创新是企业获取核心竞争力的源泉，技术创新可以驱动产品创新和市场创新。本章阐述了技术创新能力的概念界定、构成和评价体系，以及技术创新的影响因素。产品创新对企业最为重要，产品创新可以通过技术创新、市场创新、设计创新驱动来实现，产品创新会受到外部环境因素和内部组织因素的影响。市场创新是对新市场的开拓和占领，以充分满足顾客需求，市场创新可以通过市场渗透战略、市场开发战略、产品开发战略和多元化战略来实现。市场创新决定了技术创新与产品创新的内容和方向，技术创新与产品创新是市场创新得以实现的载体和手段。

复习思考题

1. 如何理解技术创新？技术创新对企业有何意义？
2. 如何理解企业的技术创新能力？企业的技术创新能力包括哪些方面？如何评价企业的技术创新能力？
3. 产品创新的内涵和外延是什么？产品创新可以通过哪些路径实现？哪些因素会影响企业的产品创新水平？
4. 市场创新的内涵是什么？企业实施哪些战略可以实现市场创新？
5. 技术创新、产品创新、市场创新的区别和联系是什么？如何理解这三种创新之间的关系？

Chapter 7
第7章

开放式创新模式：产学研合作创新模式

在经济全球化背景下，知识创造能力、知识传播与扩散能力，以及技术创新能力，已经成为经济发展和社会进步的重要驱动力量。产学研合作创新是提高自主创新能力的必要手段以及科技转化为生产力的重要途径，也是优化配置科技资源、经济资源和生产力要素，整合国家科技系统的有力措施，其最终目的是完善国家和区域科技创新体系。

⚠ 学习目标

理解产学研合作创新模式。
了解产学研合作创新的运行机制。
掌握产学研合作创新绩效评价方法。
了解产学研合作创新绩效评价指标。

📚 引例

南京金龙客车制造有限公司：
以产学研合作为突破口打造新能源汽车产业高地

南京金龙客车制造有限公司（以下简称"南京金龙"）是江苏省新能源汽车产业的领军企业。创新求变是南京金龙的技术发展理念，新能源＋科技化＋智能化是南京金龙技术发展战略目标。在科技创新发展理念的引导下，南京金龙与国内外高校、科研院所形成深度合作创新机制，充分利用"校、研、企"的综合资源进行资源融合和资源分配，形成卓有成效的合作模式。南京金龙基于"三个维度、五个发展"开展创新合作。重点开展智能驾驶、燃料电池、电极飞轮、EMT变速器、智能化整车控制器、高效能的电机及控制器、创新型的动力电池管理系统、具有主动均衡的电池管理系统、轻量化车身、整车主被动安全系统等先进技术，打造南京金龙优良的汽车品质。在科技高速发展的当代，科技创新推动的产业深化成功在南京金龙客车上随处可见：语音识别系统，手势识别系统、驾驶员感知系统、分区恒温空调系统、乘客舱空气净化系统、应急逃生系统等，实现了车、人与安全的完美结合，使得南京金龙的产品在国内外同行业中处于领先水平。

在与研究机构和高校的深度合作层面，南京金龙通过实施一系列的创新和举措，实现了科技创新和产业深度资源融合新模式。在科技创新层面，南京金龙与科研机构和院校开展初步融合，通过和学校建立学生交流通道，利用南京金龙研究院与研究生工作站平台，构建学校和企业的资源互动。按照南京金龙产品研发战略规划，设定分项课题类型，借助学校的技术优势，进行资源的合理分解与匹配。学校以导师为小组管理者，南京金龙以研究院为载体，针对不同层级的技术进行逐层分解，按照市场应用需求，形成逐级解析模式。在项目实施过程中，南京金龙和相关科研院所采用"信息交互、资源融合、多点投入、成果共享"的原则，对于技术关键点和困难点，依托双方或多方优势资源进行重点突破，科研成果参与方都享有资源。对于突破的技术难点，企业和学校共同申报省市科技创新，所获得的奖励经费继续投入到科研创新项目中。对于合作产生的专利，企业和学校均享有知识产权。

南京金龙高度重视产学研合作与协同创新，大力整合科技资源，强化产学研合作意识，建立产学研对接与交流机制，凝聚产学研发展合力，构建多方位产学研合作项目"布点"战略。南京金龙与江苏大学等高校共同构建了"南京市新能源汽车公共技术服务平台"、与东南大学等高校共同构建了"南京市新能源汽车智能化工程技术中心"，学校和企业形成"相互依托、科技互动、产学研深度融合"新模式。通过深度融合，极大地提高了南京金龙在新能源汽车产业方面的研发能力，同时，完善了研发人员的组织架构，为后期企业的快速发展奠定了人才基础和技术基础，有力推动了我国的新能源汽车发展。

资料来源：中国产学研合作促进会网站。

7.1 产学研合作创新模式

产学研合作创新是企业、高校与科研院所之间为了实现各自的价值目标，通过一定的组织形式而建立起来的合作创新模式。由于企业、高校、科研机构的价值取向、基础条件、自身优势不同，产学研合作创新模式及其组织形式也不相同。从不同的视角，产学研合作创新模式有不同的分类。

7.1.1 基于产业链的产学研合作创新模式

1. 横向产学研合作创新模式

横向产学研合作创新指的是处于同一生产阶段的企业为获取相同的技术支持而共同参与的产学研合作创新模式，其中，企业是产学研合作创新的主导者，各企业共同投资、共担风险、共享收益。研发的重点在于解决对企业的发展和科技实力提高具有较强带动作用的关键性、前沿性的应用技术。具体来说，横向产学研合作创新包括两种形式：一种是企业之间共同出资建立研发机构、共建试验基地、共建培训中心以及共享创新网络等，这种形式可以称为内部横向产学研合作创新模式；另一种是企业之间共同寻求外部技术资源的支持，委托研究部门进行技术开发等，这种形式可以称为外部横向产学研合作创新模式。多个企业为主导的横向产学研合作创新模式，不仅有利于企业间实现技术信息的共享，降低创新的风险，同时有利于减轻单个企业创新的负担，加大创新投入力度以及促进科研成果的有效转化。合作创新的顺利实施需要特定的契约保障，主导企业之间通过协商，以协议的形式规定创新要素的投入量、创新过程的支配权以及技术成果的分配形式，进而保证创新各方价值目标的一致性和创新过程的连贯性。

2. 纵向产学研合作创新模式

纵向产学研合作创新指的是由同一产业链上不同机构相互结合共同组成的产学研合作创新模式。各机构以专业优势为依托，以分工协作为手段，有效整合创新资源，进而保证创新链条的完整性。具体来说，科研机构和高校利用人才优势、知识优势、技术优势等进行技术研发；生产企业利用其生产优势、配套设备和资金优势将科研成果投入生产，并将其价值转移到产品中；销售企业利用其庞大的网络系统和灵活的营销手段迅速将产品转化为收益。合作创新不仅使企业在技术方面有所突破，同时还有助于创新成果的有效转化，提高科研部门技术创新的积极性。部门间的合作建立在分工协作的基础之上，研究机构根据企业要求进行研发，企业根据市场需求组织生产，进而实现了创新的"构思—研发—生产—销售"全过程。这种模式常常以产权为纽带，以合同为基础，其主要形式包括技术转让、专利许可、委托研发以及校企联合办学等具体模式。纵向产学研合作创新模式不仅充分发挥了产业链上不同部门各自的资源优势，同时促进了部门间的紧密联系，从而推动产学研合作创新的顺利实施。

3. 混合型产学研合作创新模式

混合型产学研合作创新是一种网络式产学研合作创新体系，既包括同一产业链上众多部门相互结合形成的网络式组织结构，也包括由于不同产业链的交叉与融合而形成的网络式结构。同一产业链上部门间的合作保证了分工协作的顺利进行以及信息、技术的共享，实现了产品生产的规模经济；不同产业链的交叉融合扩展了产品间的关联性，实现了产品生产的范围经济。混合型产学研合作创新实现了一体化下不同要素的聚合和专业化下相同要素的集中。具体形式包括高新技术开发区、高技术产业集群以及大学科技园等，其中各部门之间的有效配合是混合型产学研合作创新完成的关键，同时，创新的顺利实施还依赖政府部门的大力引导和有效协调，比如提供各种优惠政策、制定相应的行业标准以及搭建各种服务平台等。

7.1.2 基于合作视角的产学研合作创新模式

根据产学研合作的方式，产学研合作可以分为技术转让、委托研究、联合开发、共建科研基地等模式。

1. 技术转让模式

技术转让模式是指作为技术拥有者的高校和科研院所通过向企业进行技术转让实现产学研合作，即产学研各主体在充分评估技术成果的市场前景、技术经济指标和产业化风险的基础上，以契约的方式对专利技术、实施许可等无形资产进行使用权转让的合作形式。这种模式一般出现于产学研合作创新的初始阶段，是较为常见和容易实现的一种模式。

技术转让模式的优势：①技术转让的技术成果一般是现有的、权利化的和特定的，往往比较完整、成熟，因此，技术转让既能在短期内促进转让方科研成果的产业化，也有利于受让方利用科研成果并取得高于现有技术的价值；②技术转让一般以契约为依托，具有权责分明的特点，即使产生纠纷，也可以根据专门的技术合同法规进行调整。技术转让模式的局限性：①产学研合作主体之间多为一次性的技术转让行为，只注重短期效益，合作多停留在表面层次，关系较为松散，对于技术创新缺乏刺激的动力；②技术转让的技术相对比较成熟，属于典型的供给推动型技术创新，不能满足企业维持竞争优势的技术发展需求。

技术转让模式属于典型的市场经济行为，主要适用于科研机构、高校、下游应用研究成果的转让。在这种模式中，政府的作用主要是制定政策、提供信息、促进交流和牵线搭桥等。

2. 委托研究模式

委托研究模式是指委托方将所需的研发活动委托给受托方进行研究。其中，企业委托科研院所、高校的专家对新产品、新技术、新工艺等进行研发的产学研合作模式比较普遍。这种合作通常由企业提出需求、提供资金，科研院所、高校负责项目研发。

委托研究模式的优势：①委托方在提供资金、承担风险的同时，有可能通过技术攻关获得了具有一定市场价值的科技成果，而受托方获得科研经费，有利于对相关课题的深入研究；②委托研究多以契约的形式约束产学研各方，权责较为分明，利益纠纷较少。委托研究模式的局限性：①受制于课题任务和资金，这种模式的研究目标单一，缺乏持续创新的动力；②根据契约，委托研究合作期满，产学研各方往往会终止合作关系，难以进行持续的技术创新。

委托研究模式也是典型的市场经济行为，适用于企业研发资金充裕、技术需求相对明确，科研院所和高校的研究基础较好、研究实力较强的产学研合作。在这种模式中，政府的作用主要集中于信息的收集以及为合作创造信息交流的平台。在委托研究模式中，委托方和受托方存在着信息不对称，有可能出现逆向选择和道德风险问题，容易导致交易成本的增加，提高交易风险。因此，委托研究模式既需要双方的诚信和交流，更需要完善的合同来保护双方权益和规范双方行为。

3. 联合开发模式

联合开发模式是产学研最常见的合作创新模式，是指产学研各主体针对较为复杂的技术难题，共同投入相应的资金、设备和研究人员，联合起来进行科研项目攻关。这种模式处于产学研合作创新的半成熟阶段，一般基于契约来维持合作关系，比技术转让模式更为成熟和有效。

联合开发模式的优势：①能较好地整合各创新主体的优势资源，增强企业的研发能力和风险承担能力，对特定科研项目的攻克能在一定时期内满足企业生存与发展的需要；②有利于企业与高校、科研院所的合作网络关系，使企业界能更有效地利用高校的研究资源，使高校与科研院所的研究更具有经济特性。联合开发模式的局限性：①联合开发只是在一定时期内进行的活动，只能产生一定的竞争优势和一定的经济效益，难以产生持续的创新效应；②研究团队会随着研究项目的完成而解散，难以形成相对稳定的研究团队，不利于团队人员知识的积累和深入合作。

联合开发模式既有可能是市场行为，也有可能是政府引导的合作开发行为。在政府引导的合作开发中，政府起着重要作用。我国的国家科技攻关计划就是由政府引导的联合开发模式。国家科技攻关计划由科技部、项目组织单位、课题承担单位分级管理，经费由中央财政专项拨款、项目组织单位和课题承担单位配套等多渠道构成。政府鼓励引导社会资金投入攻关计划，对引导产学研联合开发起到了重要的推动作用。

4. 共建科研基地模式

共建科研基地模式是指企业与科研机构、高校分别投入一定比例的资金、人力或设备，共同建立联合研发机构、联合实验室和工程技术中心等科研基地。神州数码与北航计算机学院共建的网络联合实验室、得意音通公司与清华大学信息学院建立的清华－得意声纹处理联合实验室、中兴通讯与北京邮电大学共同成立的北邮－中兴联合实验室等都属于这种模式。

共建科研基地模式的优势：①科研基地使科研院所和高校的科研更贴近市场需求，科技成果转化周期缩短；②共建科研基地能为企业储备技术和人才，有益于企业研发能力的持续提高。共建科研基地模式的局限性：科研基地的设立与运营都离不开资金的支持，需要企业参与者有相当的资金实力。因此，这种模式比较适用于大企业与科研院所、高校的合作。

7.1.3 基于合作主体数目的产学研合作创新模式

根据产学研合作中主体的数目划分，产学研合作可以划分为点对点、点对链和网络三种模式。

1. 点对点模式

点对点模式是指企业与高校、科研院所进行的一对一合作创新，即某一特定企业与某一特定高校或科研院所之间建立的合作关系，如图7-1所示。这种模式在我

图 7-1 点对点模式

国的产学研合作创新中普遍存在，如清华大学自动化系与北京海鑫科金高科技股份有限公司的合作属于点对点模式。在这种模式下，绝大多数产学研合作是普通企业与高校或科研院所之间小规模、短期的合作。点对点模式合作目标明确，合作主体少，合作关系简单，合作沟通方便快捷。受限于参与者的专业能力和资金实力，点对点模式不但难以支撑涉及多个技术领域的科技攻关，而且也较难实现产业共性技术的关键性突破。

2. 点对链模式

点对链模式是指一个企业与若干个学术机构或一个学术机构与若干个处于同一产业链或供应链上的企业进行的合作创新，如图 7-2 所示。在一个企业与若干个高校或科研院所进行的合作创新中，这个企业往往经济实力较强，它既是合作的需求方，又是合作的资助者。高校和科研院所则根据企业的技术要求，分别完成相应技术环节的研究任务。在一个高校或研究院所与若干个企业进行的合作创新中，这个高校或研究院所的研发实力雄厚，它既是技术提供者，又是技术集成者。多个企业则在特定行业或供应链上相互协作，实现技术成果的市场化和产业化。

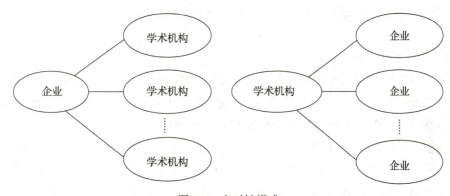

图 7-2 点对链模式

在点对链模式中，牵头单位一般会围绕自己的特定优势组建相应的研发团队或产业化团队，有利于产业界和学术界在多领域形成优势互补，也有利于进一步强化牵头单位的技术经济优势，但对牵头单位的资金、科研能力和组织能力都有较高的要求。

3. 网络模式

网络模式是指某个行业内或供应链上的多个企业和学术机构共同参与的合作创新，如图 7-3 所示。合作网络中的每个成员通过交流、学习和合作，互通有无，并从合作网络中分享收益，将技术能力提升到仅靠单个成员的努力难以达到的水平。一般来说，在网络模式下，产学研合作的规模较大、实力较强，既可以在产业领域内打造完整的产业技术创新链，如由钢铁研究总院、宝钢、首钢、鞍钢、武钢、东北大学、北京科技大学等 10 家单位组成的钢铁可循环流程技术创新战略联盟，也可以进行跨领域、跨行业的集成创新，如由一汽、东风、奇瑞、吉利、长安、宝钢、华东理工大学、中国汽车工程研究院等 12 家单位组成的汽车轻量化技术创新联盟。但是，网络模式涉及的成员较多，组织结构和合作关系都很复杂,是管理难度最大、管控成本最高的产学研合作模式。而且,网络模式的发展往往需要牵头单位的组织、管理和协调。一般来说,牵头单位既需要有相当的实力和影响力,还需要有一定的管控水平和服务意识。

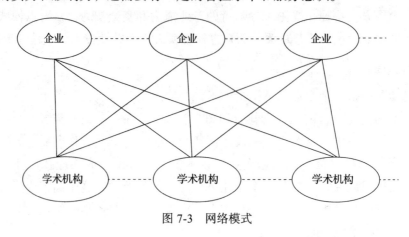

图 7-3　网络模式

7.1.4　基于合作主体主导地位的产学研合作创新模式

1. 政府主导型模式

政府主导型模式是基于国家发展需要,利用宏观调控,由政府制定发展计划、政策法规、提供专项资金等方式,并由企业、高校或科研院所参与的产学研合作创新模式。政府主导型模式可以分为政府指令型模式和政府推动型模式。

政府指令型模式一般在特殊国情下出现。这种合作模式多带有强烈的政治和计划经济色彩,由政府下达指令,企业和高校、科研院所进行合作,合作项目多涉及与国家安全有关的战略性技术,如美国的阿波罗计划、我国的"两弹一星"计划等。随着市场经济的发展,政府指令型模式逐渐转变为政府推动型模式。在政府推动型模式中,政府积极推动企业、高校、科研院所进行合作,从宏观和战略层面制定合作研究方向,指导相关资源分配。

在政府的主导下,企业、高校和科研院所在产学研合作中各司其职,共同创新。政府主导型模式在集中资源、全面统筹方面具有一定的优势,但也有一定的局限性。有限的财政资金会限制政府对合作创新项目的支持,政府会倾向于支持涉及国家安全与行业核心技术的项目,这些项目都具有战略意义,但短期经济效益不显著。持续创新受制于政府特定时期的战略决策。

2. 高校或科研院所主导型模式

高校或科研院所主导型模式是指高校或科研院所凭借其科研能力、技术和人才优势参与企业技术创新,帮助企业将科技成果转化为生产力。在这种模式中,高校或科研院所是科技成果的创造者和转化者,处于主导地位,企业主要负责科技成果的生产和市场。在这种模式中,高校或科研院所在开发研究、成果转化等方面处于主导地位。因此，这要求主导单位在科研、生产、营销乃至协调科研生产方面都具有一定的实力，否则容易造成研发成果不具有市场价值的后果。这种模式比较常见的有大学科技园、高新技术孵化器等。

3. 企业主导型模式

企业主导型模式是基于企业的技术需要，高校或科研院所参与企业产品的技术研发，企业承担研发风险并实现科技活动与经济活动相结合的产学研合作创新模式。在这种模式中，企业占主导地位，研发活动的内容和范围由企业决定。企业充分利用高校和科研院所的人才资源、研发能力，增强企业的技术创新能力和竞争力。企业与市场最贴近，能快速把握市场变化，因此，这种模式最大的优点是能紧跟市场需求研发新产品，新产品能迅速进入市场。同时，高校和科研院所通过与企业合作，能促进科研成果的转化，实现真正意义上的科研服务于社会。

7.2 产学研合作创新的运行机制

按照合作创新的过程，产学研合作创新可划分为产学研合作前期、产学研合作中期、产学研合作后期三个阶段。在这三个阶段中，引发机制、催化机制与阻化机制相互协调、相互作用，充分激发产学研合作创新参与者的功能优势，最终促进产学研合作创新的顺利进行。

引发机制指在产学研合作前期，引发剂（政府和高校、科研院所）创造良好的环境引导合作主体向合作方向发展的机制。引发机制在产学研合作创新前期发挥决定性作用。催化机制指在产学研合作前期和产学研合作中期，科技中介、高校作为合作的催化剂，提高合作效率，保证合作的顺利实施而形成的一种机制。该机制可在产学研合作前期、合作中期发挥重要的推动作用。阻化机制是指阻化剂阻碍合作主体施行不利于合作行为的机制。阻化机制在产学研合作前期、中期和后期都发挥作用。在合作前期，阻碍机制阻碍不具备合作条件的合作者之间的合作，从而减少资源浪费；在合作中后期，阻碍不合适的合作参与者继续进行合作。

7.2.1 产学研合作前期的运行机制及其过程

1. 产学研合作前期的运行机制

在产学研合作前期，引发机制起着重要作用。政府、高校或科研院所作为不同的引发剂，目的和作用不同。政府作为引发剂，作用对象为企业、科研人员和科技中介，其目的是提高企业、高校或科研院所的科研人员的合作积极性，以及提高科技中介的服务质量，促进科技成果的创造与转化。对于企业而言，政府通过财政、税收、信贷等手段提供一系列促进企业合作积极性的政策，同时，加大政策的宣传力度，增强政策执行力，真正发挥政策的引导、促进作用，提高企业产学研合作的积极性。对于科研人员而言，政府通过适当的人力资本投资和专业技术人员培训计划等制度设计，提高科研人员参与技术开发的积极性。对于科技中介而言，政府应提供有利于科技中介机构发展的政策，引导政府资助的非营利性科技中介机构逐渐走市场化道路，使科技中介机构不断发展壮大，在产学研合作中能够发挥更有力的调节作用。

高校、科研院所作为引发剂，其作用对象为高校教师和科研人员，目的是提高教师、科研人员的合作积极性。在不影响正常的教学科研秩序及学术自由精神的基础上，提高科研人员的待遇，解决科研人员的后顾之忧，充分调动科研人员合作创新的主动性等。

2. 基于运行机制作用的产学研合作前期过程

在产学研合作前期，企业可委托科技中介机构为其处理产学研结合过程中的相关事宜。受委托的科技中介机构可通过科研成果评价机构对企业需要解决的技术难题或准备研发的新产品进行评估。如果该技术难题难以攻克或科研成果不为市场所需求，那么科技中介可以劝告企业停止研发计划。如果不存在技术和市场的问题，那么科技中介可以利用全国非营利的信息网来寻找符合企业要求的科研机构。随后，企业、中介、科研机构三方进行谈判，签订相应的合作协议，达成产学研合作。在产学研合作前期，合作各方的利益分配是否合理是关系到合作能否达成的重要因素。

7.2.2 产学研合作中期的运行机制及其过程

1. 产学研合作中期的运行机制

产学研合作中期的催化剂包括科技中介、高校和科研机构。科技中介作为催化剂，应为其参与的合作进行全程跟踪式服务，协调合作过程中出现的每一个问题，使产学研合作更具有可操作性，使产学研合作创新逐渐形成自强化机制。高校或科研机构作为催化剂，主管部门应当加强对从事产学研的科研人员工作效率的监督，加快产学研合作的研发进程，提高科研人员的工作效率。

政府在产学研合作中期起着阻化剂的作用。政府应规范产学研合作行为，使产学研合作在完善的法律、法规框架下有序地进行，阻止合作各方的违规行为。在纠纷发生前尽可能地化解各方之间的矛盾，在纠纷发生后公正、合理地解决纠纷，确保创新合作的协调性和统一性。

2. 基于运行机制作用的产学研合作中期过程

合作协议达成以后，产学研前期就已结束，接下来便是产学研合作中期。在此阶段，合作各主体遵照合作前期签订的协议，履行自己的责任，共同促使科技成果研制成功。随着合作的进行，利益分配可根据合作各主体对合作的贡献大小进行调整，进而提高合作各方的合作积极性，确保产学研合作的顺利实施。当发生协议没有涉及的突发事件时，合作各主体可通过科技中介机构进行协调，使合作顺利地进行下去：如果突发事件无法协调导致合作破裂，科技中介应将现有的科技成果及科研数据进行知识产权转让，减少合作各方的损失。合作各方按照相关的法律、法规维护自身的利益，减少各自的经济损失。

7.2.3 产学研合作后期的运行机制及其过程

1. 产学研合作后期的运行机制

在产学研合作后期，引发机制和催化机制的作用逐渐消退，阻化机制的作用开始增强。该机制与合作前期的阻化剂的功能和作用相似，对不适合的合作起阻碍作用，使不适合继续合作的合作主体终止合作，减少资源的浪费，促使合作主体重新寻找更适合自己的合作者。

在产学研合作前期或中期发挥作用的引发机制与催化机制虽然在产学研合作后期没有直接起作用，但二者具有延续作用，使企业在引发机制、催化机制和阻化机制螺旋式相互协调的良好的外部环境里，自发地寻求合作，产生"自催化效应"，合作各方在合作过程中为了合作的成功也会产生"自阻化效应"，确保合作的有效进行。

2. 基于运行机制作用的产学研合作后期过程

当科研成果研发完成后，产学研合作中期宣告结束，随之而来的便是产学研合作后期。产学研合作后期有两种情况出现，一种是研发成功，另一种是研发失败。如果研发成功，则需将研发成果商品化、产业化。此时合作的主要目的是将研发成功的科研成果进行市场推广。如果研发失败，如果是由于资金短缺而导致无法继续进行研发，可由科技中介为高校寻找新的合作伙伴；如果是因技术问题而无法继续进行研发，可由科技中介把现有的科研数据转让给有兴趣的高校或科研院所，并对原合作参与方进行一定比例的利益补偿，以便在一定程度上降低合作风险。

7.3 产学研合作创新的绩效评价

产学研相结合的实质是实现产学研之间的互动，实现优势互补、集成创新。通过绩效评价，可以检验产学研合作创新的具体效果如何。进行绩效评价的关键是要选择合适的评价方法，以及建立科学的评价指标体系。

7.3.1 产学研合作创新绩效评价方法

产学研合作创新绩效评价方法主要有层次分析法、模糊综合评价法、数据包络分析法。

1. 层次分析法

层次分析法（analytic hierarchy process，AHP）是20世纪70年代由美国运筹学家

萨蒂（Saaty）教授提出的，它是一种解决多目标复杂问题的定性与定量相结合的、系统化的、层次化的决策分析方法。层次分析法既可以对同一准则下的不同方案进行两两比较，得出各个方案在这一准则下的优先程度（分数），又可以对不同的准则进行两两比较，得出这一层准则相比上一层准则的优先程度（权重）。最后根据"$\sum$分数 × 权重"逐层汇总出各个方案的总的优先程度（即总得分）。

层次分析法简洁实用，所需的定量数据信息较少，广泛应用于经济管理、城市建设以及教学评价等领域。但它有一定的局限性：定性分析依赖专家经验，具有主观性，不适宜精确度要求较高的决策问题。

2. 模糊综合评价法

模糊综合评价法是借助模糊数学的一些概念，应用模糊关系合成的原理，将一些边界不清、不易定量的因素定量化，从而进行综合评价的一种方法。通过构造等级模糊子集，对反映被评价事物的模糊指标进行量化，然后利用模糊变换原理对各指标进行综合。模糊评价通过精确的数字手段处理模糊的评价对象，能对所蕴藏信息呈现出模糊性的资料做出比较科学、合理、贴近实际的量化评价。但它最终的评价结果只能用最大原则确定绩效所处的等级，而这些等级往往范围比较大，对绩效相差较小的两者很难进行比较。

3. 数据包络分析法

数据包络分析法（data envelopment analysis，DEA）是一种多指标综合评价方法，固定决策单元（DUM）的投入产出，将决策单元投影到 DEA 的生产前沿面上，通过计算来测算分析各决策单元的相对有效性。数据包络分析法适用于多投入、多产出的绩效评价，克服了通过主观因素确定指标权重的困难。

数据包络分析法能非常好地处理具有多投入、多产出特征的复杂系统相对效率评价问题，而且运用 DEA 无须指定各个指标之间的函数关系，只要选取的指标之间有着投入和产出的关系即可，各指标的单位可以不统一，评价过程更为简单。DEA 方法不必对每项指标的影响度赋值，不需要像层次分析法一样，人为地设定各个指标的权重，所以相对而言，评价结果更加客观、准确。用 DEA 方法进行绩效评价得到投入与产出的相对有效性，能指出无效性的来源，有一定的实际指导意义。因此，绩效评价会更多地采用 DEA 方法。

7.3.2 产学研合作创新绩效评价指标体系

产学研合作创新绩效评价指标分为显性绩效指标、隐性绩效指标和合作绩效指标三个方面。其中，显性绩效包括经济效益和科技效益两个方面，主要测量项目的可见产出；隐性绩效包括人才效益、管理效益和社会效益三个方面，主要衡量项目的潜在收益；合作绩效包括集成效应和协作水平两个方面，是对协同合作过程有效性的评价。显性绩效主要通过客观数据来衡量，而隐性绩效和合作绩效多为主观指标。

1. 显性绩效指标

显性绩效指标包括经济效益指标和科技效益指标，分别对应市场和技术两个方面。经济效益一般表现为新产品市场占有率、新产品销售率、新产品利润贡献率等方面；科技效益一般表现为新产品/改进产品数、新工艺/改进工艺数、科技论文/著作数、发明专利申请数等方面。

新产品市场占有率：新产品的销售量与市场上同类产品的销售量的比值，体现了新产品的竞争力。

新产品销售率：新产品总销售量与新产品总生产量的比值。

新产品利润贡献率：新产品的利润与企业整体利润的比值，反映了新产品对企业利润的贡献，比新产品销售率更能体现新产品给企业带来的效益。

新产品/改进产品数：全新的产品或者是性能上有重大改进的现有产品的数量。

新工艺/改进工艺数：全新的工艺或者是流程上有重大改进的现有工艺的数量。

科技论文/著作数：在国内外正式期刊上发表的科技论文和著作的数量。

发明专利申请数：专利特指发明专利，因为实用新型和外观设计专利只是在形状和外观上有所变化，在产品性能上并没有重大改进。

2. 隐性绩效指标

隐性绩效是项目实施带来的难以用定量指标测量的收益。如果说显性绩效是外化了的产出，那么隐性绩效就是内化了的增长，如项目有关人员研发能力的提升，产学研三方对这类项目的管理水平的提高，项目各相关主体的社会声望和社会资本的积累等。它是一种重要的无形资产，对塑造企业、高校或科研院所的核心能力具有潜移默化的影响。

人才效益通过企业、高校、科研院所有关人员的知识增长和技术能力的提高程度、人才培养情况等指标来体现。

社会效益通过是否有利于生态与环保建设、是否突破了技术瓶颈、是否有利于基础学科的发展等指标来体现。是否有利于生态与环保建设考察项目对直接制约经济发展与提高生活质量的生态与环保建设的贡献程度。是否突破了技术瓶颈考察项目成果是否解决了经济建设中急需解决的瓶颈，是否填补了领域空白，对经济发展是否起到了重要的推动作用。是否有利于基础学科的发展考察项目对基础科学学科的贡献，以及对科学发展方向的修订。

管理效益通过企业、高校或科研院所对产学研合作创新项目的管理水平的提高程度，包括合作模式的选择、人员调度、组织间的沟通协调、项目风险的控制等方面来体现。

3. 合作绩效指标

产学研合作是否有效，可以从集成效应和协作水平两个方面来衡量。集成效应和协作水平是影响产学研合作创新结果的行为指标。集成效应指标为技术互补情况、技术开发成功率的提高情况、技术开发周期的缩短情况、成果转化率的提高情况等。协作水平指标包括沟通协调能力、技术共享程度、管理协调成本、合作的稳定性等。

技术互补情况：合作各方经过思想碰撞后会产生新的创新思想或解决方案，突破技术难关，提高研发成功率，从而达到创新的集成效应。

技术开发成功率的提高情况：合作各方基于各自知识的互补性，使技术开发的成功率得到提高。

技术开发周期的缩短情况：技术开发周期的缩短能带来更多的市场机遇，技术开发所需的时间越短，表明其捕捉机遇的能力越强，越具有竞争力。

成果转化率的提高情况：合作方可以将其所掌握的先进技术、设备和人员用于科研成果的产业化，并在此过程中使成果转化率得到提高。

沟通协调能力：由于产学研合作各方文化、利益等的不同，联盟内部容易产生冲突，因而其沟通协调能力直接影响着产学研联盟的稳定性和运作效率。

技术共享程度：合作各方互相提供专有技术知识并进行交流，使联盟共享该专有技术的程度。共享程度越高，说明合作水平越好。

管理协调成本：它是产学研联盟运作期间其成员协作水平的资金表现。良好的协作可以减少不必要的管理费用，为技术开发节约资金。管理费用过高常常是因为成员协作水平低，冲突发生频率大，对此进行监督与协调的费用高，说明联盟运作效率低。

合作的稳定性：主要考察合作创新过程中是否存在损害合作方利益的机会主义行为，导致合作不稳定甚至终止等。

案例 7-1

校企联合　优势互补　撑起自主创新的双翼：
北京大学与贵航集团共同研究高分辨率无人机航空遥感系统

企业是自主创新的主体，政府是企业自主创新的支持者，高校、科研机构是企业自主创新的合作者，把先进的科研成果转化为现实生产力，就如同为企业插上腾飞的翅膀，使其在激烈的市场竞争中立于不败之地。

2005 年 8 月 8 日上午，由北京大学与贵航集团共同研制、中国科学院遥感应用研究所协助参与的我国第一个高端无人遥感机系统，在安顺黄果树机场首次航摄飞行实验成功，其在安全可靠度、飞行高度、平稳度、导航精度及运行制作成本等方面，具备了与国外发达国家竞争的实力，标志着我国无人机对地观测技术已跨入世界先进行列。这一研究成果，能够广泛应用于国土环境资源普查、气象科学研究和自然灾害监测等多个领域，将为国家安全、经济建设做出重大贡献。装载具有自主知识产权的高端多用途遥感系统的无人机首飞成功，是我国对地观测领域的重大事件，是国家 2020 年将要完成的对地观测两大体系之一的航空遥感的标志性、引导性成果。

以重大攻关项目为纽带　整合资源　形成合力

应用技术领域的重大攻关项目，在人才储备、理论支撑、技术支持、设备提供、资金保证等各个方面都有很高的要求，必须整合资源、形成合力、共克难关。校企联合、产学研结合就是要把注意力和着力点集中到重大攻关项目、核心技术领域自主创新上。北京大学与贵航集团在无人机航空遥感系统研究领域的成功合作就是上述观点的具体例证。2002年，北京大学遥感所为了解决国家面临的高分辨率数据源严重缺乏的现状，提出利用无人机平台作为新型的航空遥感平台，作为卫星和有人机的有效补充方式。遥感所的这一发展战略与贵航集团的发展不谋而合。2004年，贵航集团准备投资近2亿元建设无人机基地，并将重点放在民用遥感领域的应用上。共同的战略目标、共同的发展需求极大地刺激了双方的合作热情，得到了多方的大力支持和帮助，保证了项目的顺利进行。

以研发基地为平台　搭建创新舞台

建立企业核心技术、产品研发基地，搭建高校和企业的创新舞台，是实现产学研良性互动、确保科研成果迅速转化为现实生产力的根本途径。在北京大学与贵航集团的项目合作过程中，随着无人机航空遥感平台的实验数据的增加，对高分辨率无人机航空遥感影像的研究也从最开始简单的几何校正扩展到了进行超分辨率影像复原、影像稳定、信息提取和目标识别跟踪等，并且根据无人机飞行平台的特殊性对摄影测量学中一些重要的原理方法进行了改正，利用无人机数据直接校正生成正射影像，这项技术将是未来无人机进行战地侦察和监测的关键技术之一。另外，随着对高空、超高空无人机航空遥感系统的研究深入，研究人员提出了研制新型遥感成像设备的需求。所有这些研究和创新点的生成都不可能是仅仅在实验室中就能实现的，是企业的研发平台为北京大学提供了长期、持续的研究支持。2006年年初，双方开始启动合作研发基地建设，准备投入大量的资金和人员力量在贵航集团建立由国内高校和企业联合创建的最大的研发基地。

以人才培养为阶梯　提供创新、发展的人才保证

人才是企业的第一资源，不断提高人才素质是企业实现自主创新、可持续创新的关键。校企联合的最大优势在于，企业的技术研发人员能够在高校得到及时的充电和提高，高校的教学科研人员能够直接接触生产实践，真正将所学知识用于实际，转化为生产力，增强理论联系实际的本领。2005年，北京大学与贵航集团合作成立了一个企业博士后流动站。在此期间，北京大学的教授也多次前往贵州为企业科技人员讲学、探讨。

北京大学与贵航集团在高分辨率无人机航空遥感系统研制中的成功合作，探索出一条通过产学研结合推动企业自主创新的成功之路。合作双方将沿着这条道路继续深入研究和探索，为建立创新型国家、创新型社会做出应有的贡献。

资料来源：中国高校－大型企业合作论坛组委会. 中国高校与大型企业合作典型案例集[M]. 北京：清华大学出版社，2006.

案例 7-2

企业"救急"与高校"治本"：
上海交通大学与上海宝钢股份有限公司组建联合实验室

上海交通大学具有雄厚的科研实力，有一支勇于探索、富有创新精神的科研队伍。学校的理论研究颇具功底，但在技术创新应用、成果孵化等方面需要寻找技术转化与实现的合作对象。宝钢股份有限公司（以下简称"宝钢"）是现代化程度最高的特大型钢铁企业，是中国竞争性行业和制造业中首批跻身世界500强的企业。随着科技革命的步伐加快，宝钢越来越重视汽车板新产品的引进、开发、研究、生产。然而当需要解决技术引进的消化吸收和开发新技术、新产品的问题时，尽管宝钢本身具有相当的研发能力，但对一些基础性和前瞻性的问题研究仍需要大量依靠高校的支持。

如何把上游的钢铁生产企业和下游的汽车板用户更为紧密地联系起来，加快汽车板的科技创新，推广新钢板的应用技术？上海交大、宝钢的领导者意识到，双方应该采取一种新的合作方式，集中企业的生产优势和学校的研究优势：企业"救急"的工作模式和高校"治本"的学术积累互相补充。"宝山钢铁股份有限公司－上海交通大学汽车板使用技术联合研究室"（以下简称"联合研究室"）就提供了这样的平台，集成企业和学校的科技力量，对汽车板的新产品开发、产品质量的提升进行关键技术难题的攻关，并提供技术支撑和服务，同时促进校企双方优秀人才的培养，推动学科发展。

管理创新　开创校企合作新方式

联合研究室作为技术创新、成果孵化和专业人才培养的平台，目标非常明确，即紧紧围绕宝钢的发展规划，围绕"汽车板创新"这一战略重点，本着"开放、联合、交叉"的原则，在汽车板的设计、制造、综合形成和焊接技术上开展深入的研究，打造精品汽车板钢材的技术体系。"联合研究室"实行双主任负责制。主任由宝钢和上海交大各指派同志担任，全面负责联合研究室的工作。"联合研究室"根据宝钢的战略发展需要，每年确定联合攻关项目，双方共同合作解决技术瓶颈。双方在联合研究室研究项目中增加的实验研究设施归出资方所有，使用共享。

科技创新　校区互动收硕果

联合研究室自成立以来，双方共同完成了基础理论研究、国家/上海市重大项目科技攻关，以及工业实际应用项目。成功地开展了覆盖件板材成形性能精确评价技术、基于可控压边力的覆盖件成形工艺、覆盖件成形工艺稳健设计方法、成形缺陷快速诊断与工艺控制技术、板材和零件抗凹及刚度评价技术等关键技术的研究。自主开发了镀锌钢板高温摩擦和锌层粘附性试验方法、三轴五联动零件抗凹陷试验机、镀锌板表面形貌演化自动识别系统等多项专用软硬件工具。"高等级汽车板品种、生产及使用技术研究"获得国家科技进步一等奖，"覆盖件精益成形技术及其应用"获得国家科技进步二等奖。

人才创新　培养科研精兵强将

目前宝钢已经成为上海交大的人才培养基地，高级的实验设备使交大的科研工作如虎添翼，宝钢经验丰富的工程师成为研究生开展科研的重要指导力量。交大为宝钢输送了具有坚实专业基础的复合型人才，包括首席研究员和工程师。交大聘请宝钢的优秀高级工程师担任交大的兼职导师，指导研究生，联合培养研究生、博士生。学生们深入宝钢，近距离接触大型的生产设备和科研项目，通过系统的工程训练、实践能力和创新意识使自身不断得到锻炼和强化。

双方发挥各自在产品、装备、技术、人才、信息和基础研究上的优势，以及借助企业的技术转化能力和高校的理论先导作用，取得了一系列技术水平高、应用效果好的重大创新成果，培养了一批具有坚实理论和实践能力的复合型人才，对宝钢汽车板技术的发展做出了贡献，同时推动了我国汽车板使用技术的发展。

资料来源：中国高校–大型企业合作论坛组委会. 中国高校与大型企业合作典型案例集[M]. 北京：清华大学出版社，2006.

本章小结

本章从产业链、合作方式、合作主体主导地位、合作主体数量等方面介绍了产学研合作创新模式及其特点。按照合作创新的过程，讲述了产学研合作前期、产学研合作中期、产学研合作后期三个阶段的引发机制、催化机制和阻化机制。最后介绍了产学研合作创新绩效评价方法及绩效评价指标体系。通过本章的学习，学生能够理解产学研合作创新模式的分类，了解产学研合作创新的运行机制，掌握产学研合作创新绩效评价方法和绩效评价指标体系。

复习思考题

1. 产学研合作创新模式有哪些？试比较各种模式的优缺点。
2. 什么是引发机制、催化机制和阻化机制？它们在产学研合作创新过程中的作用是什么？
3. 产学研合作创新绩效评价的方法有哪些？试比较各种方法的优缺点及适用范围。
4. 产学研合作创新绩效评价指标体系是什么？

Chapter 8
第8章

开放式创新模式：产业集群合作创新模式

在全球市场上具有竞争优势的产业，往往具有明显的区域集群特征，通过集群发展，众多企业在地理上集中、知识上共享，构建合作创新环境，推动国家和区域经济的发展，产业集群已经成为当今经济全球化的重要趋势。合作创新作为技术创新模式的一种，具有降低创新成本和风险、缩短研发周期、提高创新能力等特点。由于产业集群内各主体之间具有相互性，存在合作与竞争，因此，彼此间的合作创新具有可行性。

⚠ 学习目标

了解产业集群合作创新的特征。

理解产业集群合作创新与自主创新的区别和联系。

了解产业集群合作创新的运行机制。

理解产业集群合作创新风险管理过程。

📚 引例

斗南花卉产业集群

斗南花卉产业集群地处昆明市呈贡区滇池东岸的斗南村行政辖区内，该村距离南昆和滇越铁路均为2公里左右，距昆明市和航空港10公里左右，全村人均耕地不到0.5亩，20世纪80年代以前主要以种植蔬菜为主，90年代初开始季节性种植花卉，逐渐走上了一条发展花卉产业的道路。进入2000年后，斗南相继引进了缤纷园艺、新东星花卉等港台企业，并通过运用荷兰等花卉科技发达国家的鲜切花种植优良品种，使花卉规范化种植技术和产品质量都得到大幅度提高。同时，为推动花卉特色产业集群的快速发展，斗南还在省、市各级政府的支持下，先后建设了昆明斗南花卉交易市场、国际鲜切花拍卖股份有限公司和花卉物流配送中心，从而实现了斗南花卉特色产业集群由"种植生产型"向"市场服务型"的第一次产业转型升级，成为驰名中外的优质出口花卉种植基地和国内最大的鲜切花拍卖中心。

近年来，随着昆明新城区建设步伐加快以及花卉的生产成本不断上涨，斗南花卉产业集群的发展主要面临来自两个方面的新挑战。一是国际市场对花卉植物新品种知识产权保护力度的不断增强，将具有相对价格优势的中国鲜切花排除主流消费市场之外。二是全球范围内电子商务的迅速兴起和传统国际花卉消费交易中心的转移正在改变世界花卉产业的商业模式。为了应对激烈的市场竞争环境，斗南花卉产业集群与云南省农业科学研究院、中国科学院昆明植物研究所等科研机构合作，培育出了一批具有自主知识产权的花卉新品种，成为国内最大的花卉新品种研发中心。尽管如此，由于缺乏对国际花卉消费市场及其偏好倾向的了解，这些新品种或是偏离消费主流得不到市场的普遍认可，或者虽然有市场需求但受自身条件的限制，无法形成规模化生产，难以保证稳定、高质量的供货，导致培育出来的大多数花卉新品种推广应用长期不能实现产业化。如曾经在北京奥运会、上海世博会和国庆75周年等重要活动中多次"亮相"的具有自主知识产权的玫瑰新品种"中国红"，尽管深受国人喜爱和欢迎，但因为缺乏必要的优质种苗扩繁、扶壮条件，始终难以形成规模化生产。因此，如何促进云南花卉新品种自主创新与花卉产业集群发展的紧密结合，成为斗南花卉特色产业集群合作创新的关键。

资料来源：彭靖里，可星，李学林. 特色产业集群创新与战略转型的竞争情报研究——以昆明斗南特色花卉业的转型升级为例 [J]. 竞争情报，2016，12（4）：31-37.

8.1 产业集群合作创新

产业集群主要体现为相互关联的企业、上下游供应商以及相关机构在地理区域聚集，集群内的各种主体围绕某种特定的功能展开竞争与合作，通过建立密切的联系提高集体的竞争力。产业集群中企业的创新行为既具有竞争性又具有合作性。技术创新的高投入和市场的不确定性，使得单个企业创新资源不足，难以进行有效的创新，并且风险很高。而集群中的企业可以利用地理位置上的接近和产业的关联性，通过资源共享、优势互补、共同投入、风险共担实现合作创新，既可以克服创新资源不足的困难，又可以分散风险，提高创新能力和创新效率，使竞争的双方实现"共赢"。因此，合作创新成为产业集群创新的一种主要形式。

8.1.1 产业集群合作创新的特征

由于集群内各主体存在共性和互补性，所以产业集群对集群内企业的合作创新也起着积极的促进作用。一方面，产业集群根植于地方社会网络，有利于降低企业间信息的不对称性，降低企业合作创新的交易成本，杜绝企业合作创新过程中机会主义行为的产生。另一方面，产业集群的空间临近性也有利于技术溢出，克服企业不愿自主创新的主要矛盾，促使集群内企业间的合作创新不断增加。

产业集群合作创新具有互惠共生性、协同竞争性、资源共享性、超额利益驱动性四个特征。

1. 互惠共生性

合作创新是复杂的社会资源整合，单个企业无法独立完成创新，需要企业间相互交流、知识汇集、资源共享、共同合作来实现，通过互惠共赢促进共生和协同发展。

产业集群合作创新的优势在于发挥企业与企业之间协同互动的作用，通过互惠共生实现创新。在经济全球化、知识化背景下，知识更迭速度加快，技术更新频率提高，企业创新成本不断提高，风险增加。为了降低风险、提高创新竞争力，产业集群中的企业需要形成创新共生体，实现专业化分工与共生演化，各方通过功能互补降低和分散创新风险、缩短研发周期，从而增强产业集群的竞争能力。

2. 协同竞争性

产业集群合作创新的各参与主体通过互惠共赢实现共生的同时，各主体之间也存在着竞争，竞争能促进集群内企业自身能力特别是创新能力的提升。如果没有有效的竞争，企业将失去创新的积极性，因此这种竞争十分必要。但这种竞争不是你死我活式的恶性竞争，而是一种协同、合作、创新式的良性竞争。产业集群依靠合作创新所具有的协同互动机制，促进信息、知识、技术、人才的有效流动和优化配置，从而推动集群合作创新的深化。协同竞争是集群创新的一个显著特点，最终目的是达到共同发展。

3. 资源共享性

资源要素是主导产业集群创新的关键因素和基本条件。资源要素包括物质资源、人力资源和技术资源等。物质资源在产业集群成长初期起着重要作用，随着产业集群的发展，人力资源和技术资源对产业集群创新的作用日益凸显，特别是在知识经济时代，知识、技术和创新成为产业集群发展的重要条件和创新要素。随着经济全球化的发展，技术更迭速度加快，资源逐渐稀缺，成本增加，单个企业难以承担技术研发活动，而在产业集群中，企业的集中和合作促进了资源共享和技术交流，有效地解决了创新资源限制问题，继而促进了产业集群创新能力的提升。因此，通过集群作用及产业集群的声誉效应、信任机制和知识共享，能够降低创新风险和资源获取成本，实现资源共享、优势互补、利益共赢。

4. 超额利益驱动性

资源共享是合作创新的前提条件，合作创新的各主体追求的共同超额利益是产业集群合作创新的基础。产业集群合作创新过程中的资源共享能够为技术创新活动提供更丰富的资源，打破企业自主研发所面临的资源困境，有效实现资源的规模效应。同时，参与合作研发的企业拥有不同的核心技术，在合作研发过程中能够实现技术交流、知识转移，参与者能够享受到知识溢出带来的额外收益。

8.1.2 产业集群合作创新的主要动力

1. 满足市场需求是推动合作创新的外部动力

企业合作创新的目的是满足市场需求，当产业集群形成一定的规模时，会吸引更多的客户。随着客户的增加和需求的多样化，企业面临着内外双重压力，不仅要应对激烈的市场竞争，同时还要提升企业在集群内的竞争力。集群内企业在内外部竞争的压力下，不仅需要加强自主创新，同时还需要与其他企业进行合作，才能更加高效地提高其创新能力和竞争优势。特定的市场需求促进了产业集群的合作与创新，同时合作创新能满足客户多样化、个性化的特殊需求。因此，多样化、个性化的市场需求对集群企业施加高标准的压力，激励企业不断进行合作创新。

2. 集群企业竞争是推动合作创新的外部动力

协同竞争性是产业集群的重要特征，集群内企业保持着既竞争又合作的关系。它们通过信息共享更加敏锐地洞察市场动向，在相互竞争中形成市场优势。根植性越强，信息传递速度越快，企业对市场需求的变化越敏锐，创新的意愿越强。根植性越强，与产业集群内同业企业的交流越广泛，企业越能深刻体会到同业竞争的压力，从而产生更强的合作创新意愿。

3. 技术合作是推动合作创新的内部动力

在产业集群范围内，随着企业间的交流增加，技术的模仿和学习使技术研发的成本降低，也有利于企业间形成技术群体优势。现代技术的复杂性使产业间的联系不断加强，单一企业在技术方面的优势只能体现在产品的一个侧面，难以在市场上有突出的表现。企业间的技术合作则能把相关的技术进行重新组合，使产品的技术水平提高一个档次，从而提高产品的技术质量和市场竞争力。高端技术的开发常常是一个企业相互合作开发的过程，通过技术和知识的互补效应，对资金、技术、人才及组织形式等进行重新组织，才能有效地促进技术创新的形成。

4. 风险分担是推动合作创新的内部动力

企业的根本目标是在尽可能低的风险下追求最大利润。技术更新速度加快、市场需求多变、资源成本增加大大提高了创新成本，使独立创新面临更大的创新风险，这种风险可能影响到企业的发展甚至生存。但是，不开展研发活动可能使企业在面对激烈的市场竞争时存在被市场淘汰的风险。因此，创新是一把"双刃剑"，创新能力薄弱、创新资源匮乏的企业将处于两难的境地。在这种情况下，开展企业间的合作创新，有效分担创新风险成为合作创新的内部动力。

8.1.3 产业集群合作创新与自主创新的关系

自主创新强调创新主体的自主性和主动性，强调创新活动中自主知识产权的获得和创新能力的提升。自主创新的本质在于拥有自主知识产权的技术或品牌。自主创新主要包括原始创新、集成创新和引进消化吸收再创新这三种类型。原始创新是在基础研究和高技术研究等领域完全依靠自己的力量取得独有的发现或发明，是完全独立的、自主的突破性创新。集成创新则是依托现有技术集成和资源整合实现的创新。引进消化吸收再创新是对引进的技术进行再学习、再吸收、再创新的过程。

自主创新与合作创新不是完全对立的,有一定的联系。在企业技术创新资源不足的情况下,合作创新有利于促进自主创新。合作创新是实现自主创新的有效形式和重要手段。第一,合作创新能弥补自主创新资源不足的问题,实现创新资源共享,降低研发成本和创新风险。自主创新投入费用太高,一般规模的企业难以承担高昂的研发费用。合作创新通过整合不同企业的创新资源,实现优势互补,降低创新的费用和成本。同时,通过合作与共享资源,企业可以学到先进企业的技术和管理经验,实现技术追赶和管理变革,有效提高企业的创新能力和竞争力。第二,合作创新能缩短技术开发周期,快速提高企业的技术能力。在知识经济背景下,技术更新日新月异,仅仅依靠自身的力量很难快速占领市场,自主创新开发周期过长、风险过大,合作创新能整合各企业的资源优势,缩短技术开发周期,提高企业新技术进入市场的速度。

但合作创新也存在着一些弊端。第一,合作创新可能因为利益分配机制不健全等原因,导致合作失败,这也间接提高了创新的交易成本。第二,合作创新在核心技术层面往往缺乏独立自主性,企业只能获得表层的技术,而对核心技术和关键性的技术掌握可能受制于人,影响自身核心技术的提升。第三,合作创新可能形成依赖合作方的思维惯性,这对本企业研发人员的培养和自主创新能力的提升造成了阻碍。

自主创新需要合作创新,合作创新能有效地促进自主创新。因此,建立在合作创新基础上的自主创新是一种有效的创新道路。对于产业集群而言,提高集群竞争力和企业竞争力,通过合作与知识共享提高自身的创新水平,掌握核心技术,实现自主创新,进而在全球化和知识经济的背景下获取独特的竞争优势和更多的市场份额。

8.2 产业集群合作创新的运行机制

产业集群合作创新的运行机制是指产业集群中各参与方相互联系、相互作用,在充分发挥自身作用的基础上,使产业集群实现持续、稳定的发展。产业集群依靠比较稳定的运行机制促进合作创新的顺利进行。产业集群合作创新的运行机制一般包括学习机制、信任机制、协调机制、利益分配机制。

8.2.1 学习机制

知识是创新的重要驱动力。参与主体之间的知识学习和经验交流,是产业集群创新的重要源泉,也是产业集群优势的具体表现。不同主体之间相互学习、交流的过程,同时也是知识溢出、技术扩散的过程。产业集群合作创新学习机制的形成源于不同主体之间的知识和技术的创造、整合、运用过程,这个学习过程,既有单个企业出于发展需要而主动向集群内其他企业学习的驱动,也有整个集群内企业共同学习的驱动。正是通过集群创新主体之间强有力的互动学习,才实现了集群内的知识共享与合作创新,最终推动产业集群的持续创新。

影响产业集群合作创新的学习机制的因素，主要分为企业层面和集群层面，如图 8-1 所示。企业层面的因素包括学习动力、学习能力；集群层面的因素包括集群文化、学习平台。学习是一个自觉、主动的过程，只有具备了强有力的学习动力，才愿意学习。学习动力与企业家对知识的重视程度相关，企业家越重视知识，企业的学习动力越强，这样才能提供更好的学习条件和更多的学习机会。学习能力是企业在生产活动和技术研发实践中逐渐形成的。学习能力是企业的无形资产中重要的组成部分，企业只有具有相应的学习能力，才能在学习过程中有所收获。根植性越强，成员之间的行事风格、学习方法、知识结构越相近，知识吸收的能力越强。集群文化是特殊地域文化和历史的产物，具有很强的地方性。良好的集群文化能够鼓励社会化学习，为企业提供学习和交流机会。学习平台是开展学习活动的重要保障，是知识交流、扩散的实现路径。集群内的不同人员在学习平台上能进行广泛、深入的交流。

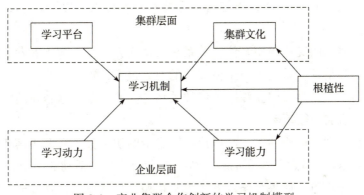

图 8-1　产业集群合作创新的学习机制模型

学习动力、学习能力、集群文化与学习平台作为产业集群合作创新的学习机制模型的重要因素，共同促进产业集群形成良好的学习机制。学习平台是学习机制运行的基础，学习动力、学习能力、集群文化与学习机制相互促进。企业只有具备了充足的学习动力、强劲的学习能力、良好的集群文化、高效的学习平台，学习机制才能最大限度地发挥作用，提高产业集群的知识溢出效应。同时，学习机制的建立也能提高学习动力、提升学习能力、推动集群文化发展。在学习机制的运行过程中，根植性发挥着重要作用。根植性是产业集群长期积累的历史属性，是资源、文化、知识、制度、地理区位等要素的本土化。强劲的根植性能够强化集群文化的作用，提高集群的学习能力，使集群获取更多的知识溢出效应，从而形成独特的竞争优势。

8.2.2　信任机制

企业的合作创新是一个资源共享、共同研发的过程，只有参与主体之间相互信任，才能使技术资源得到高效的利用，因此，信任是决定合作创新成败的关键。

在产业集群不同的发展阶段，信任机制的表现形式不同。在产业集群形成阶段，企业通过地缘、同质性和人际关系开始聚集，此时的信任机制主要依赖于集群内企业的各种关系所形成的网络体系,这种网络体系有利于集群内企业之间最初的合作,降低了交易成本,形成了产业的原始集聚效应。基于关系网络信任机制的合作创新是非正式合作创新,这种合作创新通常是企业对彼此之间的模仿和学习采取一种默许的态度。经过产业聚集形成阶段的合作,企业间的信任关系不断强化。在产业集群成长阶段,合作逐渐突破关系网络形成正式契约。在这一阶段,可以把合作创新各方划分为"创新提出者"群体和"创新合作者"群体,两大群体的博弈过程构成了产业集群成长阶段的信任机制。在产业集群成熟阶段,集群内部已经形成了成熟的创新网络和完善的创新规则,此时的信任机制是建立在制度之上的,这种制度是企业在长期交易和相互信任的过程中逐渐形成的。制度可以对集群内企业的不守信行为进行控制,集群舆论、道德规范等压力的存在,以及伴随而来的对违约行为的社会制裁,使得产业集群的信任机制具有了自我实施的基础。

信任机制是促进产业集群合作创新的重要机制,可以从以下几个方面来建立信任机制。

(1) 促进主体间的交往频率。信任关系是通过双方的投入与培养发展起来的,双方的反复交往能增强信任关系。参与主体交往的对象过多,重复交往的机会会减少,双方就很难有深入的了解,难以建立深厚的信任关系。因此,要根据企业的特点,减少不必要的交往对象,增加交往频率。

(2) 建立长期稳定的伙伴关系。保持长期稳定的伙伴关系有助于信任的发展。合作各方应从多方面考虑,选择稳定的合作伙伴,避免合作创新活动的中断。

(3) 建立合作规范。如果合作双方权力不均衡,易诱发"恃强凌弱"现象,即强权方可能不再对弱势方保持诚信,那么双方的信任关系难以维系。因此,为了保障集群内部长期、互利的合作,需要建立公开、公平、公正的合作规范,促使产业集群内的公平合作。

8.2.3 协调机制

1. 产业集群合作创新的冲突

产业集群各合作创新主体有着不同的战略部署,合作参与人员来自不同的组织,有着不同的思维方式和工作习惯,这使得冲突与分歧日益显现。在产业集群合作创新的过程中,常见的冲突有以下几种。

(1) 利益分配失衡导致的冲突。由于主客观因素会导致合作创新资源分配和经济利益分配很难做到绝对公平,即使有时利益分配比较合理,但也有合作参与人员出于对自身利益的追求而认为分配不合理。由利益分配失衡引起的冲突不易解决,需要建立有效的协调机制来解决这类冲突。

(2) 差异性导致的冲突。不同的参与人员具有不同的价值观、价值标准,对合作创新中各组织的自身目标和总体目标的评价不一样,容易产生分歧。合作伙伴之间文化差异、习惯认同差异也会导致冲突。

（3）信息沟通不畅导致的冲突。在产业集群合作创新中，组织形式比较复杂，机构层级过多，在信息传达过程中，由于噪声的存在和沟通不畅经常会出现信息失真，由此引发冲突。因此，在合作创新过程中，各行为主体之间要建立一个有效的协调机制，当出现冲突时，通过协调达成一个各方都能接受的方案，保证合作顺利进行。

2. 产业集群合作创新的冲突管理机制

在产业集群合作创新过程中，合作各方可以在不侵犯合作组织的技术机密、知识产权、保护其利益的基础上开展一系列协调活动，预防可能会出现的合作冲突。具体措施包括以下两个方面。

（1）建立协调制度。在合作创新开展前，明确合作伙伴各自的责任和义务，制定完善的合作程序，各合作成员按程序进行自己的创新活动。通过建立协调制度可以大大减少合作创新过程中的协调活动和协调工作量，减少不必要的支出，并能体现出公平。合理、有效的协调制度能降低协调执行难度，有利于合作创新的高效运转。

（2）冲突的控制与化解。当合作创新过程中产生冲突时，必须及时采取妥善的办法，对冲突加以控制和化解。第一，可以通过协商来解决冲突。了解引发冲突的原因，积极寻找解决的办法。合作伙伴的整体目标和共同利益基本是一致的，因此，要求冲突双方相互让步，通过协商得到合理的解决方案，以维护整体利益。这种方法可以缓解紧张的气氛，化解冲突，使合作顺利进行，是解决冲突的最佳方法。第二，可以通过组织程序来解决冲突。如果冲突双方矛盾很大，协商并不能解决问题，这时就需要通过组织程序来解决冲突。按照合作双方设定的规章制度，对违反规章制度的一方进行处罚，通过组织程序使冲突在合作的范围内得到解决。第三，由第三方进行调解。当协商和组织程序不能解决矛盾时，可由第三方进行调解。第三方可以更客观地分析冲突产生的原因，制订冲突双方都能接受的合理的解决方案。如果以上方法都不能解决冲突，那么可以通过法律途径来解决。

8.2.4 利益分配机制

产业集群中的企业是独立的经济实体，实现利润最大化是其目标，提高经济效益是企业进行合作创新的根本驱动力。高校、科研机构、中介机构和金融机构等作为参与者在合作创新中也发挥着作用，也有一定的利益追求。高校、科研院所关注的是科研成果的转化，追求的是学校科研综合实力的提升；中介机构在集群创新的资源互补、人才引进等方面提供了专业化的服务，其利益目标是获取服务性收入；金融机构提供贷款等金融服务，其利益目标是获得利息及投资的安全性；政府提供优惠政策，营造良好的产业创新环境，其利益目标是追求区域经济增长，提高区域竞争力。各主体的利益目标差异化，使得利益分配成为影响产业集群合作创新绩效水平的重要因素之一。产业集群合作创新中各主体按其贡献的大小分享利益，以保证创新收益在各行为主体间的公平分配。

分配是否公平会对参与主体的行为产生影响。创新利益分配不公平，会导致参与主体的积极性下降，延长创新周期，加大合作创新难度，甚至会影响合作创新的进行。所以，利益分配公平、合理对合作创新的顺利进行至关重要。

利益分配要遵循投入与收益相一致原则、公平与效率兼顾原则、协商主体相对最满意原则。投入与收益相一致原则是利益分配的首要原则。合作创新参与主体各自拥有和投入的资源不同，对合作创新的贡献也存在差异。因此，各主体取得的收益应与其投入和贡献相一致，资源投入越多，贡献越大，所获收益也越多。公平原则并不代表平均，平均分配会降低表现突出的参与主体的积极性，影响其创新愿望和贡献能力，因此，在公平分配的同时要兼顾效率原则。

利益分配机制的建立可以从以下几个方面考虑。

（1）建立合理的制度形式。产业集群应建立围绕共性技术开发实现合作创新的制度形式。共性技术一般是核心技术，需要投入大量的资源，研发难度大，具有很强的不确定性，风险系数高，仅仅依靠两三个企业很难完成。因此，应由政府牵头，鼓励高校、科研院所和上下游相关企业进行合作，建立完善的合作创新制度，共同研发共性技术，风险共担，利益共享。

（2）完善利益分配机制的运行基础。首先，应建立科学、高效的合作创新组织结构，并以契约的方式界定参与主体的合作内容、权责利、绩效评估方式。其次，设立中心利益分配协调机构，积极协调各方的利益诉求，减少合作过程中的矛盾冲突。最后，各方需建立稳固的信任关系，完善信息沟通网络，确保各项工作的顺利进行。

（3）加强利益分配机制的合约保障。合作契约的不完备性以及履约过程中的种种不确定性因素，限制了合约的有效履行。因此，需要采用合约的自我履行机制、第三方协调机制以及法律诉讼解决机制，保障合作创新利益分配条款的有效履行。其中，合约的自我履行机制可以减少参与主体的投机行为；法律诉讼解决机制成本最高，是不得已而为之的最后的保障措施。

8.3　产业集群合作创新风险

尽管合作创新分散了由单个企业独自创新所承担的风险，但企业在合作创新过程中除了项目本身的技术难度外，还面临着市场大小、顾客需求、产品竞争优势、合作关系、知识产权等方面的不确定性，并可能由此引发巨大的风险。

8.3.1　产业集群合作创新风险的特征

产业集群合作创新风险是指参与主体在合作创新过程中，由于各种环境因素的不确定性、参与主体的创新实力和资源条件的制约、项目的难度以及合作各方的匹配程度等所导致的合作创新活动的中止和失败，或达不到预期目标而造成损失的可能性。

产业集群合作创新风险具有客观性、多层次性、可管理性的特征。

（1）客观性。风险是客观存在的，不以人的意志为转移。合作创新中的技术开发风险、市场风险具有很强的客观性，无论合作主体是否能够意识到风险的存在，风险在一定情况下都将发生。

（2）多层次性。合作创新过程中的不确定因素多且种类繁杂，致使合作创新的不同阶段面临着多种多样的风险。这些风险因素之间存在着错综复杂的关系，而且又与外界因素交叉影响，使得合作创新风险呈现出多层次性。

（3）可管理性。合作创新项目中的某些风险根据相关资料是可以认识和掌握的，合作主体可以按照风险管理方法，采取一定的措施来规避风险、减轻风险或转移风险，使风险得到有效的控制。

8.3.2 产业集群合作创新风险要素

1. 技术风险

技术风险是由于技术可行性、技术先进性、中试、生产等不确定性而带来的风险。在合作创新过程中，可能由于技术的可行性、技术开发难度大、获取技术的手段缺乏等导致合作创新失败。即使新技术开发成功，也可能会由于稳定性、可靠性难以达到要求或成本过高，或因为更好的创新技术的出现使得前一项创新技术过时，进而导致企业合作创新达不到预期的效果。技术风险一般包括技术评估风险、技术成熟度风险和技术变化风险。

2. 市场风险

市场风险是指由于市场大小和范围的不确定性、客户需求的不确定性、新产品竞争优势的不确定性、市场接受的时间及市场开发的不确定性等而导致的风险。市场风险主要表现为市场需求风险、市场竞争风险和市场进入时机风险。市场处于不断的变化中，新产品进入市场后，市场大小和客户需求会发生一定的变化，从而使企业难以对市场容量和范围做出准确的估计。科技的进步和市场的变化使新产品的生命周期缩短，新产品一旦推出，价格较低的替代产品也会相继进入市场，新产品能否占领市场，事先难以确定。

3. 组织管理风险

组织管理风险是指在集群合作创新过程中，由于组织决策不当、管理失误、组织协调不力、内部信息沟通不畅、调研不充分、市场定位不准确等导致合作创新不顺利甚至失败的可能性。合作创新关系网络复杂，对决策者的要求较高，如果决策者缺乏全局性和战略性，有可能做出错误的创新决策，如合作创新项目与战略定位不符、选择了错误的战略类型等。战略层次的决策风险具有全局性和前瞻性，因而无论是威胁还是机会，其结果都会使损失或利润得到放大。

4. 知识产权风险

知识产权风险不仅指法律层面上的风险，还指在合作创新过程中与知识管理相关的、对知识产权所有权持有人当前或潜在权益带来负面影响的事件及可能性。知识产权风险主要涉及道德风险、合作契约风险、知识转移风险。合作创新中的知识共享可能会导致知识产权的仿制和挪用，从而产生道德风险。创新过程中因合作而制定的合作契约属于不完全契约，这降低了对合作各方的约束，如果契约中关于知识产权的归属问题没有非常明确的规定，那么这种风险会对贡献较大的主体的收益造成损害，影响合作主体的创新积极性。

5. 合作关系风险

合作关系风险是指合作创新参与主体不完全合作的可能性及由此带来的创新的不确定性。其具体诱因包括以下五种。第一，信任风险。合作主体之间缺乏必要的沟通，会造成相互信任的缺乏，从而产生不确定性，合作主体之间互相不信任会导致合作创新的交易成本增加，市场反应能力降低。个别合作主体在利益的驱动下获得机密信息后离开合作创新，成为新的竞争对手，合作面临解体风险。第二，激励风险。在合作创新过程中，承担的风险与获得的收益是否匹配，直接影响合作的积极性和效率。创新收益的分配如果没有充分体现投入与收益相一致的原则，承担的风险与获得的收益不匹配，会打击合作主体的积极性，影响合作创新的继续进行。第三，融合管理风险。合作主体在组织结构、管理模式、技术水平等方面存在的差异使其在进行功能整合时存在一定的冲突和风险。第四，信息共享风险。信息共享能够促进合作创新的高效率，合作创新过程中的信息不对称和信息孤岛问题，会影响合作主体进行信息共享、资源整合的效率，从而增加合作的风险。第五，核心能力衔接。合作主体在技术创新价值链环节拥有不同的核心能力和优势，通过合作将这些能力连接到一起形成完整的技术创新功能，产生"木桶效应"，而在能力和资源的整合过程中存在一定的衔接风险。

8.3.3 产业集群合作创新风险管理

合作创新风险管理是指合作管理者通过风险识别、评估和应对，运用多种有效的管理方法、技术和手段对合作创新活动所涉及的风险实行有效的控制，尽量扩大风险事件的有利结果，妥善地处理风险事件造成的不利后果，以最少的成本保证安全、可靠地实现总目标。

合作创新风险管理过程一般由风险规划、风险识别、风险分析、风险应对组成。

1. 风险规划

风险规划是进行风险管理的首要工作，是规划和设计如何进行风险管理活动的过程，即确定一套全面、协调一致的合作创新风险管理策略和方法，并将其形成文件的过程。主要包括确定参与合作创新风险管理活动的组织成员、制订实施风险管理的方案、提供风险管理的框架、选择风险应对途径等。合作创新风险管理的目的就是强化有组织、有目的的风险管理思路和途径，以预防、降低、遏制或消除消极风险的发生，避免其影响合作创新的进行。

2. 风险识别

风险识别是合作创新风险管理的基础和重要组成部分。风险识别是指明确合作创新过程中可能存在的风险及其产生的原因,描述这些风险的特征并将其进行归类的过程。在合作创新的不同生命周期阶段,风险管理的侧重点不同,识别风险的目标也不同。随着合作创新的进行,新的风险可能会出现,从而又需要开展新一轮的风险识别工作。因此,风险识别不是一次性的活动,会贯穿合作创新生命周期全过程。

3. 风险分析

风险分析是通过分析和综合风险发生的概率、风险损失程度,对已识别的合作创新风险的优先级进行排序。风险分析分为定性风险分析和定量风险分析。定性风险分析方法主要有风险的概率与影响评估、概率影响矩阵、风险分类、风险紧迫性评估和专家判断法。定量风险分析方法包括敏感性分析、概率分析、决策树分析和模拟法等。

4. 风险应对

风险应对是依据风险识别、风险分析的结果提出风险的处理意见和方法的过程。风险应对的主要目的在于缓解风险。

对合作创新有不良影响的风险被称为消极风险或威胁,对于这类风险,一般采用风险回避、风险转移、减轻风险和接受风险的方法。风险回避,是指当风险具有潜在威胁的可能性极大,并会带来严重的后果,风险无法转移又不能承受时,风险管理者就应当考虑是否应该放弃,从而避免产生更大的损失。风险转移,又称为风险分担,其目的是在不降低风险发生概率的前提下,将一部分风险损失转移给第三方。在转移风险的过程中,必须让风险分担者获得与其所承担的风险相匹配的利益。风险转移是要付出代价的,因此,从长远来看,风险转移并不是理想的选择。减轻风险的目的是降低风险发生的可能性,或者减少风险造成的损失。对于已知的风险,风险管理者可以对其加以控制以减小风险;对于不可测的风险,要尽量使之转化为可预测的风险并加以控制。最后,接受风险。如果风险发生的概率低,产生的后果不严重,不会对合作创新产生影响,合作创新各方就能够接受风险或有准备地承担风险。

有一些风险是积极的风险或机会,对于这种风险,风险管理者要采取措施利用风险、分享风险和促进风险,最大限度地激发对项目有利的机会,强化风险触发条件,提高合作创新成功的机会。

案例 8-1

中国集成电路的半壁江山:张江集成电路产业集群

如果说,上海是中国集成电路产业的一面旗帜,那么张江则在上海集成电路产业中发挥着举足轻重的作用。1995年,当中、泰、美三方合资的企业"阿法泰克"(现纪元微科)进驻张江时,张江人对这个产业还很陌生。然而在政策、产业集聚等的引领下,越来越多的人才不约而同地选择张江,在这片创新热土上放飞创新梦想,践行国家集成电路产业发展的责任和使命。

随后,一大批集成电路企业如雨后春笋般在张江诞生。

1996年,上海华虹(集团)有限公司诞生;2000年,中芯国际集成电路制造(上海)有限公司(简称中芯国际)成立;2001年,展讯通信有限公司成立;2003年,上海宏力半导体制造有限公司成立;2004年,锐迪科微电子有限公司成立;2005年,盛美半导体成立。一时间在张江掀起集成电路产业发展浪潮。张江仿佛一夜之间成为国内集成电路产业群聚度最高、技术最先进、制造产能最多的区域之一。

2007年12月,中芯国际的12英寸[①]生产线建成投产,上海进入12英寸生产线建设时代;2008年,中芯国际90纳米CMOS工艺研发成功,随后于2009年、2010年分别研发成功了65纳米、55纳米工艺。

2010年1月,"909工程"升级项目的建设运营——主体上海华力微电子有限公司成立,开工建设了中国第一条完全由国资控股的12英寸生产线。

2016年10月,中芯国际新建"12英寸集成电路先进工艺生产线"项目启动,2个月后,总投资387亿元的"909工程"二次升级改造项目——由上海华力微建设运营的"12英寸先进工艺集成电路生产线"也正式开工。

经过20多年的发展,张江集成电路产业集群形成了包括设计、制造、封装测试及设备制造的国内最完整的产业链,同时呈现出国内加工水平和生产能力最高、研发机构实力最强、高端IC设计企业最集聚等特点。张江的集成电路地方产业网络是由集成电路产业链内的各个企业以及与这些企业相关的大学、科研机构、市场中介组织、政府等行为主体相对集中在某地域范围内,通过相互联系、相互作用形成的各种正式和非正式关系的集聚体。

2018年,国家集成电路创新中心落户张江,该中心由复旦大学牵头,联合中芯国际和华虹微电子两家国内知名集成电路制造企业,联手进行集成电路的共性技术研发。落地张江的国家集成电路创新中心关注将高校和科研机构的自由探索与集成电路产业对核心技术的需求相融合,为产业技术升级、未来大生产线建设提供人才、技术支撑和知识产权保护,支持国产高端芯片在国内制造企业实现生产。

资料来源:滕堂伟,曾刚. 从集群制造到集群创新的典型案例分析——以张江高科技园区为例 [J]. 中大管理研究,2007(4):126-141.

案例 8-2

瞄准国际一流,塑造全球品牌:
湖南着力将工程机械产业培育成世界级产业集群

在美国硅谷,高科技产业发展领跑全球,苹果、英特尔、思科、甲骨文等顶尖科技

[①] 1英寸≈0.025米。

企业汇聚成群。

在中国台湾新竹地区，电子信息制造能力世界闻名，80%的电脑主板、80%的图形芯片从此地销往世界各地。

在印度班加罗尔，软件外包服务能力一骑绝尘，世界信息技术中心之名当仁不让。

在湖南长沙，又有什么能让世界印象深刻？

有人说，是工程机械——这里，4家企业跻身全球工程机械50强；这里，配套企业200余家；这里，行业精英荟萃、行业技术研究中心集聚……

湖南的工程机械已经形成以长沙为龙头，长沙、湘潭为整机制造中心，株洲、衡阳为零部件配套支撑的产业格局；形成以三一集团、中联重科、山河智能、铁建重工、泰富重装等一大批大中型骨干企业为支撑的工程机械产业集群。

作为湖南工程机械的龙头地区，长沙拥有三一集团、中联重科、铁建重工、山河智能、中铁五新、恒天九五6家大型主机企业，飞翼股份、奥盛特重工、凯瑞重工等一大批中小型主机企业配套企业就有200余家。主要生产12大类、100多个小类、400多个型号规格的产品，产品品种占全国工程机械品种总数的70%，行业主要产品包括混凝土机械、挖掘机械、起重机械、凿岩机械、盾构机、矿山机械、港口机械、桩工机械、环卫机械及军用机械等，产值约占全国总产值的23%、占全球总产值的7.2%，产品覆盖全球160多个国家和地区。湘潭依托湘电重装、江麓重装等企业，开发的智能化平头塔式起重机、挖机、桩机等工程机械行业已形成一定的规模。另外，长株潭衡地区还有湖南机油泵、衡钢、株洲时代电气等工程机械重点配套企业。

湖南工程机械产业集群以几家企业为核心，众多中小企业为外围，按照生产、创新的需要，形成了多层次、多联系的合作创新网络。在这种合作创新网络中，以中联重科、三一重工、山河智能机械股份有限公司为核心，它们在与集群中中小企业的合作中占据主动，并带动整个产业集群的发展。湖南工程机械产业集群的快速发展得益于高校、科研机构与企业的合作，得益于政府与其他行为主体的合作，得益于金融机构与企业的合作。湖南是全国工程机械科研院所最集中的地方，长沙建设机械研究院、湖南冶金研究院、湖南大学机电技术装备研究所、三一研究院、国防科技大学等聚集了大量的高层次科研人员，为产业集群合作创新提供了科研能力和技术保障。湖南省政府和长沙市政府相继出台了相关的政策，为湖南省工程机械产业的发展提供了有力的政策支持和外部环境，还直接领导、牵头集中资金，争取国家级重点资金投入，加大地方财政对工程机械产业集群的资金支持。

资料来源：根据相关资料整理。

本章小结

本章首先介绍了产业集群合作创新的特征、主要动力以及合作创新与自主创新的关系。产业集群合作创新具有互惠共生性、协同竞争性、资源共享性、超额利益驱动性四个特性，这些特性决定了自主创新不同于合作创新，在技术创新资源不足的情况下，合作创新有利于促进自主创新，是实现自主创新的有效形式和重要手段。然后从学习机制、信任机制、协调机制、利益分配机制四个方面对产业集群合作创新的运行机制展开讨论。最后介绍了产业集群合作创新存在的风险，以及如何进行风险管理。

复习思考题

1. 产业集群合作创新的动力是什么？
2. 产业集群合作创新与自主创新的区别与联系。
3. 利益分配机制在产业集群合作创新运行机制中起着什么样的作用？
4. 产业集群合作创新风险管理过程是什么？

Chapter 9 第9章

协同创新模式：商业模式创新

商业模式创新是指企业如何改变自身的价值创造模式以更好地获得盈利。企业的商业模式涉及整合哪些资源、设计什么样的价值创造网络、以什么途径向顾客提供产品或服务等问题。商业模式创新，即企业在资源整合、价值创造网络设计以及产品/服务推向顾客的模式上进行改变，企业需要调整和整合各种创新资源以更好地盈利。从广义上来理解，商业模式创新属于协同创新的范畴。本章将从商业模式创新的内涵及特征、商业模式创新的实现路径、商业模式创新设计等几个方面进行介绍，以帮助学生更好地理解和把握商业模式创新。

⚠ 学习目标

了解企业商业模式的内涵。
了解企业商业模式的构成要素。
理解和把握商业模式创新的内涵和特征。
把握商业模式创新的实现路径。
理解商业模式创新的设计思路。

📚 引例

怡亚通：重构供应链服务的商业模式

深圳市怡亚通供应链股份有限公司（简称"怡亚通"）成立于1997年，是中国第一家上市的供应链企业，公司旗下拥有600余家分支机构，构建了遍布中国380个主要城市及东南亚、美国等10多个主要国家和地区的服务网络，业务领域覆盖快速消费品、IT、通信、医疗等20多个领域。怡亚通以供应链服务为载体、以物流为基础、以互联网为共享手段，打造了第三代互联网生态公司，实现了从行业服务企业（1997～2009年）向平台型企业（2009～2014年）及生态型企业（2015年以后）的三次转型，构建了一个共融共生的O2O供应链商业生态圈。怡亚通的商业模式之所以如此成功，关键在于以下几个方面的创新。

第一，交易内容创新——"一站式供应链管理服务"。自2011年7月起，怡亚通联合广东、浙江等地10多个企业协会和20余家知名企业发起"非核心业务外包中国行动"。怡亚通的供应链服务创新在于整合物流中心、商务中心、财务中心、IT系统、采购执行等多个业务单元，为各类企业提供供应链业务、流程外包服务，并承接企业外包出来的非核心业务的供应链管理服务。怡亚通为各类企业提供进出口通关、国内物流及流通加工、增值仓储、国际采购、供应商库存管理、虚拟制造、协助外包、国际维修中心、B2B、供应链联盟、供应链解决方案咨询等系列服务内容，简称全方位一站式供应链管理服务。怡亚通成功实现了从供应链业务模式向平台模式的转型。

第二，交易结构创新——构建新的流通模式。怡亚通构建新流通模式的利器是"三通"战略，即供应通、营销通和星盟通。"供应通"是为上下游客户提供系统性的综合供应链服务，满足上下游客户的综合业务需求，整合行业资源，提高流通效率，推动行业变革。"营销通"是通过星链传媒、终端传媒、速动传媒和整合营销的渠道途径实现"四位一体"的营销模式，促成品牌与消费者之间的互动，从而搭建一键式消费者心智营销平台。"星盟通"能帮助企业在终端实现更大的拓展空间，借助公司O2O综合生态平台上的"互联网+供应通+营销+金融+各类增值服务"，品牌商品能获得线上以及线下的多渠道展示，更便捷地直供终端，并享有金融、营销、增值服务等支持，最终帮助小商店变成集众多功能于一体的智慧型生态商店。

第三，打造O2O商业生态圈，提升商业模式的效率。商业生态是怡亚通基于传统的广度业务和380分销业务的战略升级。基于广度供应链和380平台融合的数千家品牌企业资源，以及有效覆盖超过150万家零售终端，怡亚通快速打通了品牌商和零售终端之间的重重壁垒，减少了交易环节，实现了商品资源和供需信息的高效连接互动，提升了流通业全产业链条的盈利能力。怡亚通的商业生态圈由载体、内容和互联网三部分组成。载体是连接上下游之间的桥梁；内容是在载体基础上的延伸，为载体业务中产生的各种增值服务需求提供1+n、m+n的金融服务、传媒（营销）服务、品牌孵化服务等；互联网以"供应链+互联网"为核心，搭建O2O、B2B2C平台，为品牌提供营销互动，通过互联网服务使小商店变大超市，助力中国社区商店转型升级。

通过有效的资源整合和合理重构，怡亚通形成了独特的商业模式，并成长为整个中国流通行业格局的重构者和创新升级方向的引导者。

资料来源：根据官网资料和相关网络资料整理。

9.1 商业模式创新的内涵及特征

企业首先需要明确商业模式的内涵，然后才可以结合企业自身的特征进行商业模式创新，创造或者改进现有的商业模式，以更好地创造价值和传递价值，实现盈利和提高利润水平。

9.1.1 商业模式

要理解什么是商业模式创新，首先需要知道什么是商业模式。"商业模式"一词最早受到关注是因为国外学者蒂默尔斯（Timmers）1998年提出的观点，他将商业模式定义为由产品、服务以及信息共同组成的一个有机系统。商业模式这一概念出现的时间比较短。2000年左右，人们对商业模式的认识逐步达成共识，认为商业模式概念的核心是价值创造。随后"商业模式"一词成为关注度较高的流行词语，各种期刊、报纸、杂志、网络、电视节目等媒介在提及"商业模式"时，基本上都是结合互联网时代背景讨论的，如分析某个企业的商业模式特征是什么，或者其商业模式的构成要素是什么。譬如全球市值较高的苹果公司的商业模式，就是凭借"iPod + iTunes""iPhone + App Store"的独特商业模式获得了巨大的商业利润，并且成为手机行业商业模式的引领者。"互联网+"背景下中国很多企业的商业模式也引起关注，如滴滴打车的商业模式、共享单车的商业模式等。

目前关于什么是商业模式还没有统一的界定。不同的学科领域对商业模式都有涉及，如电子商务、信息系统、战略管理、商业管理、电子经济学等，都认为商业模式对企业而言是一个十分重要的概念，解释了企业是如何赚钱的。经济领域将商业模式看成是企业的盈利模式，用以解释企业"赚钱"的经济逻辑；运营系统领域将商业模式看成是企业的内部流程及结构问题，解释了企业从资源获取、生产组织、产品营销、售后服务到合作伙伴、隔绝机制、收入模式、成本管理等一切经营活动的模式；战略管理领域将商业模式看成是企业的市场定位、组织边界、竞争优势及可持续发展问题，可以解释企业的战略定位、价值链定位、地理选择、目标顾客、供应商关系等问题，阐述了企业是如何获取利润的。

战略管理领域对商业模式的研究和界定成为主流。商业模式就是企业价值创造的基本逻辑，解释了企业在特定的价值链或价值网络中如何为客户提供产品和服务并获取利润的。Zott和Amit（2010）对商业模式进行了详细的阐述，他们认为商业模式就是企业在利用商业机会的过程中，为了创造价值和获取价值而进行的交易内容、交易结构和交易治理的组合，这一组合框架解释了供应商、企业、渠道、顾客之间是如何通过网络协作实现价值创造的。他们将商业模式归纳为四种类型。第一种是新颖型商业模式。企业重新定义自身的商业模式，重新安排产品或服务的价值创造的参与主体，为顾客提供溢价的产品或服务。第二种是效率导向型商业模式。企业通过提高效率来更好地为顾客提供产品或服务，本质上在于降低交易参与者的交易成本。第三种是锁定型商业模式。提高企业价值创造活动系统中结构、内容和治理的转换成本，以获得稳定的顾客资源，获取利润。第四种是互补型商业模式。企业将价值创造系统中不同的活动捆绑在一起，为顾客提供比单个活动的价值更高的产品或服务价值。这四种类型的商业模式并不是相互排斥的，它们可以同时构成某个企业的特定商业模式。

商业模式是一个综合性概念，概念的不统一导致对其构成要素的阐述不同，详见表9-1。从表9-1中商业模式的构成要素可以看出，商业模式的构成要素最多是9个，即价值主张、目标顾客、分销渠道、顾客关系、价值结构、核心能力、伙伴网络、成本结构、收入模式;商业模式的构成要素最少是3个,即交易内容、交易结构和交易治理,或者是顾客价值主张、价值创造、价值获取。

表 9-1 商业模式的构成要素

文献来源	商业模式的构成要素
Timmers(1998)	产品/服务/信息流、参与主体、主体利益、收入来源、市场营销战略
Hamel(2000)	客户界面、核心战略、战略资源、价值网络
Amit 和 Zott(2001)	交易内容、交易结构、交易治理
Afua 和 Tucci(2001)	顾客价值、业务范围、价格、收入、相关活动、互补性、能力、可持续性
Chesbrough 和 Rosenbloom(2002,2010)	目标市场、价值主张、价值链、价值网络、竞争战略、成本与利润
Morris(2003)	公司供给品相关要素、市场要素、内部能力要素、竞争优势要素、经济要素、个人或者投资者要素
Osterwalder 等(2005)	价值主张、目标顾客、分销渠道、顾客关系、价值结构、核心能力、伙伴网络、成本结构、收入模式
Shafer(2005)	战略性决策、价值网络、价值创造、价值获取
Johnson 和 Christensen(2008)	价值主张、盈利模式、关键资源、关键流程
翁君奕(2004)	价值对象、价值内容、价值提供、价值回收
原磊(2007)	价值主张、价值网络、价值维护、价值实现
张敬伟和王迎军(2010)	价值定义、价值创造与传递、价值获取
魏江(2012)	顾客价值主张、价值创造、价值获取

资料来源:杨虎. 制造企业商业模式创新的实现路径研究[D]. 杭州:浙江工商大学,2014.

9.1.2 商业模式创新的内涵

随着竞争环境的加剧,越来越多的企业意识到商业模式创新比技术创新、产品创新更能够给企业带来利润,获取竞争优势。商业模式创新是企业创新的重要组成部分,企业创新必须包括商业模式创新,商业模式创新已经成为企业获取和保持持续竞争优势的有效方式。对于制造业而言,商业模式创新和技术创新是企业获取持续竞争优势的"双保险"。

什么是商业模式创新?有些企业把商业模式创新简单地理解为经营模式创新或者是盈利模式创新。也有些企业把商业模式创新理解为构成商业模式的要素组合发生变化。作为一个综合性概念,理解商业模式创新需要从商业模式的本质出发,强调价值创造和价值获取方式的改变,这样才能对企业特别是制造业企业的商业模式创新有可操作性指导意义。通俗来讲,商业模式创新是企业价值创造的基本逻辑发生了变化,新的商业模式必须同时为企业和顾客创造价值,"商业模式创新即企业以更有效的方式赚钱"。企业新的商业模式,可能是原有的商业模式构成要素发生了变化,也有可能是要素之间的关系或动力机制发生了变化。可以从不同的视角来理解商业模式创新。

(1)价值链视角的商业模式创新。价值链视角下的商业模式需要回答三个问题:顾客是谁?顾客需要什么?企业如何向顾客提供产品或服务以赚取利润?从价值链视角分析商业模式创新，本质上与商业模式的价值创造和价值获取的逻辑一致。价值链视角的商业模式创新，强调了价值创造的活动过程，如波特提出的企业价值链模型，可以明确地分析企业价值创造的来源是什么，可操作性较强，有利于指导企业进行商业模式创新。价值链视角的商业模式创新偏重于静态地分析企业的商业模式，而忽略了企业与外部要素的互动。

（2）价值网视角的商业模式创新。与价值链不同的是，价值网强调了价值创造的整体利益，而不局限于企业自身，对商业模式的理解重点转向价值创造，而非价值分配。企业的商业模式应该是企业与各种利益相关者的交易结构，包括业务系统、定位、盈利模式、关键资源能力、现金流和企业价值。价值网视角的商业模式创新强调了企业与利益相关者的关系的改变，认识到企业自身需要与外部要素进行互动来创造价值。但是，价值网视角的商业模式创新强调的仍然是商业模式构成要素的改变，而没有深入考虑商业模式的系统性特征。

（3）系统视角的商业模式创新。系统视角的商业模式认为，商业模式是一个整体系统，企业可以通过改变价值主张、目标顾客、分销渠道、顾客关系、核心能力、价值结构、伙伴网络、收入模式和成本结构等几个方面来实现商业模式变革。商业模式创新本质上是价值系统创新，强调商业模式构成要素匹配的整体变革，通过改变要素的组合方式实现商业模式创新。系统视角从系统模块化思维来探讨商业模式创新，但对企业的商业模式实践不具有可操作性指导。

9.1.3 商业模式创新的特征

商业模式创新的具体表现形式非常多，对于某个特定企业而言，这种新的商业模式都可以帮助企业实现价值创造，为顾客提供有价值的产品或服务。商业模式创新具有一些共同特征，即商业模式创新的必要条件。

1. 新颖性

商业模式创新可以是提供新产品或新服务，或者是开拓新的市场领域，也可以是以新方式向顾客提供产品或服务。通过产品创新，企业向顾客提供具备新实用功能或附加功能的产品或服务，以更好地满足顾客需求，使企业盈利。或者企业开拓新的需求市场，以满足更大范围内的顾客需求，实现价值创造和盈利。或者企业改变渠道模式，以更有效率的、更低成本的方式向顾客提供产品或服务。例如，亚马逊以"新方式"向顾客提供产品的商业模式创新，亚马逊卖的书和其他零售书店没什么不同，但它卖的方式全然不同。

2. 要素组合的异质性

商业模式创新至少代表企业与同行业内的其他企业的商业模式存在差异，企业的商业模式构成要素发生变化，至少有一半的构成要素表现出异质性。这种异质性可以具体化为目标顾客选择的差异、成本的差异、效率的差异，以及向顾客提供产品或服务的方式上的差异。例如，亚马逊以"新方式"向顾客提供产品或服务的差异，表现为产品选择范围广、网络销售、仓库配货、快捷运送等方面，大大降低了顾客的购买成本。

3. 盈利性

商业模式创新可以是降低了企业和顾客的成本，也可以是提高了企业的盈利水平，甚至是使企业建立了独特的竞争优势。企业进行商业模式创新的出发点，就是现有的商业模式不能够给企业带来经济效益，因此需要改变价值创造的流程环节，或者改变价值创造的参与者，最终实现给企业带来盈利的目标。亚马逊的商业模式创新给企业自身带来了一定的竞争优势，成立短短几年内就成长为世界上最大的网上书店，存货周转速度是竞争对手的几倍，财务绩效数据表现良好。

9.2 商业模式创新的实现路径

商业模式创新的实现路径因行业差异、企业性质差异、产品或服务特征差异而表现不同。结合 Amit 和 Zott（2001）将商业模式的构成要素分为交易内容、交易结构、交易治理的观点，根据前文对不同视角下商业模式创新的分析，本节内容将从产品或服务视角、价值链视角、系统框架视角三方面介绍商业模式创新的实现路径。

9.2.1 产品或服务视角下的商业模式创新的实现路径

产品或服务视角下的商业模式创新，属于新颖型商业模式创新，是以产品或服务创新驱动的。企业通过技术创新或工艺创新，实现了产品或服务创新，以创造一种新的产品或服务来满足顾客需求，创造了新的顾客价值。例如，滴滴出行的商业模式创新，是基于产品服务的创新实现的。随着互联网技术的发展和共享经济的兴起，滴滴出行这种新产品和服务彻底改变了原有的用车服务模式。滴滴出行借助互联网技术，精确挖掘顾客的需求导向，优化顾客的用户体验，以新的产品服务推向顾客，并不断地通过研发来完善和推出新产品和服务，滴滴出行的打车业务包含滴米调度、滴滴快车、滴滴顺风车、滴滴巴士、滴滴代驾等新产品和服务。滴滴出行是真正意义上通过产品或服务的创新来实现其商业模式创新的。

产品或服务视角下的商业模式创新逻辑（见图9-1）是这样的：以交易内容为创新切入点，深入思考和挖掘企业的价值主张是什么，即顾客是谁？为顾客创造什么样的价值？在这种前提下，企业再通过纳入新的交易伙伴，构建新的交易结构、交易治理以实现商业模式的创新。产品或服务视角下的商业模式创新的实现路径是：交易内容创新—交易结构创新—交易治理创新。①交易内容创

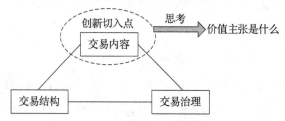

图 9-1 产品或服务视角下的商业模式创新的逻辑

新。通过价值主张研究新的顾客需求是什么，提出产品或服务创新的关键点，然后进行产品创新和服务创新设计。②交易结构创新。在产品或服务创新的基础上，分析和研究企业的内外部资源，评估能够实现这种新交易的各种条件和风险，进行交易结构设计。③交易治理创新。根据新设计的交易内容、交易结构，重新配置企业的内外部治理资源，包括组织结构设计和组织制度设计等，以保证产品或服务创新的实现。

例如，滴滴出行的商业模式创新的实现路径是这样的：首先是产品和服务创新，以独特的方式满足顾客的精准定位用车需求，为顾客创造价值；其次是构建新的交易结构，通过"互联网+"的技术手段，快速整合拥有这种特定需求的客户资源，提高满足顾客精确用车需求的效率，不断地吸引新顾客，以促成产品和服务的交易实现；最后是交易治理创新，滴滴出行的管理部门不再局限于传统的出租车管理部门，互联网技术平台使得用车服务的管理主体增加。

以产品或服务创新驱动商业模式创新的优势是很容易找到商业模式创新的出发点和突破点，依赖企业的产品创新或服务创新就可以实现，但是这种商业模式创新可能会使企业陷入片面的产品创新和服务创新，而非全局、系统地思考整体的商业模式系统。

9.2.2 价值链视角下的商业模式创新的实现路径

价值链视角下的商业模式创新，属于效率导向型商业模式创新，是以企业的价值链活动重新组合设计驱动的。企业调整资源配置模式，重新安排价值链创造环节的主要活动和辅助活动，以更高的效率为顾客提供产品或服务。效率导向型商业模式创新的特征也是降低交易过程中的各类成本，提高交易效率。比如，滴滴出行的商业模式创新，也涉及价值链活动的重新组合，属于基于价值链创新的商业模式创新案例。滴滴出行的核心业务仍然是乘车服务，在重构价值链活动方面，重点是依赖互联网技术平台实现了对司机与乘客的资源信息管理，降低了空载率；运用了快捷的在线支付方式；将客户资源与微信、赶集网、《中国好声音》、湖南卫视等优质网络与媒介平台形成互动，增加客户体验和共享。这些新的价值链活动增加了价值创造，实现了企业与顾客共赢，最终实现了价值链增值的商业模式创新。

价值链视角下的商业模式创新逻辑（见图9-2）是这样的：以交易结构为创新切入点，深入思考和挖掘企业的价值创造过程是什么？哪些活动环节可以增加价值创造？在这种前提下，企业的产品或服务内容也会发生变化，需要更新交易内容、构建交易治理

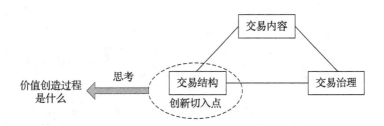

图9-2 价值链视角下的商业模式创新逻辑

以实现商业模式的创新。价值链视角下的商业模式创新的实现路径是：交易结构创新—交易内容创新—交易治理创新。①交易结构创新。企业的价值链活动中哪些主要价值创造活动可以增加，哪些可以减少；哪些辅助价值创造活动可以增加，哪些可以减少等。重新定义和设计企业的价值链活动。②交易内容创新。在交易结构发生变化的前提下，企业的交易内容即产品或服务的内在实用性和外在表现等也会发生变化，需要重新组合和设计产品或服务。③交易治理创新。根据新设计的交易结构、交易内容，重新配置企业的内外部治理资源，提高交易的效率和可靠性，以保证价值链活动创新的实现。

滴滴出行商业模式创新中的价值链创新体现在价值链的增值环节上：一是通过互联网技术解决了司机与乘车信息不对称问题，司机与乘车信息可以高效率匹配；二是乘车业务的支付环节的效率也大幅度提升，通过与移动支付平台（支付宝和微信）合作降低了支付环节的各种成本。

以价值链活动创新来驱动商业模式创新，优势是创造和增加了顾客价值，可以从主要价值创造活动和辅助价值创造活动出发，寻求价值增值的环节和路径。但是这种商业模式创新也有可能使企业过度开发和设计价值链活动环节，导致产品或服务的呈现形式较为复杂，并进一步导致商业模式中的交易治理复杂化。

9.2.3　系统框架视角下的商业模式创新的实现路径

系统框架视角下的商业模式创新，属于锁定型和互补型商业模式创新，是系统地全面创新商业模式中的交易内容、交易结构和交易治理。企业调整价值创造活动系统中的结构、内容和治理，或者将价值创造系统中不同的活动进行捆绑，以稳定顾客资源，为顾客提供更高的价值。

系统框架视角下的商业模式创新逻辑（见图9-3）是这样的：围绕"价值获取是什么"来全面整合和改变企业原有的商业模式，包括对价值主张、价值创造、价值传递的改进和创造。在这种思路下，企业将全面调整和完善商业模式的交易内容、交易结构、交易治理以实现创新。系统框架视角下的商业模式创新完全以顾客为中心，将价值主张、价值创造、价值传递与价值获取视为一个整体系统，不断地进行创造和调整。系统框架视角下的商业模式创新的实现路径有两种。①创造一种新的商业模式。重新组合企业的价值主张、价值创造和价值传递过程，具体表现仍是交易内容创新、交易结构创新、交易

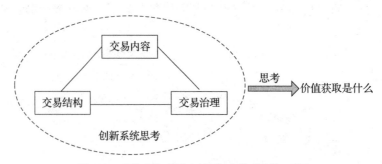

图9-3　系统框架视角下的商业模式创新逻辑

治理创新。通过全新的商业模式要素组合，实现价值获取。②改进和调整原有的商业模式。以产品或服务创新（价值主张），即交易内容创新来驱动商业模式创新，或者是以价值链创新（价值创造），即交易结构创新来驱动商业模式创新，或者是以渠道创新（价值传递），即交易治理创新来驱动商业模式创新，最后调整交易内容创新、交易结构创新、交易治理创新的互动关系，以实现价值获取过程。

在"互联网+"的时代背景下，可以从价值主张（交易内容）、价值创造（交易结构）、价值传递（交易治理）等系统地进行商业模式创新。一是运用信息技术研发和设计新产品或服务，重点是提高产品或服务的附加价值。二是运用信息技术改变价值链活动组合，重点是生产方式的改革。三是运用信息技术提升经营管理效率，主要是优化业务管理流程，提高现代化管理水平。四是运用信息技术提升价值传递的模式，以移动互联网为主探索新的营销模式，利用大数据技术开展精准营销及跨境电子商务等。在"互联网+"的时代背景下，从系统框架来思考商业模式创新成为主流。

9.3 商业模式创新设计

企业之所以进行商业模式创新，是因为现有的商业模式不能够满足企业的发展战略需要，不能够使企业保持持续增长。一般情况下，企业的商业模式创新有四个目标：一是满足市场，即满足还没有被挖掘的市场需求；二是投放市场，把新的技术、产品和服务推向市场或将现有的知识产权商业化；三是改善市场，通过一个更好的商业模式来改进、颠覆或变革现有的市场；四是创新市场，创造一个全新的市场。

9.3.1 商业模式创新的设计方案

商业模式创新的设计方案非常多，本书围绕价值创造的过程，将商业模式创新设计分为三类，即基于价值需求的商业模式创新设计、基于价值链活动的商业模式创新设计、基于价值实现的商业模式创新设计。

1. 基于价值需求的商业模式创新设计

企业需要从顾客的价值需求出发，设计自身的商业模式。企业通过市场研究，准确发现顾客的需求，并将这种需求转化为新的产品或服务，然后以新产品或服务为基点，重新设计自身的商业模式。其中，顾客的价值需求可以是单一需求，也可以是需求组合，企业需要将顾客的需求转化为单一的产品或服务，或者是系统的产品或服务组合，重新设计或改进商业模式。例如，百度公司通过市场分析，发现了顾客新的价值需求，将服务内容从"为互联网公司提供搜索技术服务"转变为"为众多广告主提供关键词竞价排名"服务，这一商业模式转型使得百度公司重新占领搜索产业的最高点。

2. 基于价值链的商业模式创新设计

基于价值链的商业模式创新设计有四种思路。一是扩张现有的价值链，在原有企业价值链的基础上延长整条价值链的长度，使得整条价值链上的活动更丰富。二是分拆价值链，将企业内部的价值活动进行分离，部分外包给其他商户，企业只保留基础、核心的价值活动。三是价值链活动的创新，既不缩短也不扩展现有价值链，只是针对企业的基础活动或辅助活动进行创新。四是混合型价值链创新，将企业的价值链完全重组，是分拆价值链与扩展价值链并存的一种创新思路。例如，深圳的平板电脑"山寨"电脑生产商，根据顾客的需要，选择英特尔的芯片、中国台湾地区的主板、韩国的显示器和中国大陆的硬盘，把它们组装起来，推向市场，从而获得增值效益。

3. 基于价值实现的商业模式创新设计

基于价值实现的商业模式创新设计可以分为价值驱动（管理机制）、价值创造（运营）以及价值传递（渠道）三个环节展开，具有系统框架思维的特征。首先是价值驱动，即企业的价值追求是什么，可以通过企业文化、企业制度和企业的组织管理体现出来，同时呈现了各利益相关者的诉求。其次是价值创造，即企业的价值链活动安排，企业的价值创造活动包括资金、技术、原料、生产工艺、信息系统、资本运作、供应链和价值网络打造等一系列活动。最后是价值传递，即企业用什么样的分销渠道和传播方式把创造的价值传递给目标顾客。企业的价值传递涉及渠道分销、促销和广告传播三个方面。

9.3.2 商业模式创新的具体设计流程

1. 商业模式创新设计的基本思路

商业模式创新设计的基本思路也可以称作商业模式创新设计的逻辑，即商业模式创新设计的基本流程问题。李振勇（2009）基于顾客需求提出了商业模式设计的逻辑链，如图9-4所示。

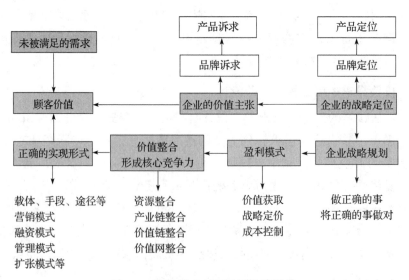

图9-4 商业模式创新设计的逻辑链

资料来源：李振勇. 商道逻辑——成功商业模式设计指南 [M]. 北京：中国水利水电出版社，2009.

（1）明确顾客价值。企业洞察顾客需求，分析产业发展瓶颈和竞争对手的特点，确定顾客的价值需求，目标顾客需要解决的某个重要问题或重要需求是什么，为其提供特定的产品或服务。顾客价值需求清晰是商业模式创新的第一步。

（2）明确企业的价值主张。分析企业经营环境，重新确定产品的价值优势，可以通过顾客新的价值需求来达到价值载体（产品或服务）的创新，也可以通过价值链的重组与价值活动的创新来展现企业的价值主张。

（3）明确企业的战略定位。明确企业的战略定位包括市场定位、业务定位和价值定位，制定具有独特的价值链和价值诉求的竞争策略与经营目标，是企业可持续增长的关键。

（4）明确企业战略规划。根据战略定位，对战略目标进行分解和细化，制订企业发展的中长期计划和调整计划，以保证企业的价值主张顺利实现，并能够持续满足顾客的价值需求。

（5）确定盈利模式。企业通过对自我盈利能力的检测，依据顾客的喜好和企业的价值主张，根据产业价值链的利润区分布以及竞争对手的利润区，找到企业的利润区和盈利点，针对性地设计出价值载体的创新模式。

（6）通过价值整合形成核心竞争力。整合就是通过占据产业价值链的战略控制点，对价值链的其他环节进行战略控制，从而实现对整个价值链的整合。在设计过程中，可以利用不同的整合方式，如纵向、横向以及平台整合，通过资源整合、产业链整合、价值链整合、价值网整合、整合载体（技术、品牌）、市场整合以及资金整合等进行创新，以形成企业独特的核心竞争力。

（7）正确的实现形式。商业模式创新设计可以在价值实现手段（如产品经营、品牌经营、资本经营等）、实现途径（如虚拟和实体经营、营销渠道等）以及价值载体（产品、服务）上进行模式创新。

2. 商业模式创新的具体设计流程

按照方案设计的流程程序"分析－设计－实施"，商业模式创新的具体设计流程也可以分为商业模式分析、评估并选择商业模式、商业模式实施三大模块，共包括11个环节，如图9-5所示。

（1）商业模式分析。商业模式是在特定的环境中设计和执行的，进行详细的商业环境分析，有助于企业做出更为合理的决策，商业模式分析分为商业环境分析以及价值链和价值网分析两部分。①商业环境分析。宏观经济影响因素包括全球市场情况、资本市场、经济基础设施以及商品和其他资源等。行业影响因素包括供应商和其他价值链成员、现有的竞争对手、行业新进入者、替代性产品和服务以及相关利益者等。市场影响因素包括市场需要和需求、市场问题（如从产品或服务视角发现驱动和改变市场的因素）、市场细分、转换成本（顾客转向竞争对手所考虑的因素）以及收益吸引力。关键趋势包括技术发展趋势、监管法规发展趋势、社会和文化发展趋势以及社会经济发展趋势。②价值链和价值网分析。设计企业的价值链活动,哪些活动环节是基本价值活动,哪些活动环节是辅助价值活动,进行价值链活动组合。从企业的利益相关者着手分析价值相关者,如分析企业的合作伙伴、上下游企业等,了解企业在价值网中所处的地位,并分析价值网中有哪些资源可以供企业充分利用,以发挥聚集效应。

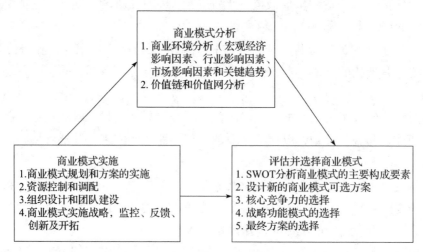

图9-5 商业模式创新的设计流程

(2)评估并选择商业模式。①SWOT分析商业模式的主要构成要素。分析商业模式的交易内容、交易结构、交易治理的优势和劣势以及机会和威胁,从而明确商业模式的可执行性。②设计新的商业模式可选方案。商业模式的设计方案可以有多种选择,如基于价值需求的商业模式设计、基于价值链的商业模式设计、基于价值实现的商业模式设计。③核心竞争力的选择。结合商业模式的环境分析以及企业价值主张、价值创造和价值传递分析,挖掘企业的核心竞争力资源,培育和建立自身的竞争优势。④战略功能模式的选择。根据商业模式的设计方案,制定企业的战略愿景、战略目标、战略定位等,以及细化战略实施路径和竞争战略选择。⑤最终方案的选择。结合商业环境分析中的宏观环境、行业环境和市场环境分析,以及价值链和价值网分析,选择企业的最佳商业模式。

(3)商业模式实施。①商业模式规划和方案的实施。根据选择的最优商业模式,进一步细化并实施方案。②资源控制和调配。根据企业确定的商业模式,在企业内部进行部署和资源调配,采用目标管理法明确进程和所需要配套的资源,并实施进程控制和资源调配。③组织设计和团队建设。组织设计包括组织结构设计和职能部门设计,以及各种管理规章制度的建立和完善。进行商业模式创新的团队建设,以保证新的商业模式能够按照既定的目标顺利实施。④商业模式实施战略。需要对企业新的商业模式实施进行监控和反馈,以不断地改进实施方案,更好地实施商业模式,真正实现商业模式创新,为企业创造利润和盈利。

企业的商业模式创新设计流程是一个不断优化和循环的流程,商业模式分析、评估并选择商业模式、商业模式实施是不断自我优化的，并不是静态的。没有一成不变的商业模式，随着市场环境、顾客需求、竞争对手的变化，商业模式将不断创新。

案例 9-1

京东商城：独特的商业模式创新

京东商城已经是家喻户晓的电商企业，人人都知道京东商城是家电产品电商行业的领军企业。最近几年，很多人都在思考京东商城的商业模式，为什么这家连续13年亏损的企业能活下来，而且活得很好，并且获得了那么多投资人的青睐。京东商城已经于2014年5月22日成功登陆美国纳斯达克，开盘价21.75美元，较发行价19美元上涨14%，市值近300亿美元。这是一起经典的老二式突围的励志故事：一路跑来，京东的身上充满着老二式生存逻辑，前有行业领跑者阿里巴巴，后有追赶者苏宁、国美等，行业老二的特殊位置书写了京东在发展中的"跑"逻辑。但是京东商城真的成功了，它的成功与其独特的商业模式是分不开的。下面我们一层一层解开京东商城商业模式的神秘面纱。

第一，精准的战略定位。

京东商城的企业战略定位是中国最大的综合网络零售商，拥有"不做第一，就做唯一"的战略理念。因为京东商城一直处于老二的位置，所以以聚焦式切入，从而集中有限的资源深入该领域，以深度开拓作为自我生存的利器。企业选择的目标品类市场规模必须足够大，足以支撑其可持续发展。另外，品类比较标准化，适合电商模式。同时分析阿里巴巴未重视的领域，以避免与市场上的巨无霸正面交锋。在这样的分析之后，最终刘强东差异化地选择了3C产品作为自己的主品类，京东以3C和B2C模式作为切入口发展垂直电商。等京东发力B2C时，行内创业者们都想做综合电商，而京东却选择做3C垂直电商。等京东以3C起家后开始想做综合电商平台的时候，其他电商已经没落了。因此可以说，除了品类选择之外，京东在模式选择和时间选择上皆走的是差异化的路径。京东将行业定位到电商，品牌定位到快捷品质，产品定位到电子、家居等小商品，渠道定位到网络，客户定位到18～38岁的消费群体。这样的精准定位举措，奠定了其作为细分行业老大的基础，为它所有的工作开展确立了中心点。

第二，独特的价值主张。

企业的价值主张是商业模式设计的源头，独特的价值主张是企业能够基业长青的源头。京东商城的企业愿景是"成为世界上最值得信赖的综合电商企业"，企业使命是让生活变得简单快乐，坚持以客户为导向。企业培育和建立的核心价值观是诚信、团队、创新、激情，这种价值观成为企业全体员工的行动指南，使员工发挥出巨大的主观能动性。对顾客而言，京东商城坚持以低价、正品和快速配送作为独特的价值主张，以赢得企业的可持续发展。

第三，经营者独到的眼光。

在全球资源信息一体化的国际趋势下，国家也在税收、金融和人才方面加大了对电子商务的专项扶持。刘强东看到了"3C+综合品类"电商市场的发展前景,这个目标市场消费基数大、消费能力强。所以,京东商城连续10年增长率超过100%,近3年增长率也超过60%,如此之高的增长率正是其吸引众多基金的最大理由,也是其快速成长的见证,更是验证了刘强东的独到眼光的正确可行性。

第四,一次投入、多点收益的盈利模式。

根据京东商城的产业链和交易结构分析,京东商城的收入结构为产品销售收入+品类金融收入+物流服务费用+店铺佣金+其他服务费用。一级价值链总收入=销售收入+物流服务+广告收入+店面出租,二级价值链销售收入=电子产品+书籍+家居+百货的结构组成。京东商城实现了资源整合型商业模式(RBM)中的R4模式,即一次投入、多点收益的盈利模式。相比众多企业的建厂房、买设备、招人、进材料、做广告、拓渠道等盈利模式,京东靠生产出来的产品差价这唯一的收益点来回收所有成本并赚取收益的盈利模式要强上很多倍。

第五,构筑自己的核心优势资源。

京东商城通过多年的努力,构筑了自己的全国物流体系,通过配套实时跟踪服务和211限时送达来兑现其快速配送的独特价值主张。同时,京东商城始终保证正品,并以高于出厂价5%的价格保证低价,支持货到付款。京东商城逐步形成了全国物流体系、低价正品品牌口碑、大数据库等核心优势资源。

第六,京东商城的利润池。

京东商品按照出厂价加5%的价格出售给消费者,赚的这点钱连运费都不够付,京东连续13年亏损。企业的本质是经济组织,赚钱是企业存在的原因,那么京东商城到底靠什么赚钱,赚什么钱呢?京东商城的一次投入、多点收益的收入结构,构筑了企业的第一个利润点。企业的第二个利润点是吸纳了腾讯14.3%的股份,与腾讯的大数据库实现共享,通过腾讯QQ和微信抢占移动互联网终端端口,进入互联网金融。京东商城的第三个利润点来自资本市场。通过上市来增加企业市值,并将京东推向资本市场,借助资本的力量来实现京东商城新一轮的飞速发展。

所以,京东商城的亏损属于战略型亏损。企业的亏损并不可怕,关键要看是什么样的亏损。

资料来源:作者根据"周祺林. 向模式要利润:商业模式颠覆、创新与重构[M]. 北京:人民邮电出版社,2014."的案例材料进行整理。

案例 9-2

《中国好声音》的商业模式创新

《中国好声音》是由浙江卫视联合星空传媒旗下的灿星公司制作的一档选秀节目。该节目源自荷兰在2010年推出的 *The Voice of Holland*,节目一经推出就在荷兰创下了收视奇迹,该节目的创意核心表现为以盲选的形式来发掘乐坛新人,寻找好声音,好声音是节目的唯一宗旨。节目"盲选"的新颖选拔模式与导师的专业程度吸引了大量观众的目光,此后,*The Voice of Holland* 被世界上 46 个国家购买了节目版权。星空传媒旗下的灿星制作公司以约 300 万元购买了这一节目的中国版权,并于 2012 年 7 月 31 日正式在浙江卫视播出,截止到 2018 年年底共播出了 5 季。据央视索福瑞媒介研究有限公司(CSM)的数据显示,2018 年,CSM52 城市网收视情况总体达到 1.66%,排名第一。在各种选秀节目如此泛滥的背景下,《中国好声音》如何取得了"1 亿投入、3 亿收入"的巨大成功呢?答案源于《中国好声音》的商业模式创新。

《中国好声音》的商业模式创新体现在创新思维方面,它强调交易思维而非买卖思维,具体指媒体和地域的跨越以及产业链的延伸和开发。《中国好声音》以交易思维为导向构建了节目的商业模式,而非将节目视为一次性买卖。

第一,商业模式创新之"创造性的'制播分离'创新"。

《中国好声音》是中国电视历史上首次真正意义上的制播分离。传统的"制播分离"表现为电视台的劳务输出式制播分离、电视台负责制的制播分离。《中国好声音》构建的是一种全新的制播分离模式。

《中国好声音》的商业模式创新体现在制播的分离与分成方面。在节目开发方面采取交易思维来进行思维上的创新,以制作和播出相分离的模式捆绑了制作方和播出方,使得双方共同投资、共担风险、共享利润。由星空传媒来主导版权购买和制作,成本包括全部的制作费用;而浙江卫视投入的则是播出的设备成本、节目宣传成本等。据报道,制作方与浙江卫视最初签订的合约中提到,"如果《中国好声音》在每周黄金时段(周五 21:15~23:00)的收视率超过 2%,则灿星参与浙江卫视的利益分成。否则,广告商的损失由灿星单方承担"。星空传媒作为制作方只有当收视率达到一定程度后才会盈利,这样它和浙江卫视的合作就不是买卖,而是交易关系,打破了原先商业模式容易带来的恶性循环。因此,为了更高的收视率,星空传媒必须提高节目的品质,必须请到非常专业的明星、制作人员。这种制播分离的模式,在制作成本上不会吝啬,要想办法把节目质量做高,以获得利润。

第二,商业模式创新之"导师们捆绑式的'共享分红'"。

星空传媒和《中国好声音》节目中那英、刘欢、庾澄庆、杨坤四位导师的收入模式是技术入股、彩铃分红。这种分红模式不同于以往请嘉宾过来按场报价,来一场算一场的劳务报酬模式,而是把整个导师团队与节目后期的市场开发捆绑在一起,导师在节目中的参与和投入视作投资。制作方与中国移动有很好的合作,尝试音乐类的后期开发业务,把所有学员的现场演唱制作成彩铃,提供给全国的手机用户来下载。学员们的收入也将来自彩铃下载,学员通过手机用户下载彩铃得到认可,之后还可以从中分红,形成良性循环,共赢互利。

第三,商业模式创新之"音乐产业链延伸"。

据央视索福瑞媒介研究有限公司的数据显示,《中国好声音》开播的前 3 期节目收视率分别为 1.5%、2.8%、3.093%。据保守统计,浙江卫视 10 期《中国好声音》的软、硬广告收益为 2.508 8 亿~2.708 8 亿人民币。

《中国好声音》宣传总监陆伟表示:"我们不指望单纯依靠节目盈利,前期我们的目标只是收支平衡而已。对于《中国好声音》而言,我们更看重的是长时段内对整个音乐产业链条的整合和拉动,以及得益于第一季的成功,第二季在广告投入方面的收益。"因此,制作方和电视台除了传统的广告收入分成、向视频网站征收的版权费之外,还把目光投向了整个音乐产业链。制作方把选手签约这一环以及签约后的商业演出等项目也收归自己所有。这样,节目广告获得的利润和后期衍生的一切产品,如专辑制作发行、音乐培训、选手定制的商业演出活动等专业链所产生的利润,都构成了节目的盈利,使得该节目达到最佳和最好的状态,建立了《中国好声音》的持续盈利能力。

《中国好声音》或许不会永远得火热下去,或许会被其他娱乐节目赶超,但其成功显示的重要意义却不会过时,那就是商业模式创新必须及时打破自己思维的惯性,建立契约、共赢、价值化的思维模式。

资料来源:作者根据"周祺林. 向模式要利润:商业模式颠覆、创新与重构[M]. 北京:人民邮电出版社,2014."及相关网络资料整理。

本章小结

商业模式创新是最近十几年广受关注的创新模式,商业模式创新有时也被企业实践经营者理解为盈利模式创新。本章首先介绍了商业模式的内涵,以及商业模式的构成要素,然后引出商业模式创新的概念,以及商业模式创新的特征。为了帮助学生更好地理解企业如何进行商业模式创新,本章给出了企业商业模式创新的三种实现路径,分别是产品或服务视角、价值链视角、系统框架视角下的商业模式创新的实现路径。企业在进行具体的商业模式创新时,首先需要明确自身的商业模式该如何设计,然后在商业模式创新思路的引导下,进行具体的商业模式流程设计。对企业而言,商业模式创新永无止境,结合企业的内外部环境特征,商业模式是一个持续调整的过程。

复习思考题

1. 如何理解企业的商业模式?企业的商业模式包括哪些要素?请举例说明某个企业的商业模式,指出它的商业模式构成要素有哪些?
2. 什么是商业模式创新?商业模式创新具有哪些特征?请尝试用不同的视角观点来解释商业模式创新。
3. 商业模式创新的实现路径包括哪些?请举例不同行业的企业,分析它们的商业模式创新是如何实现的。
4. 对比分析基于产品或服务、基于价值链、基于系统框架的商业模式创新的实现路径有何不同,并举例说明。
5. 如何设计一个企业的商业模式?商业模式设计的具体流程是什么?每一个环节需要完成哪些任务?请举例说明某一个企业的商业模式设计流程是如何完成的,并思考商业模式创新需要整合哪些资源。

Chapter 10 第10章

协同创新模式：协同创新平台

创建协同创新平台，是国家倡导协同创新模式的主要政策体现。自国务院提出"2011计划"以来，先后有几十个国家级协同创新中心通过认定并开始运营，如2013年首批通过中华人民共和国国务院认定的协同创新中心有14个，2014年再次有24个协同创新中心通过认定。在国务院协同创新政策的引导下，河南省教育厅先后认定了三批省级协同创新中心，第一批13个，第二批12个，第三批8个。国家级协同创新中心和省级协同创新中心平台的搭建，是在国家教育机构和财政机构的支持下，分别从事不同领域的科学研究，以便在科学前沿、文化传承、重点行业产业、重要区域发展方面取得较好的成就。

⚠ 学习目标

了解协同创新平台的目标及意义。
理解协同创新平台的宏观布局。
了解协同创新平台的构建原则。
理解和掌握协同创新平台的运作和管理。

📚 引例

"2011计划"协同创新平台的建构

2013年首批通过国务院认定的14个协同创新中心，在运作和管理方面都相对成熟，在组织架构、人才培养子平台、科学研究子平台、产业服务子平台等运作机制方面具有一定的可借鉴性。类似于企业的组织架构，协同创新中心拥有决策机构或者执行委员会，委员会下设中心主任，中心主任下设不同的子平台，形成以产业和教育为依托，依赖不同层次人才共同研发合作的多功能平台。

组织架构模式

14家协同创新中心基本上采用了两种组织管理架构，一是理事会领导下的中心主任负责制,二是委员会制。第一种组织管理架构,理事会是最高决策机构,负责协同创新中心的发展规划、人才队伍建设、资金筹措及人事任免等重大决策。理事会任命中心主任,中心主任负责协同创新中心的具体事务执行,包括行政服务和平台建设维护。第二种组织管理架构是委员会制。理事会仍然是最高决策机构,有人事任免、财务报批、重要事项审议等权力。理事会下设发展咨询委员会、运行管理委员会、监察审计委员会,其中运行管理委员会下设人力资源子平台、科研子平台、人才培养子平台等。

人力资源管理

各协同创新中心在人力资源管理方面,主要围绕科研项目展开,采取动态的人员管理机制。根据项目的需要,有针对性地聘用相关的专业人才,并且采取聘期制,保持创新团队的流动性,以提升团队活力和工作效率。在具体的人力资源管理中,协同创新中心会对聘用的人才进行任期内考核,考核涉及科研教学、公共服务等内容。同时,为了保证协同创新中心人才的异质性,提升协同创新的效率,协同创新中心会推进不同协同主体之间的人力资源共享和深度合作。

科研管理

科研管理工作主要围绕三个方面展开。一是科研项目的管理。科研项目包括协同创新中心的重大攻关项目,以及利用中心平台优势从事的各种研究项目(纵向项目和横向项目)。二是科研团队管理。协同创新中心利用自身的平台资源吸引和组建科研团队,并根据项目需要对科研团队进行分组,形成项目科研小组。三是对科研成果的管理。协同创新中心的科研成果数量多、多样化性强、产权归属复杂。需要按照一定的分配原则处理好知识产权的归属问题,科研论文按照实际完成单位和贡献署名,与企业共同研发的成果可申请专利,制定专利的运用和管理细则。

企业参与管理

协同创新中心建设的初衷正是促进科技与经济的充分融合,实现高校、科研机构与企业的深度合作。在协同创新中心,企业参与主要表现为横向项目参与,企业全程参与项目的立项、实施、结项等过程。"2011计划"中面向行业产业发展、区域发展的协同创新中心,相关企业的参与度较高,协同创新中心会成立"产业服务子平台"或"产业化子平台",规范管理项目的参与企业。企业参与具体表现为产学研合作,企业参与的层次类型呈现多样化,部分协同创新中心与相关企业已有坚实的产学研合作基础,如天津化学化工协同创新中心、宇航科学与技术协同创新中心、有色金属先进结构材料与制造协同创新中心等都是典型的产学研合作类型。

资料来源:李晨,等. 以体制机制改革激发创新活力——国家首批14家协同创新中心案例综述 [J]. 高等工程教育研究,2015(2):34-38.

10.1 协同创新平台的宏观布局

协同创新模式反映了国家战略意志和政策导向,以政府为主导在全国范围内审批和建设了数量较多的国家级、省级协同创新中心,是协同创新平台的具体呈现形式。

10.1.1 创新平台

1. 创新平台的概念

"平台"一词在管理学领域的含义较为广泛,通常指那些进行某项工作所需的环境或条件要素,包括各种物质资源和非物质资源。

创新平台(platform for innovation)这一概念最早是由美国学界提出的,美国竞争力委员会于 1999 年在题为《走向全球:美国创新新形势》的研究报告中,提出了创新平台的概念。对创新活动而言,协同创新平台的内涵是指创新基础设施及创新过程中不可或缺的要素集合:一是人才要素和前沿研究成果的数据库要素;二是促进理念向创新产品和服务转化的法规、会计和资本条件等要素;三是对创新成果实施保护的市场准入、知识产权等要素。

协同创新需要实现创新资源和要素的有效汇聚,突破不同创新主体的组织边界壁垒,充分在人才、信息、技术、资本等创新要素方面实现共享,进行深度合作,激发创新活力。从这种意义上来讲,所谓"创新平台"是将创新资源与要素相汇聚,通过整合和共享,进行创新研究,产生应用成果,并产生"1+1+1>3"的非线性效应。

2. 创新平台的特征

与一般意义上的平台不同,协同创新的创新平台具有以下特征。

(1)整体性。协同创新的创新平台是一个生态系统,各种创新要素形成一个有机集合体,而非简单地罗列相加,协同创新平台的建设目标也是实现要素间的整体性。协同创新平台的整体性还体现在参与主体的完整性,不仅包括核心的创新主体大学、企业、科研机构,还包括政府、金融组织、专业的中介组织等。

(2)层次性。不同类型的协同创新中心,都有自身的组织结构,协同创新中心本身就是一个创新平台。在协同创新中心内部,会有因分工不同而设置的功能不同的子平台,如人才培养子平台、科学研究子平台、产业服务子平台等,它们是协同创新的二级子平台。此外,在协同创新中心内,不同的创新项目团队又形成新的创新子平台。

(3)动态性。协同创新平台是一个没有组织边界的开放系统,平台的参与主体,如大学、企业、科研机构等是不断发生变化的。参与协同创新平台的主体是以科研项目为导向的,一旦项目结项,参与主体会自动退出协同创新平台,或者以新的身份参与到新的项目中去。

10.1.2 协同创新平台的系统结构

"协同"一词出自系统学,协同创新平台本身是一个完整的系统。在系统学理论中,系统被认为是由相互作用、相互联系的若干要素结合而成的具有特定功能的有机整体,系统结构则被认为是要素与要素之间的关联方式的综合。

协同创新平台的系统结构,指的是平台内各要素之间的关联结构,即高校、企业、科研机构、政府、金融机构、中介机构、其他组织相互之间呈现的关联属性。整体上而言,协同创新平台的系统结构分为四个子系统,如图 10-1 所示。

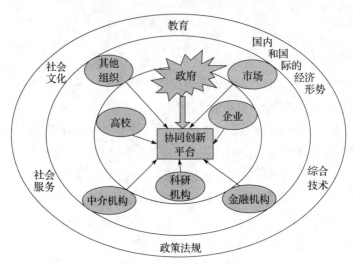

图 10-1 协同创新平台的系统结构

1. 核心子系统

协同创新平台的核心子系统是由高校、企业、科研机构组成的。这三类科研主体是平台的创新主体。高校和科研机构的最大优势是创新资源多，包括科研人员、科研仪器和设备、实验室、科技文献等；企业的最大优势是创新需求多，包括技术创新、市场产品创新、服务创新、工艺创新等。这三类创新主体之间的紧密合作，可以实现创新需求与创新资源的深度融合，提升创新的效率和效益，是协同创新平台的核心子系统。

2. 核心调节系统

在协同创新平台的系统结构内，政府的作用不容忽视。首先，政府是协同创新平台的推动者和引导者，协同创新平台本身也反映了国家的战略意志。其次，政府在协同创新平台中的投入大。政府不仅需要对协同创新平台进行审批、考核管理，还需要在前期投入较多的研发资金，如每年给不同类别和性质的协同创新平台提供经费资助。最后，政府的调节作用还表现在协同创新的风险和成本方面。政府不仅需要对协同创新的风险进行管控，还是风险的承担者之一。在降低协同创新成本方面，政府也充当了协调者的角色，促成创新项目在协同创新内部的实现，以内部交易成本替代外部交易成本。

3. 辅助子系统

协同创新平台的辅助子系统是为核心子系统服务的，即为协同创新主体服务的其他协同单位的集合。辅助子系统包括金融机构、中介机构、市场、其他组织等。其中，金融机构主要为创新项目和创新活动提供经费支持，或者其也可以作为创新主体直接参与创新项目。中介机构包括法律咨询、知识产权服务机构等，为协同创新平台提供法律方面和知识产权管理方面的服务。市场主体比较宽泛，主要是指提出创新需求的单位组织，即创新项目的需求方。其他组织包括半官方的产业协会、行业协会以及商会等组织，它们也可以参与到协同创新平台中，为协同创新提供相关的专业服务。

4. 外部环境子系统

协同创新平台作为一个系统，是在一定的环境下运营的，受到外部环境条件的影响，外部环境子系统也是协同创新平台的系统结构的一部分。外部环境子系统包括国际和国内的经济形势、教育、社会文化、社会服务、政策法规、综合技术等。协同创新这一创新范式越来越受欢迎并成为主流创新范式，正是受国际、国内经济形势的影响，即创新成为驱动经济增长的关键要素的影响而产生的。教育条件也影响协同创新平台的发展，教育本是知识创造和传承的过程，教育可以为创新活动培养人才，直接影响创新的人才投入。社会文化和社会服务也作用于协同创新活动，创新的社会文化、尊重知识的社会文化，以及社会舆论、新闻媒体对创新的关注和倡导，都会对创新产生影响。政府在创新方面的政策、知识产权方面的法律法规等，也影响着创新活动的产出。社会的综合技术水平不仅影响创新的方向，同时也会影响创新活动的动力。

协同创新平台的系统结构是一个完整的系统，从核心子系统、核心调节系统、辅助子系统到外部环境子系统，是一个由内向外的系统，每一层外部系统都对内部系统产生影响，并支持内部系统的运行。从外部环境子系统、辅助子系统、核心调节系统到核心子系统是一个由外向内的系统，每一层子系统对核心子系统的影响作用是递进的，即核心调节系统对核心子系统的影响作用最直接、力度最大。

10.1.3 宏观布局

国务院提出的"2011 计划"，反映了国家的创新战略导向，需要解决重大科技攻关问题和重大工程问题。国家级协同创新中心和省级协同创新中心平台的搭建，是在国家教育机构和财政机构的支持下，分别从事不同领域的科学研究，以便在科学前沿、文化传承、重点行业产业、重要区域发展方面取得更好的成就。

1. 宏观布局

为更好地实现创新战略导向，协同创新平台的宏观布局如下。

（1）重点解决科技重大专项（或重大工程）的组织实施问题。建设一批可实现科技重点突破的协同创新平台，如新药创制、核高基、海洋科学与工程等重大专项。新药研制是关系国计民生的重大科技问题，新药研发的周期长、投入多、见效慢，需要统筹较多的创新资源投入到该科技项目中。核高基是"核心电子器件、高端通用芯片及基础软件产品"的简称，是国务院于 2006 年发布的《国家中长期科学和技术发展规划纲要（2006—2020 年）》列出的科技重大专项之一。海洋科学与工程是解决我国发展过程中的资源问题的战略工程，主要以开发海洋资源为主，包括深海挖掘、海水淡化以及对海洋中的生物资源、矿物资源、化学资源、动力资源等的开发利用方面的技术。

通过重大专项和重大工程的部署实施，瞄准目标产品和工程，集成各类科技资源，坚持产学研用相结合，加强各类承担主体的联合，建设支撑科技重大专项和重大工程的组织实施。

（2）重点解决产业技术创新的组织实施问题。针对产业技术创新，建设国家层面的支撑产业技术研发及产业化的综合性创新平台，加快科技成果转化和产业化。产业技术创新的重点包括文化传承产业、关键行业产业等领域，针对不同的产业建设协同创新平台。在实施过程中，特别注重培育战略性新兴产业的协同创新平台，以重大高新技术产业化带动新兴产业发展，形成未来主导产业，协调相关创新组织，统筹加强科研设施建设和研发投入，促进战略性新兴产业的形成、崛起，形成具有国际竞争力的主导产业，带动产业结构调整。

在具体布局中，根据教育部"2011计划"重大需求的划分，协同创新平台分四种类型进行布局：面向科学前沿、面向文化传承、面向行业产业、面向区域发展。2013年，国务院首批认定实施的协同创新中心共14所，牵头高校和主要协同单位成为首批"2011计划"，具体如表10-1所示。

表10-1 首批"2011计划"协同创新中心目录（14所）

类别	中心名称	牵头高校	主要协同单位
面向科学前沿	量子物质科学协同创新中心	北京大学	清华大学、中科院物理所等
面向文化传承	中国南海研究协同创新中心	南京大学	中国南海研究院、海军指挥学院、中国人民大学、四川大学、中国社科院边疆史地中心和中科院地理资源所等
面向行业产业	宇航科学与技术协同创新中心	哈尔滨工业大学	中航科技集团等
面向行业产业	先进航空发动机协同创新中心	北京航空航天大学	中航工业集团等
面向科学前沿	生物治疗协同创新中心	四川大学	清华大学、中国医学科学院、南开大学等
面向区域发展	河南粮食作物协同创新中心	河南农业大学	河南工业大学、河南省农科院等
面向行业产业	轨道交通安全协同创新中心	北京交通大学	西南交通大学、中南大学等
面向科学前沿	天津化学化工协同创新中心	天津大学	南开大学等
面向文化传承	司法文明协同创新中心	中国政法大学	浙江大学、吉林大学、武汉大学等
面向行业产业	有色金属先进结构材料与制造协同创新中心	中南大学	北京航空航天大学、贵州大学、中国铝业公司、中国商飞公司等
面向区域发展	长三角绿色制药协同创新中心	浙江工业大学	浙江大学、上海医药工业研究院、浙江食品药品检验研究院、浙江医学科学院、药物制剂国家工程研究中心等
面向区域发展	苏州纳米科技协同创新中心	苏州大学	苏州工业园区等
面向区域发展	江苏先进生物与化学制造协同创新中心	南京工业大学	清华大学、浙江大学、南京邮电大学、中科院过程工程研究所等
面向科学前沿	量子信息与量子科技前沿协同创新中心	中国科学技术大学	南京大学、中科院上海技物所、中科院半导体所、国防科技大学等

注：根据国家教育部"2011计划"实施方案，"2011计划"协同创新中心应由一所高校作为牵头单位，故不存在联合牵头的可能性。

2. 宏观布局的保障措施

为了保证协同创新宏观布局的顺利实施,国家在两个方面建立了相关的政策保障措施。

(1)建立协同创新平台的中央财政投入渠道。通过财政投入来稳定培育具有较强研发实力、较大产业化和商业化的组织。由于国家重大项目会优先向协同创新平台倾斜,所以一定要保证政府财政投入的可持续性。在政府投入的基础上,可以发挥多方资金的积极性,吸纳各种金融机构和社会资金参与协同创新平台建设,形成国家、地方政府、企业、社会资源等共建机制。在财政投入机制方面,探索中央稳定支持与项目经费支持相结合、中央支持与地方支持相结合、财政资金投入与企业/社会资金投入相结合的多种支持方式和渠道。此外,在调动各种资源提供支持的同时,需要注重经费的合理分配和效率,避免重复性建设。

(2)主动加强与现有人才发展规划、计划和工程的衔接,吸纳优秀的创新人才,展开国内外交流合作。协同创新平台最关键的创新资源是人才资源,需要加大对创新人才的吸纳和引进。为了保证和提升协同创新平台的创新效率,一方面可以在国内广泛吸纳跨学科、跨区域的各类人才加入创新平台,形成异质性的创新团队,提升创新活力;另一方面可以在不危害国家安全、不泄密的前提下,吸引来自世界各国的优秀人才参与协同创新平台,提高基础研究、技术前沿研究、产业创新的国际竞争力水平。

10.2 协同创新平台的构建

协同创新平台的构建是一个系统工程,需要持续地投入和完善。协同创新平台的构建需要实现各种创新目标,同时也需要遵循科学、合理的原则。

10.2.1 协同创新平台构建的目标

我国的协同创新平台带有一定的历史使命,是站在国家战略的高度进行创新资源整合,以完成一定的科技重大专项(或重大工程)以及产业技术创新项目。同时,每一个协同创新平台需要有平台自身的细化目标。从这种层面来理解,协同创新平台的构建目标可以有两个层次:宏观层面目标和微观层面目标。

1. 宏观目标

从宏观布局来讲,协同创新的目标是以创新体制机制为动力,以汇聚高层次创新人才为保障,以承接重大科研项目及其产业化为支撑,大力加强政、产、学、研、用一体化深度合作。

从我国创新能力的现状可以看出,目前我国创新能力不强的一个深层次原因是创新资源过于分散,企业、高校、科研机构等创新主体相互合作的深度和广度都不高。在我国经济发展从成本驱动转向创新驱动的背景下,提升全社会的创新能力成为时代特征。为了提升创新的速度和效率,同时为了更好地组织实施重大专项和重大工程,重点突破科技难题，需要建立一批协同创新平台。

协同创新平台的建设，宏观目标是为了承接重大科研项目及其产业化，充分激活"人才、资本、信息、技术"等创新要素，加强政、产、学、研、用一体化深度合作，实现创新资源和要素的深度整合。在协同创新范式的引导下，实现高校、企业、科研机构的创新资源汇聚，全面提升全社会的创新模式，为实现创新型国家建设提供重要保障。

2. 微观目标

聚焦于每一个协同创新平台，其目标是通过主体之间以及主体与外部环境之间的人力、知识、技术、基础设施、资本、信息及政策等创新资源的互动，实现合作技术创新目标，取得一定的经济效益和社会效益。

具体至每一个协同创新平台，其目标是以创新为驱动力取得相应的经济效益和社会效益。通俗地理解，参与协同创新平台的每一类主体——高校、企业、科研机构都需要产出新的科研成果，而科研成果的重要表现形式是经济效益和社会效益。经济效益的主要表现形式为科研成果的产业化或商业化水平，即科研成果转化为生产力给企业经济组织带来的收益。社会效益的主要表现形式是科技作品，包括论文、专著、专利等知识产权，是人类劳动的创造成果；同时，社会效益还表现为科技成果的公益化效率以及人才培养产出。协同创新平台的社会效益的最高表现形式是品牌塑造，如产业集群内协同创新平台的区域品牌，区域品牌的影响力最能体现协同创新平台的社会影响力和口碑。

10.2.2 协同创新平台构建的原则

协同创新平台是一个多维主体参与的系统结构，在整合大学、企业、科研机构的科研资源时，需要遵循一定的原则，以实现资源的最优配置，提升创新效率和实际效果。

1. 开放共享互利的原则

开放共享互利是协同创新平台构建的首要原则。开放性是协同创新平台的明显特征，协同创新平台是一个没有明确边界的组织形态，任何大学、企业、科研机构都可以成为协同单位，而协同单位也具有较强的流动性。共享互利是协同创新平台每一个参与主体参与协同创新的最初动机和目标，各参与主体共享各种创新资源和要素，并实现利益共享。

2. 利于技术创新原则

在建设协同创新平台时，需要针对平台的核心目标——"创新"进行人才引进和发展协同单位。协同创新平台内的每一个子平台都应以某种创新活动或创新项目服务于其创新领域。如服务业协同创新平台需要服务于每一类服务行业和产业，关键是要提供技术创新方面的支持。整体上来讲，协同创新平台的科学研究子平台、产业化子平台、人才培养子平台、服务子平台等，都应该以技术创新为核心进行资源整合和配置。

3. 风险共担原则

参与协同创新平台的任何个人或组织，都应承担协同创新平台的各种风险，包括管理风险、政策风险、技术风险、系统风险等，共同形成风险的分摊方。每一类参与方既是利益的共享者，也是风险的承担者。风险共担体现了协同创新分摊风险的优越性，即降低了创新风险，所以风险共担必须是构建协同创新平台需要遵循的重要原则。

4. 组织结构的柔性弹性原则

协同创新平台的组织结构是一个实体，同时也是一个虚拟的松散组织，这种"松散"属性体现为柔性和弹性。一是各个子平台组织结构的柔性和弹性，不同类型的子平台内的科研人员数量是变化的，以项目为导向，每一位科研人员可以是某一项目的负责人，同时是其他项目的参与者，并没有严格意义上的隶属关系。二是不同子平台间的科研人员也可以跨平台参与科研项目，不对科研人员的项目参与情况进行强制化管理。

10.3 协同创新平台的运作管理

虽然协同创新平台是多种类型的协同单位共同参与的，组织结构多样化程度较高，但协同创新平台系统自身也存在管理机制。

10.3.1 协同创新平台的构成

仅从组织结构设计而言，协同创新平台也存在层级结构。每一个协同创新平台都设置相应的子平台，子平台下再设置子平台，从而形成一个完整的管理体系。从一般意义上来讲，协同创新平台至少包含四个子平台。

1. 研发子平台

顾名思义，研发子平台涉及研究开发以及设计方法、工艺技术、制造技术等方面的研发创新工作。研发子平台是协同创新平台最核心的子平台，是不同协同单位创新资源共享最集中的子平台。研发子平台会根据协同创新平台的整体定位和目标，进行各类纵向项目和横向项目的研究工作，这一子平台可以根据总体目标的分解目标进一步设立不同的子平台，形成创新问题更聚焦的子平台。

2. 人才培养子平台

人才培养是协同创新的目标之一，人才培养子平台是为了更好地完成创新人才培养工作。协同创新平台的人才培养是"顶天立地"的培养模式，对本科生和研究生的培养不仅依赖大学的教育资源进行知识传播和知识创造，还要参照企业的用人需求进行"量身定制"。所以，协同创新中心培养的人才不仅具备坚实的专业知识和技能，还应是应用型人才，能够直接参与企业的实践操作。

3. 产业化子平台

协同创新平台构建的目标包括促进科技成果产业化，促进各种创新产品或服务实现商业化，或者促进各种专利产品的商业化。产业化子平台是专门负责科技成果产业化的平台，充分体现了协同创新平台以高校和科研机构帮助推动企业进行创新的最初目标。此外，产业化子平台的另外一个核心业务是横向项目研究，为平台内部的协同单位以及外部的企业提供各种问题的解决方案。参与横向项目的企业越多，意味着协同创新平台的产业化水平越高。

4. 公共服务子平台

协同创新平台需要发挥自身的辐射作用，为本行业或本区域经济的发展起带动作用，其中包括各种公共服务机构的建设。常规的公共服务子平台包括信息服务、检测服务、知识产权保护服务、创新投资融资服务、人力资源服务以及评估机构子平台等。这些公共性质的服务子平台不仅为本协同创新平台的协同单位服务，还可以为各种经济组织和非经济组织提供服务，如知识产权子平台可以为各种组织提供产权的创造、应用、保护和管理服务。

协同创新平台的构成如图 10-2 所示，每一类子平台下可再设多种类型的子平台。

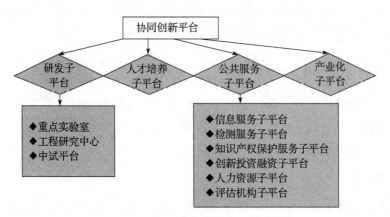

图 10-2 协同创新平台的构成

10.3.2 协同创新平台的组织结构

在具体的运作管理方面，协同创新平台可采用项目型、实体型、虚拟型等多种形式共存的运作模式。协同创新平台的运作以项目为导向，在对平台的科研人员、文献资源、实验室资源、设备资源等进行管理时，以项目为单位进行，以创新项目的顺利实施和实现为目标，组织和管理各种共享资源。从一般意义上来讲，协同创新平台设管理委员会，管理委员会任命平台主任和副主任，依托平台的项目对平台的科研人员进行管理和激励。

1. 管理委员会

类似于企业组织，协同创新平台的管理委员会具有最高的管理决策权。协同创新平台的管理委员会，是以企业、大学和科研机构为核心，联合政府相关部门、中介组织、金融机构等组成的。管理委员会可以有效地组织和协调创新资源在不同的个体和组织领域之间的跨界流动。管理委员会负责统筹协同创新平台的发展规划、资源配置，以及人事任免、财务报批、重大事项审议等。

2. 平台主任

协同创新平台的主任由管理委员会任命，全面负责平台的运营管理工作。协同创新平台下设的子平台之间的协调工作，以及各项目团队的项目协调工作，都由平台主任来统筹安排。同时，根据平台的研发子平台、产业化子平台、公共服务子平台、人才培养子平台等的发展需要，可下设平台副主任，具体负责每一个子平台内的资源整合和成果转化工作。

平台主任统筹协调协同单位的创新资源具有一定的难度。因为协同创新所涉及的组织异质性较高，包括政府、企业、科研机构、中介机构、金融机构等，这些异质性的组织所具备的资源差异性较大。所以，协同创新平台对平台主任的管理技能要求较高，需要其有一定的战略意识、市场洞察力、科研水平、组织沟通能力、领导力等。在工作中，平台主任需要保持主动、开放的心态，具备说服力和执行力。

3. 人力资源管理

协同创新平台是一个多种主体共同参与的平台，平台人员是由专职人员和兼职人员共同组成的。目前所有的协同创新平台都是由一个主要的牵头单位、多个协同单位共同构建的。平台的工作人员来自不同的协同单位，都是由少数专职人员、多数兼职人员组成的。对于专职人员和兼职人员的管理，平台有一系列完备的管理制度，如对兼职人员实行聘期制，并在其任职期间实行量化的考核指标制度。这样不仅可以保证协同创新人力资源的异质性，同样还保证了科研人员的创新成果产出。

4. 项目管理

协同创新平台本身是为了攻关重大科技专项而设立的组织形式，协同创新"平台－子平台"的组织架构本身体现了对项目管理的重视，项目的数量和项目产出情况代表了协同创新平台的创新力的大小，项目管理间接反映了对平台人力资源的管理。根据平台的构建目标，平台的研发子平台、产业化子平台、公共服务子平台、人才培养子平台等都采取项目制管理方式，包括对纵向项目和横向项目的管理。每一个项目由项目经理负责，全程控制项目的立项、在研、结项、成果应用等，以最大限度产业化为导向。

协同创新平台的组织结构基本上采取的是"平台－子平台"的模式，以项目管理为核心，整合各种创新资源。图10-3展现了现代服务业河南省协同创新中心的组织结构。

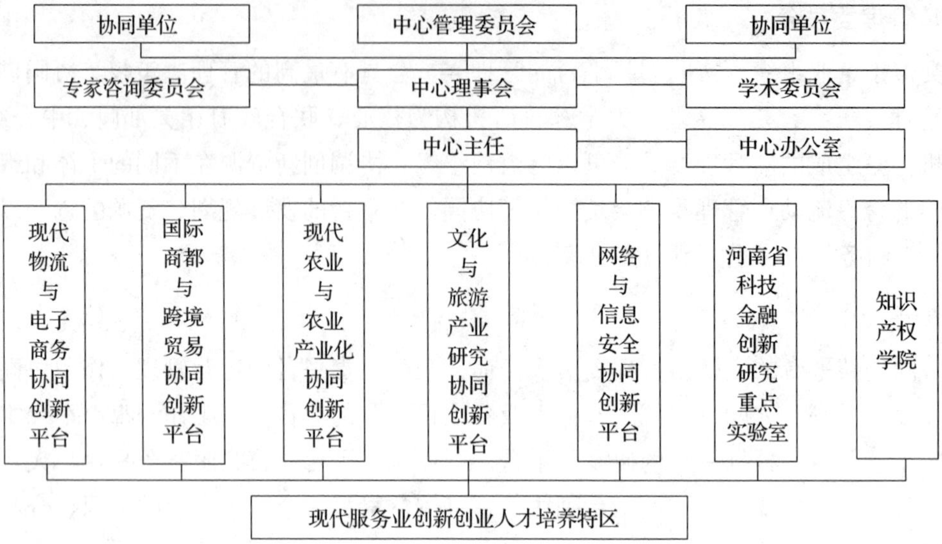

图 10-3　现代服务业河南省协同创新中心组织结构

案例 10-1

美国工程研究中心的运作与管理

美国工程研究中心（ERC）于 1985 年成立，是协同创新组织。为了推动学术界和产业界的深度合作，同时提高人才培养的教育水平，促进科技成果产业化，美国国家科学基金会联合 8 所大学建立了 6 所研究中心。

美国工程研究中心的成立目标明确：一是重视科研，推进科学研究；二是重视人才培养，推进教育改革，大批量培养优秀的本科生和研究生。

组织结构

美国工程研究中心（以下称"中心"）的管理机制是执行委员会制度，中心采用股份制与会员制相结合的组织方式。执行委员会具有最高管理决策权，全面统筹安排中心的资源分配。执行委员会任命中心主任，同时成立会员委员会和咨询委员会，支持中心主任的管理工作。中心主任下设 3 个副主任，分别负责科学研究、教育、产业化 3 个子平台的运作管理。图 10-4 呈现了该中心的组织结构。

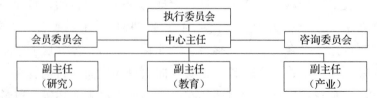

图 10-4　美国工程研究中心的组织结构

项目管理和经费来源

在项目管理方面，该中心由不同的副主任负责不同的业务分工，具体项目实施由项目经理负责。在项目经理的领导下,每个项目都会成立项目团队,项目团队的成员全程跟进项目的实施过程。

中心的项目类型可以分为三类。一是研究成果和科技成果产业化项目。将中心研究发明的专利技术、科技技术等应用到产业界,推动产业界的服务化创新。二是教学培训项目。研究中心与高校合作,为在校生提供课程培训和经验交流的活动,甚至开设新学科和新学位,并让学生更多地参与到科研工作中,以提升学生的科学素质及科学热情。三是课程开发项目。将研究成果转变为课程,其产出包括课程、教材以及授课方式等。

美国工程研究中心是一个松散的研究平台,是由政府和企业联合资助高校成立的,其经费来源于联邦政府的科学基金、产业、高校以及地方政府。早在2002年,平台的运营费用平均为930万美元;2009年,直接投入到各子平台的平均经费由410万美元上升到880万美元。

人才培养管理

在人才培养方面,中心的培养理念是"面向工业界,塑造拥有高精尖科技知识和技能的应用型人才"。中心非常重视对学生的教育,旨在培养"影响美国在国际上的竞争力的学生"。

中心每年公开选拔优秀的本科生和研究生进入中心学习,师资由中心负责协调。中心本身拥有一支协调小组,由分管工程教育的副主任直接负责,主要承担课程、学术讨论会以及其他学术活动的计划和管理工作。在协调小组的整合下,师资来源包括中心内部、合作研究机构以及合作高校。中心内部会有专职或兼职的教学专家和教育工作者,他们具有丰富的教学经验,在中心专注于成果转化及教育教学工作,是教育教学的直接参与者或项目管理人。

资料来源:陈劲. 协同创新[M]. 杭州:浙江大学出版社,2012年.

案例 10-2

区域品牌"黑公鸡"的运作管理机制

位于意大利中部托斯卡纳大区中心地带的奇昂蒂(Chianti)地区,是世界上第一片被定义为葡萄酒产区的土地,意大利政府颁布国家法令,把这片具有历史意义的地区定为"最古老原产地",即"经典奇昂蒂",从而将这里产的葡萄酒和托斯卡纳其他地区产的葡萄酒区别开来。如图10-5所示,"黑公鸡"这一区域品牌标志始用于1924年,是为了维护原产地奇昂蒂地区的葡萄酒的品质和声誉。1924年5月14日,奇昂蒂地区的33家葡萄酒生产商齐聚在 Radda in Chianti 城镇,共同创立了一个财团法人来维护奇昂蒂地区葡萄酒的品质、声誉和商标。

图 10-5 区域品牌"黑公鸡"的 LOGO

Chianti Classico 酿酒协会是一个非营利性机构,由多种主体相互协同构成,属于协同创新平台。具体来讲，Chianti Classico 酿酒协会拥有的生产商会员超过 600 名，其中约 350 名是自行装瓶生产商，整个 Chianti Classico 酿酒协会生产的葡萄酒占奇昂蒂地区葡萄酒总产量的 95%，该协同创新平台负责"黑公鸡"这一区域品牌的运营。

1987 年，这一财团法人进行了明确的内部分工，分为两个部门。一个部门是 Consorzio Vino Chianti Classico（意为 Chianti Classico 葡萄酒财团），主要负责生产过程的监督，包括检查和分析会员们的产品，以确保产品都能符合产区法规的要求。另一个部门是 Consorzio del Marchio Storico-Chianti Classico（意为 Chianti Classico 历史性商标财团），负责奇昂蒂地区葡萄酒的讯息和促销推广。简单地说，就是一个负责对内，一个负责对外。

组织结构

如图 10-6 所示，Chianti Classico 酿酒协会的主要机构包括董事会、审计委员会、科学委员会、秘书处。科学委员会的主要职能包括景观研究、水资源研究（水资源是保证葡萄品质的关键资源）、能源生产研究、建筑资产研究（包含历史博物馆）等。

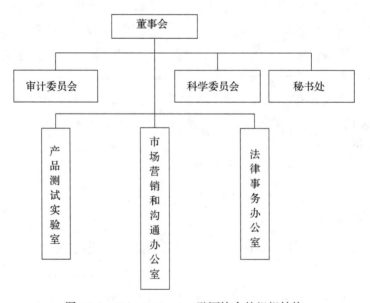

图 10-6　Chianti Classico 酿酒协会的组织结构

Chianti Classico 酿酒协会下设三个主要部门：产品测试实验室、市场营销和沟通办公室、法律事务办公室。

（1）产品测试实验室。该实验室可以追溯至 1773 年，已经有 200 多年的历史了。实验室的主要职能是保证本地区生产的葡萄酒在化学、物理、感官检验方面都能够满足一定的要求。此外，该实验室还为协会会员之外的其他酒厂提供相应的检测服务。目前，该实验室的业务已经拓展至其他产品的开发测试（特别是石油、橄榄、番红花和蜂蜜）。

（2）市场营销和沟通办公室。市场营销和沟通办公室主要负责"黑公鸡"区域品牌葡萄酒的推广工作，包括与世界各地的媒体工作者保持联系，以进行广告宣传；通过内部通信系统使联盟成员共同参与各种促销活动；与各类公立及私人机构保持联系，以保证产品销售；与产地的一些组织（社团、大学等）保持密切联系，共同培训或教育Chianti Classico红酒的专业人才。

（3）法律事务办公室。法律事务办公室主要为协会会员厂商提供支持和帮助，以使其产品在生产和营销环节都能够满足政府部门的标准和要求，同时还提供有关具体问题的法律咨询。其日常工作主要是通过各种渠道不断跟踪标准的更新，以重新解释和定义本产区的准则、标准、程序。法律事务办公室的其他职能包括与国家部委、各大区、各省相关部门以及海关、反欺诈组织、商会、标准化委员会、公共机构等进行接触和信息交流；提供法律帮助；处理商标注册问题。

运作与管理机制

Chianti Classico酿酒协会的运作与管理主要分为两个方面：对内的职能执行，对外的职能执行。

第一，对内职能。首先，对产品品质的监控。一是使用"黑公鸡"这一区域品牌的会员厂商所生产的产品必须要符合DOCG；二是协会内部对葡萄酒的整个生产过程至终端销售有着严格的控制；三是为了保证"黑公鸡"葡萄酒的产品品质，产品质量控制部门每年12月15日与协会会员进行讨论，并向Chianti Classico酿酒协会的监督团汇报产品质量，以保证"黑公鸡"区域品牌被正确使用。另外，技术研究和培训。从葡萄树种植这一根源上保证葡萄酒的品质；对厂商进行农业技术中无性生殖方法和种植方法的培训；参与DOCG标准的修订。

第二，对外职能。Chianti Classico酿酒协会旗下的部门Consorzio del Marchio Storico-Chianti Classico，其职责是监督、发布"经典奇昂蒂"葡萄酒的讯息以及组织促销推广活动，执行部门是市场营销和沟通办公室。这一部门还建立了会员厂商的内部局域网系统，供会员厂商进行资料查阅和信息沟通。这一系统极大地方便了"黑公鸡"葡萄酒的宣传和品牌推广。

市场营销和沟通办公室推广"黑公鸡"葡萄酒的方式包括以下几种。第一，搜集展会信息，积极参加世界各地的专业红酒展会。第二，与各种媒体保持联络。通过与全球各地的媒体记者、杂志编辑等保持联络，更新产品的广告。第三，定期召开产品推介会，吸引各大公营和私营机构的采购订单。第四，寻求赞助商，与协会会员共同进行事件营销。第五，通过内部通信系统使联盟成员共同参与各种促销活动。

资料来源：作者根据官网相关资料整理。

本章小结

协同创新平台的搭建是国家的意志导向，旨在以协同创新的范式实现多个学科领域的科技难题突破。目前，我国的协同创新平台以政府主导型为主，数量较多的国家级、省级协同创新中心都是为了实现产业或区域经济的发展。需要学生了解协同创新平台的宏观布局及目标意义，把握协同创新平台构建的原则。协同创新平台的运作和管理是难点，需要成立理事机构或管理委员会，根据业务分工设立不同的子平台，重点发展研发子平台、产业化子平台、人才培养子平台，以项目为依托，推进协同创新活动。

复习思考题

1. 我国国家级协同创新平台设立的目标是什么？有什么样的战略意义？请举例说明协同创新平台的创新意义？
2. 如何把握和理解我国国家级协同创新平台的宏观布局？国家级协同创新平台如何实现重大攻关项目和解决科技难题？
3. 协同创新平台是一个由多主体构成的机构，平台搭建需要遵循哪些原则？
4. 协同创新平台是一个什么样的组织结构？它的组织结构与一般企业的组织结构有何不同？项目管理和人力资源管理与一般企业有何不同？

下篇

创新实践

Chapter 11
第 11 章

创新思维方法

创新思维是人类思维的高级层次，是创新能力的核心，没有创新的思维，就没有创新的活动，也不会有创新的成果。学者对创新思维的研究颇多，但尚未有统一的界定。创新思维是创新主体在实践过程中根据已知探索未知，从而获得有价值的新观念、新方法和新技术的思维活动。创新主体在培养自我创新思维的过程中，往往受到惯有思维的阻碍，难以超越原有的思维方式。而训练是获取创新思维的主要途径之一，本章将介绍一些训练创新思维的方法，帮助我们克服阻碍。

⚠ 学习目标

了解各类创新思维方法及其特点。
掌握各类创新思维方法的应用模式。
掌握创新思维方法的实际运用。

11.1 思维导图训练

11.1.1 思维导图

思维导图又叫心智图，是表达发射性思维的有效的图形思维工具。思维导图是著名的"世界大脑先生"英国学者东尼·博赞（Tony Buzan）发明的，他于 1995 年出版了《思维导图》。东尼·博赞毕业于美国哥伦比亚大学，获得了心理学、语言学和数学多种学位，在大脑和记忆方面是超级作家，并且是世界记忆锦标赛的创始人，被称为"世界记忆之父"。

思维导图是一种革命性的工具，它的核心思想就是把形象思维与抽象思维很好地结合起来，让你的左右脑同时运作，将你的思维痕迹在纸上用白话和线条形成发散性的结构。简单来说，思维导图就是更加有效地将信息"放入"你的大脑，或者将信息从你的大脑中"提取"出来。思维导图能够启发我们突破原有的线性思维模式，用发散性思维思考问题，并通过画图的方式，开发我们的左脑和右脑。

在绘制思维导图的过程中，我们要使用到颜色，因为思维导图在确定中央图像之后，有从中心发散出来的自然结构，使用线条、符号、词汇和图像表示，遵循一套简单、基本、自然、易被大脑接受的规则；颜色可以将一长串枯燥无味的信息变成丰富多彩的、便于记忆的、有高度组织性的图画，接近于大脑平时处理事物的方式。

"思维导图"的绘制工具如下：一张白纸；彩色水笔和铅笔数支；你的大脑；你的想象。

东尼·博赞给我们提供了绘制思维导图的7个步骤，具体如下。

（1）在一张白纸的中心画图，周围留出足够的空白。从中心开始画图，可以使你的思维向各个方向自由发散，能更自由、更自然地表达你的思想，如图11-1所示。

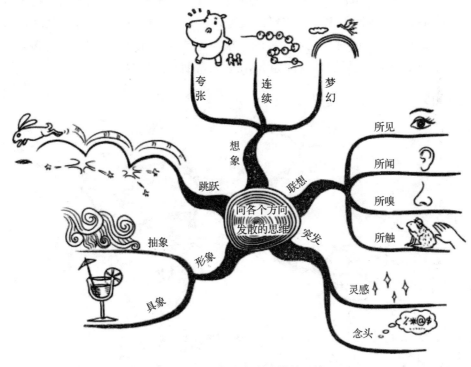

图 11-1　向各个方向发散的思维

（2）在白纸的中心用一幅图像或图画表达你的中心思想。一幅图画可以抵得上1 000个词汇或者更多，因为图像不仅能刺激你的创意性思维，帮助你运用想象力，还能强化记忆。

（3）尽可能多地使用各种颜色。因为颜色和图像一样能让你的大脑兴奋。颜色能够给你的思维导图增添跳跃感和生命力，为你的创造性思维增添巨大的能量。此外，自由地使用颜色画画本身也非常有趣。

（4）将中心图像和主要分支连接起来，然后把主要分支和二级分支连接起来，再把二级分支和三级分支连接起来，依此类推。这和自然界中大树的形状极为相似。树枝从主干生出，向四面八方发散。假如大树的主干和主要分支或主要分支和更小的分支以及分支末梢之间有断裂，那么它就会出现问题。

（5）让思维导图的分支自然弯曲，不要画成一条直线。曲线永远是美的，你的大脑会对直线感到厌烦。美丽的曲线和分支，就像大树的枝权一样更能吸引你的眼球。

（6）在每条线上使用一个关键词。所谓关键词，是表达核心意思的字或词，可以是名词或动词。关键词应该是具体的、有意义的，这样才有助于回忆。单个的词语使思维导图更具有力量和灵活性。每个关键词就像大树的主要枝权，然后繁殖出更多与它自己相关的、互相联系的一系列次级枝权。当你使用单个关键词时，每一个词都更加自由，因此也更有助于新想法的产生。而短语和句子容易扼杀这种火花。

（7）自始至终使用图形。思维导图上的每一个图形，就像中心图形一样，可以胜过千言万语。所以，如果你在思维导图上画出了10个图形，那么就相当于记了数万字的笔记。思维导图不等同于手绘，主要由关键词、分支和线条组成，相邻线条的颜色不同，如图11-2所示。画图时外观是次要的，重要的是能清晰地表达出内容和逻辑，你可以手绘，也可以借助思维导图的软件如XMind来帮助我们绘制。

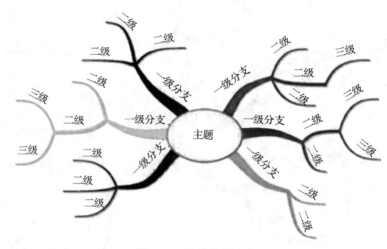

图 11-2　思维导图分支

现在试想我们将要参加各种面试，面试的企业有不同的要求，你将自我介绍按要求描述清楚，通过思维导图把自己的特点理清，把"死"简历变成一张活生生的图，向面试官展示自己。

这张思维导图首先绘制出的四个主干分别是"基本信息""简单经历""兴趣与技能"和"人生观"；下一步将每一条主干一边发散一边写上关键词。最终形成的自我介绍思维导图如图11-3所示。

11.1.2　思维训练题

1. 快速阅读

目的：提升学习能力。

提示：（1）根据喜爱选择一本书。（2）看看书的封面，决定思维导图的中心图片或主题。(3)找到这本书所有的章,并把章作为主干分支。(4)找到每一章包括的章节,并将节变成二级分支。(5)在每节中找到大标题,找出的大标题构成三级分支。(6)快速阅读内容,在图上添加细节。(7)完成思维导图的绘制后,与朋友或同学分享。

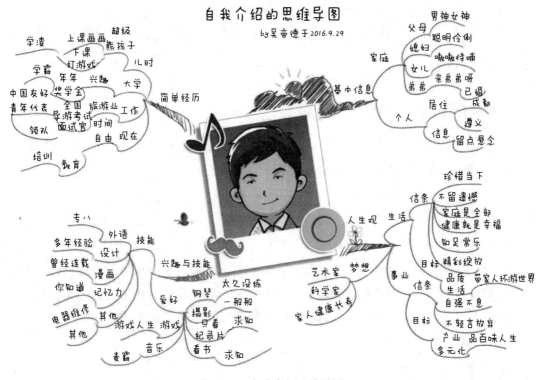

图 11-3　自我介绍思维导图

2. 家人的礼物

目的:创造良好的沟通和人际关系。

提示:首先,假设自己外出旅游,需要给家里每个人都带一份礼物,确定主题。其次,按照需要为其购买礼物的人,确定主干分支数,并写上姓名。再次,在每个主干分支后确定二级分支数,可以分别写上关键词,如"爱好""喜欢""厌恶"。然后,在每个二级分支后继续确定三级分支,相应地,写出爱好、喜欢或厌恶的事物和物品。最后,完成思维导图,统计物品,并尝试给家人带礼物,观察家人的反应。

3. 晚会策划

目的:提升策划能力。

提示:根据自己的喜好选择一个校园主题晚会,并利用思维导图把晚会的整体策划体现出来。

4. 校园 TED 演讲

目的:提升演讲能力。

提示：假设你将作为班级选手参加学校的 TED 演讲，演讲要求在 15 分钟内完成，请利用思维导图把你所要演讲的主题和内容展现出来。

5. 寒假计划

目的：提升计划能力，梳理应完成的工作和目标。

提示：按平时的生活模式确定主干数量，通过分支（开展的方式）梳理在寒假应该完成的工作或者定下的目标。

11.2 发散思维和收敛思维训练

在进行创新活动时，发散思维和收敛思维是必须运用的两种不同方式的思维，它们之间具有相辅相成、相互补充、交替使用和互为因果等关系。

11.2.1 发散思维

1. 发散思维

发散思维是美国心理学家 J.P. 吉尔福特提出的，也称为扩散思维、求异思维、多向思维、辐射思维，是一种不受任何限制的思维活动。发散思维突破了人们传统的思维定式，启发人们尽可能从不同的角度观察同一个问题，如通过"一题多解""一物多用"等方式，来培养发散思维能力。

2. 发散思维的特点

发散思维的特点一般包括流畅性、灵活性和独特性。

（1）流畅性。流畅性反映的是发散思维的速度和数量特征，是思维在外界媒介的刺激下做出反应的能力的表现。思维的流畅性表示思维活动较灵敏，能在短时间内生成并表达出尽可能多的概念。

（2）灵活性。灵活性是思维发散的关键，需要人们克服原有的思维定式，需要有丰富的想象力和联想能力，多层次、多视角地观察问题和思考问题，要真正地体会到"没有什么是不可能的"。

（3）独特性。独特性也可以称为求异性、新颖性，是发散思维的最高目标；没有这个特征的思维，都不属于创新思维。

3. 发散思维的方法

发散思维的方法一般包括以下 8 种。

（1）材料发散法。以某个物品为例，尽可能以"材料"为发散点，设想它的多种用途，如回形针的用途，夹文件、替代鱼钩、固定标签、发夹、开锁……

（2）功能发散法。从某个事物的功能出发，设想出获得该功能的各种可能性，如怎样才能达到取暖的目的（办法越多越好）。穿衣服、烤火、暖气、喝热水……

（3）结构发散法。以某种事物的结构为出发点，设想出利用该结构的各种可能性，如尽可能写出带有"开"结构的字。

（4）形态发散法。以事物的形态，如形状、味道、气味、温度、声音、明暗、颜色等为发散点，设想出利用某种形态的各种可能性，如尽可能地设想利用红色可以做哪些事情。

（5）组合发散法。以某一种事物或一些事情为发散点，尽可能多地设想出它与其他事物或事情进行组合形成的具有新价值的新事物，如请写出雨伞可同哪些物品组合在一起。

（6）方法发散法。以人们解决问题的某种方法为发散点，设想出利用方法的各种可能性，如写出用"拉"的方法可以解决哪些问题（办法越多越好）。

（7）因果发散法。以某个事物发展的结果或起因为发散点，推测造成该结果的各种原因，或推测可能产生的各种结果，如尽可能多地写出造成房子倒塌的各种原因。

（8）关系发散法。以某事物为发散点，尽可能多地找出它与其他事物之间的关系，如人类与太阳有哪些关系（关系越多越好）。

11.2.2 收敛思维

1. 收敛思维

收敛思维又称"聚合思维""求同思维""辐集思维"或"集中思维"，指人们为了解决某一问题而调动已有的知识、经验和条件，朝着问题的某个方向思考，找出最好的结论和最好的解决方法，强调唯一的、最好的结果。

2. 收敛思维的特点

收敛思维具有集中性、程序性、比较性等特点。

（1）集中性。针对一个集中的目标，将发散的思维集中指向这个目标，通过比较筛选得到解决问题的最终方法。

（2）程序性。收敛思维有明确的目标，利用现有的知识、经验和条件解决问题，必须按一定的流程和步骤进行。

（3）比较性。在多种方法中进行比较和选择，最后达到解决问题的目标。

例如，隐形飞机的制造是难度比较大的问题，它是一个多目标聚焦的结果，要制造一种敌方雷达测不到、红外及热辐射仪器追踪不到的飞机，就需要分别实现雷达隐身、红外隐身、可见光隐身、声波隐身等多个目标，每个目标还有许多小目标，需要分别聚焦，然后制成隐形飞机。

11.2.3 发散思维与收敛思维的区别

收敛思维与发散思维作为两种不同的思维方式，具有明显的区别。从思维功能来讲，收敛思维重视理论的逻辑证明和实践检验，要求实事求是，符合客观真理；发散思维突破常规而求异，不拘一格，要求多方联想和想象，做到不断求新。从思维方向来看，如图11-4和图11-5所示，主要区别在于箭头的方向，发散思维图中箭头的方向是从中心指向周围，从一点到多点，侧重于求异性；收敛思维图中箭头的方向是从周围指向中心，从多点到一点，侧重于求同性。

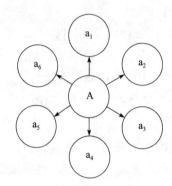

图 11-4　发散思维模型

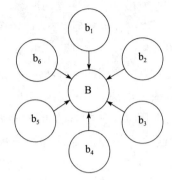

图 11-5　收敛思维模型

11.2.4　思维训练题

1. 发散思维能力自测题

本测验一共有 4 道试题，每道题限定 5 分钟，请准备纸和笔，在规定的时间内，尽可能多地在纸上写出你的回答。

（1）砖头——除了建房子外，还有什么用途？
（2）水杯——除了装水以外，还有什么用途？
（3）照明——怎样才能达到照明的目的？
（4）水——如果世界上没有水，会出现什么情况？

本测验按照思维流畅性和思维变通性两个特征分别记分，记分要求如下。

思维流畅性：每道题除去不符合要求的和完全相同的解答，被试每写出一个合理的解答就得 1 分。

思维变通性：对每道试题做出的多种解答，按类型进行分类，属于同一类的解答归为一类。每类得 1 分。

例如，有人回答砖头的用途时写了 4 种：垫高、自卫武器、压物、与人打架使用物品。那么，思维流畅性应得 4 分，但由于"自卫武器"和"与人打架使用物品"的用途和性质基本相同，应归为一类，所以思维变通性应得 3 分。将上述四道题的思维流畅性和思维变通性得分分别相加，对照表 11-1 的分数，检查自己所处的水平。只有思维流畅性和思维变通性都好，才能说明创新思维能力高。

表 11-1　思维流畅性和思维变通性分数等级标准

思维流畅性	思维变通性	等级
75 分以上	24 分以上	很好
55～74 分	20～23 分	较好
30～54 分	12～19 分	一般
0～29 分	0～11 分	差

2. 思维练习与训练

（1）发散思维训练

①牙签有哪些用途？（越多越好）

②怎么样才能达到照明的目的？

③尽可能多地设想利用水可以做什么。

④尽可能多地写出手机可以和哪些东西结合在一起，开发新的产品。

⑤尽可能多地画出包含"S"结构的东西，并说出它们的名称。

⑥尽可能多地写出面试/考试迟到了会发生什么后果。

⑦尽可能写出洗衣机的发明/机器人的发明对人类的生活产生了哪些影响。

⑧有一块正方形的土地，尽可能多地想出用两条直线将它分成大小、形状完全相同的四块的分法。

⑨树上有10只鸟，现用枪打下一只，树上应该还有几只鸟，尽可能说出多种答案。

⑩客人的提醒。赵简子是春秋时期晋国六卿之一，颇有权势。因为他爱好生灵，经常放生，邯郸的百姓每到元旦都要将一些鸟、鱼之类的生灵送到赵简子府上。赵简子则付钱买下这些生灵，然后将其放生。有一年元旦，有个客人到赵简子府上拜访，看到赵简子的这种举动后，感到很奇怪，就问："你为何要如此呢？"赵简子回答说："天地间的万物都是很珍贵的，释放这些生灵，你不觉得是很好的事情吗？"客人一听大笑着说了段话，赵简子一听恍然大悟，取消了元旦放生的事情。你猜这位客人是怎么说的？

（2）收敛思维训练

①有哪些方法可以避免雾霾对人们的身体产生影响？

②城市内的白色垃圾有哪些方法可以治理？

③光线的照射有助于缓解冬季抑郁症，研究人员曾对9名患者进行过研究，他们均因冬季白天变短而患上了冬季抑郁症。研究人员让患者在清早和傍晚各接受三个小时伴有花香的强光照射，一周之内，7名患者完全摆脱了抑郁，另外2名患者也有明显好转。由于强光照射会诱使身体误以为夏天已经来临，这样便治好了冬季抑郁症。

以下哪项为真，最能削弱上述论证的结论？

A. 研究人员在强光照射时有意使用花香，伴随对于改善患者患上抑郁症的患者适应性有不小的作用。

B. 9名患者中最先痊愈的3位均为女性，强光照射对男性患者的治愈效果较为迟缓。

C. 该实验在温带气候的北半球地区进行，无法区别南北半球的实验差异，但也无法预先排除。

D. 强光照射对皮肤的损害已经得到了研究证实，其中夏季强光照射的危害性比冬季更大。

E. 每天6个小时的非工作状态改变了患者原来的生活习惯，改善了他们的心态，这是对抑郁症患者的一种主要影响。

④自己提问。首先，表述一个你要解决的问题，然后问为什么？自己回答，再对答

案，接着问为什么？重复下去，直至你感到进入死胡同或整个过程已索然无味时结束。这个训练是通过获取新问题和新方向，搞清楚解决问题的目标是什么，最后求得解决问题的有效方法。"为什么"问得越多，你对所研究的问题的目标就越清晰，就越会问那些有微妙差别但又不重复的"为什么"的问题，从而提高收敛思维的能力。

11.3 变通思维和逆向思维训练

11.3.1 变通思维

变通思维是创新思维的要素，反映了创新活动过程中的转换和灵活应变的特征。变通思维就是跳出原有的思维模式，从另外一个角度思考问题。变通思维有多种形式和内容，从思维角度来看主要有顺势变通和迂回变通。

1. 顺势变通

顺势变通就是在解决问题的过程中，充分利用全部已有的信息和条件，人们的思维顺着事物发展的方向进行发散，寻求解决问题的办法。顺势变通不会改变事物原来的运行方向，而是在顺向思维的基础上，充分利用原有的惯势进行创新。

顺势变通和顺向思维在方向上虽然一致，但本质是不同的。顺向思维是定式思维，它在解决常规性问题上比较有利，但不利于创新思考，而顺势变通侧重于"变通"，如时间、人气、主客观因素等条件成熟了，就抓住机会，顺势而为。

例如，20 世纪中期，美国和苏联都具备将火箭送上太空的科学技术条件。相比之下，当时的美国在这方面的实力比苏联更加强大，但双方都面对着一个比较严重的实际问题，就是火箭的推动力不够强大，摆脱不了地心引力。如何解决这个问题，成了苏联与美国专家都很头痛的事情。他们各自根据以往的经验，设法增加火箭的分级数量，以求不断增加推动力，尽管火箭的数量增加了不少，但最终还是解决不了问题。后来，苏联的一位青年科学家摆脱了不断增加火箭级数的思路，产生了一个新的设想——串联起上面的两级火箭，把下面的火箭改成用 20 个发动机串联在一起的方法，经过严密的计算和试验，这个方法终于获得了成功。于是，一个长期令许多科学家束手无策的技术难题，由于这样一个简单的新设想，很快得到了解决。所以苏联能够在美国之前，于 1957 年首先将人造卫星送上太空。

上述这个例子很能说明顺向思维与顺势变通思维的区别和联系，不断增加火箭的分级数量与串联发动机都是为了增大火箭的推动力，思维方向是一致的，但前者仅仅是沿用了传统的方法，而后者却是一种变通。

2. 迂回变通

在解决某个问题的思考活动中遇到障碍时，可采用后退、避开或者越过障碍等方法来解决问题。

例如，北京的某个文化馆扩建，需要迁走居民将近 100 户，按照当时的商品房售价，一套住房售价为 16 万～18 万元，总共需要 2 000 万元。可是，市政府只拨款 1 400 万元，还差 600 万元。后来，有人给他们出了个主意：在北京郊区为搬迁居民购买 10 套住房，再买 10 辆天津"大发"汽车赠送给每个搬迁户，搬迁户将车租给一家出租车公司，由其每月付给千元以上的租金。当时，郊区一套住房只要 3 万多元，一辆"大发"汽车 4.5 万元，两者加起来也不过 8 万元左右，这样，总共需要 800 万元就能解决问题了。

11.3.2 逆向思维

逆向思维也称反向思维、求异思维，它是对人们习以为常的事物或观点反过来思考的一种思维方式。耶鲁大学一位学者认为，逆向思维法可以帮助人们快速、有效地抓住问题的关键，利用逆向思维思考，很容易实现某一创新或解决常规思路难以解决的问题。

例如，美国市场上某保健产品已经上市 8 年了，市场进入了稳定的成熟期，没有什么波动，但企业仍然希望该产品的销量能有一个明显的增长，企业给产品最畅销的地区定下了一年 1 000 万的销售目标，但半年过去了，销量只有 150 万，该怎么办呢？

后来，企业将产品交给一个营销策划机构，但要在 6 个月的时间内完成 850 万的销量不是一件容易的事情，因此策划机构首先争取到了企业的承诺，希望能够在销售终端药店开展一系列的促销活动。接下来应该是说服经销商多进货了，他们期望当地的几家主要经销商可以将进货量由 20 万增加到 50 万。经过一段时间的沟通，尽管经销商同意在终端开展各种活动来促进产品销售，可是因为多进货的风险太高，他们只答应每个月进 30 万的货。

于是他们不得不改变策略，决定采用"逆动"的方法。他们首先在当地的主流媒体上打了两周的广告，大肆宣传产品即将开展的促销活动。活动开始的当天，到达的人数比预期还要多，但大家一开始并没有积极参与到活动中，只是持观望态度，害怕所谓的有奖促销活动最终是个骗局，可当其中几位客人真的拿到奖品后，人们的购买热情一下子高涨起来，不到半天时间，活动主打药店事先准备好的货物很快就被抢购一空，另外几家药店的产品也非常热销。

根据策划人事先的安排，几家药店卖完后，可以去当地那家最大的经销商处要求进货。这下子企业根本不需要去请求经销商加货了，经销商看到产品的行情大好，主动向企业提出每个月近 100 万的货品。这时候企业占据了主动位置，表示产品供不应求，不能保证给一家经销商提供那么多的产品，在几家主要经销商的带动以及企业的造势下，其他小经销商也纷纷购进货品，想要抓住这个难得的商机，于是在接下来的 6 个月里，企业很容易就完成了销售任务。

如果不是终端药店的销售事实摆在那里，不管企业如何降低身价，经销商也不会答应企业增加进货量。这种采取"逆动"的方式，虽然销售的第一天药店会因为产品供不应求造成一点小损失，但由于让经销商看到了巨大的利益空间，企业最后还是能够达到自己的销售预期。

又如，北京一家眼镜店的橱窗里，在眼镜中间摆放了一则醒目的广告——"幼儿不宜戴有色眼镜"。文中说明，幼儿常戴有色眼镜，会损害其眼睛和视力。当顾客看到这则广告后，会有这样的印象：这一家眼镜店不是只以赚钱为目的，而是会站在顾客的立场为顾客着想，那眼镜的质量一定好。于是大家都喜欢到这个眼镜店来买眼镜。

11.3.3 思维训练题

1. 列夫·托尔斯泰曾经设计过这样的问题，一个农夫临死前留下了几头牛，他的遗书上写着：妻子得的牛是总数的一半加半头，长子得的是妻子的一半；次子所得的牛的数量是长子的一半，即剩下的牛的数量的一半加半头；分给长女的是次子所得的一半。结果一头牛也没杀，一头牛也没剩下，问农夫共留下多少头牛？

2. 20世纪60年代后期的七喜与可乐大战。60年代美国的饮料市场被两大可乐公司所统治。作为1968年刚刚问世的新饮料——七喜，如何才能突破垄断，抢占市场呢？

当时的美国人在口味上已经习惯了可乐，而且在思维方式上也拘泥于可乐才是饮料。如何打破可乐在消费者心目中的统治地位呢？七喜公司打破了传统的逻辑习惯和思维方式，到饮用者的头脑中去找产品的位置。他们大胆地提出了"七喜，非可乐"的产品定位，这一语破天惊的口号被美国的广告界称为"辉煌的口号"。也正是"非可乐"这一简单有力的口号，才使七喜脱离了硝烟弥漫的可乐竞争圈，以清新的口味和逻辑习惯赢得了消费者。这个策略口号打出的第一年，七喜的销量上升了15%。

请从逆向思维的角度来分析七喜公司的产品定位策略。

3. 有4个相同的瓶子，怎样摆放才能使其中任意两个瓶口之间的距离都相等呢？

4. 有艘储藏生茶叶的船只突然漏水，等人们发现时，水已经把茶叶泡湿了。老板没办法补救，正准备将这些浸了水的茶叶运到地里当肥料，突然一位老伯跑来向老板提出想要购买几箱这种茶叶，老板告诉他说这茶浸了水不能喝了，可那老伯偏要这些，还当场泡了一壶茶请老板品尝。老板一试之下才发现，这茶的味道更加醇厚，不禁大喜，当即决定要将它们卖出去……

请从变通思维（顺势变通）的角度思考，老板如何将这些泡过水的茶叶卖出去。

5. 有位青年画家想努力提高自己的画技，画出人人喜爱的画。为此他想出了一个办法。他把自认为最满意的一幅作品挂出来，旁边放上一支笔，请行家们把不足之处给指出来。画市上人来人往，画家的态度又十分诚恳，许多人就真诚地发表了自己的意见，到晚上回来，画家发现，画上所有的地方都标上了指责的记号。也就是说，这幅画简直一无是处。这个结果对年轻人的打击太大了，他萎靡不振，开始怀疑自己到底有没有绘画的才能。他的老师见他前不久还雄心万丈，此时情绪却如此消沉，不明白原因，待问清原委后哈哈大笑，叫他不必就此下结论，换一个地方再挂一天试试看。

第二天画家按照老师的说法去做，到晚上回来，画上所有地方同样密密麻麻地写满了各种记号。青年画家大彻大悟，之后在画坛上终有成就。

请从变通思维的角度出发，思考画家的老师给他出了什么主意？

11.4 质疑思维和越界思维训练

11.4.1 质疑思维

质疑思维是创新思维最基本的思维方式之一，是人们在观察每一种事物或思考问题时都提出疑问，尝试用怀疑和批判的眼光看待一切事物，综合应用多种思维改变原有条件而产生的新事物、新观念、新方案的思维。

一个完整的质疑思维过程可以分为三个阶段。

（1）疑问阶段。面对某个事物或情况产生疑问，思考为什么，并提出疑问，通过"为什么""怎么样"等方式进行提问。

（2）追问阶段。根据第一次所提出的疑问进行追问，获取更多的信息，直到找出产生问题的根源或解决问题的办法。

（3）知晓阶段。围绕问题，通过不断提问和追问，最终产生独特的、新颖的、有价值的解决问题的创新方法。

例如，1989 年，日本大阪实施旧城改造，要在城中修建一条高速公路。当建到池田线路段时，遇到一个棘手的问题，一座高层办公大楼正好处在规划线上。当时有两个解决办法，要么摧毁大楼，要么池田线路绕道而行，但摧毁大楼损失相当惨重，而绕道而行，不仅会延误工期，还会提高工程造价。正当大家左右为难时，城市规划首席设计师有了一个好主意，让高速公路穿楼而过，即把大楼的 5～7 层打通，使高速公路从楼层中通过。这样，那楼层也就成了高速公路的一段，那一段高速公路也就成了一个楼层，两者并行不悖，形成了完美的组合。如今，这座大楼已成为大阪的城市象征。

11.4.2 越界思维

在一个既定的框架内，人的选择是受限制的，跳出原来的框架，就会发现海阔天空。越界思维与惯性思维背道而驰，越界可以让思维获得更大的自由，发现寻常看不见的各种可能性。

越界思维一共有四种方式，分别是超越预设前提、超越问题属性、超越技术边界和超越规则边界。

1. 超越预设前提

边界就是一种预设的前提，是一种看不见的力量。大卫·铂金斯关于爱因斯坦"时间恒定"的描述可以让我们看到这种力量。

例如，1905 年，在一篇名为《论运动物体的电磁动力学》的著名论文中，爱因斯坦提出了两条新的定理，它们构成了一种全新的物理理论。第一条定理指出，匀速前进的任何参照系中的物理法则都应当是一样的。第二条定理指出，光速在任何参照系中都是一样的。爱因斯坦的结论是，你不仅无法以光速前进从而使得光波相对于你来说处于静止状态，而且你也无法追上它。光相对于你所在的参照系，其速度总是 C。

尽管第一条定理看起来是很合理的，但第二条看起来有些令人奇怪。许多年前有一首著名民歌，它讲述的是贫穷的查理的故事，他当时困在波士顿都市交通地铁中，因为地铁票涨价了，每个乘客都要在离开地铁站的时候补交差价部分。查理没有钱，因此他的妻子"每天两点一刻"都要来到斯卡里广场地铁站，当火车"轰隆隆地经过的时候"，从火车的窗户中送一个三明治给他吃。假设查理乘坐的是一辆快车，不在斯卡里广场站停靠。火车以每小时 25 英里[①]的速度前进。为了从窗户中将三明治交给查理，他的妻子以每小时 10 英里的速度跟着火车跑。相对于他的妻子，火车的速度只有每小时 15 英里，因此不是件难办的事。

相对论可不是这么让人省心的。假设查理是在一列光速火车上，这种火车将乘客变成了光线，让他们以光速前进。这列火车以光速通过斯卡里广场地铁站，其速度大约是每秒 1.86 万英里。为了将三明治交给查理，查理的妻子顺着铁路线以每秒 1 万英里的速度奔跑。然而，让她吃惊的是，火车还是以相对于她每秒 0.86 万英里的速度在前进。她根本就没有办法将三明治交给查理。

为什么看起来简单的速度算术问题，在这里完全失效了呢？为什么我们无法通过以足够快的速度跟着光线前进，从而使得光线相对于我们的速度慢了起来呢？1905 年春天的一个早上，当爱因斯坦醒来的时候，他发现一切都迎刃而解了。关键的问题是要质疑一个根本的、简单的前提假设，我们都将其当作想当然的东西了：时间的恒定性[②]。

千百年来，我们一直在用类似牛顿的绝对时间论来思考一切，虽然我们并没有刻意去做，但它确实是一个隐蔽的前提性假定，日常生活不断强化着这种隐含的前提。只有爱因斯坦发现了它。因此，最大的思维突破应是对某种看不见的"前提"的突破，唯有如此，才能产生超越技术层面的革命性创新。

例如，著名的九子图，如图 11-6 所示，要求用 4 条直线把所有 9 个点连接起来，不能移动任何点，连线必须一笔完成，连线画完前，笔不能离开纸面。

人们之所以难以逾越，是因为人的思考会屈从于一种前提假设，尽管问题中并未规定直线的长短以及是否逾越，人们总是倾向于将九子图当作一个封闭的整体，边界就这样作为前提被无意识地限定了。参考答案如图 11-7 所示。

2. 超越问题属性

超越边界的途径不止一条，对问题属性的重新界定同样是一种超越。如上文提到的著名的九子图，现在改变要求，只用 3 条直线，一笔划掉所有 9 个点。

超越问题本身的局限，重新定义问题，例如可以改变 9 个点的属性，将源自于希腊几何学的关于点的定义重新界定。文中并没有用希腊几何学关于点的定义界定它，为什么一定是抽象的"点"呢？可见，从抽象到具体的超越，从理论到现实的超越才是问题

---

① 1 英里 ≈ 1.609 千米。

② 大卫·伯金斯. 超越智商的思维 [M]. 邓海平，译，三亚：海南出版社，2001：144.

的关键。图 11-8 是一种参考答案，也可参考以下一些解决方案：卷成桶状螺旋式画线；用折叠的方法将点连成一条线；用我定义的巨笔一笔勾销；用幽默的方法解决……

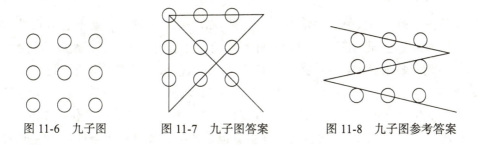

图 11-6　九子图　　　　图 11-7　九子图答案　　　　图 11-8　九子图参考答案

3. 超越技术边界

创新需要技术，但创新在本质上又是超越技术的，它是一种意识，是一种观念的破位。例如，一个"日"字，添加一笔，能变成什么字？

你肯定非常轻松地找到了下面这些字：川、白、旧、甲、申、由、电。除了这些，你想到过"中"吗（把纸板横过来）？同样没有人规定你只能用黑笔添加，为什么我们不可以用"白色修正液"来添一笔呢？一旦突破常规的技术层面，则海阔天空。

4. 超越规则边界

规则在绝大多数情况下可以让我们安身立命，然而最本质的创新却是对规则本身的质疑和革命，正如哥伦布打破鸡蛋从而轻而易举地实现了"站立"一样。不破不立，一切最原创的思想首先要破除旧秩序，冲破各种显性和隐性的规则。

一天，某公司总经理叮嘱全体员工——"谁也不要走进 8 楼那个没挂门牌的房间"。但他没解释为什么。这家效益不错的公司的员工都习惯于服从，谁也不去 8 楼那个没挂牌的房间。一个月后，公司又招聘了一批员工，总经理对新员工又交代了一次——"不要走进那个没挂门牌的房间"。这时有个年轻人在下面小声嘀咕了一句："为什么？"总经理满脸严肃地回答："不为什么！"

不解萦绕在年轻人的心中，好奇心驱使他非要去看看，而别人善意的提醒更激起了他的兴趣。他来到那个房间，轻轻叩门，没有回应，再轻轻一推，虚掩的门开了。不大的房间里只摆了一张桌子，桌子上只放着一个纸牌，上面用红笔写了几个字——把纸牌送给总经理。

年轻人十分困惑地拿起那个已经沾了许多灰尘的纸牌，走出房间。他不顾众人的劝阻，直接来到总经理的办公室，当他把那个纸牌交到总经理手上时，总经理一脸笑意地宣布了一项令人震惊的结果："从现在起，你被任命为销售部经理。""就因为我把纸牌拿来了？"年轻人不解地追问。"没错，我已经等了快半年了，相信你能胜任这份工作。"总经理充满自信地看着年轻人。

那个年轻人果然不负厚望，把销售部经营得红红火火，而总经理的解释是："这位年轻人不为条条框框所束缚，勇于走进某些禁区，这正是一个富有开拓精神的成功者所应具备的良好品质。"

11.4.3 思维训练题

1. 大英图书馆年久失修，决定新建一个图书馆。新馆建成后，要把老馆的书搬到新馆去。这本是搬家公司的活儿，没什么好筹划的，把书装上车搬走，摆放到新馆即可。问题是，如此需要花费 350 万英镑，图书馆没有这么多钱。眼看雨季就要到了，不马上搬家，这损失就大了。怎么办？正当馆长苦恼的时候，一个馆员找到馆长，说他有一个解决方案，只需要 150 万英镑。馆长十分高兴，因为图书馆有能力支付这 150 万英镑。"快说出来。"馆长很着急。馆员说："好主意也是商品，我有一个条件。如果把 150 万英镑全花完了，那权当我为图书馆做贡献了，如果有剩余，图书馆把剩余的钱给我。""那有什么问题，150 万英镑以内剩余的钱给你，我马上就可以做主。"馆长很坚定地说。

合同签订了，采取了馆员提出的搬家方案，结果连 150 万英镑的零头都没有用完就把图书馆里的书都搬了。

请问馆员是如何做到的？

2. 在北方的某座城市，一家海洋馆开张了，50 元一张的门票，令那些想去参观的人望而却步。海洋馆开馆一年，简直门可罗雀。最后，没有赚到钱的投资商以低价将海洋馆脱手，洒泪回了南方。新主人接管海洋馆后，在电视和报纸上打广告，征求能使海洋馆起死回生的金点子。

一天，一个女教师来到海洋馆，她对经理说她可以让海洋馆的生意好起来。按照她的做法，一个月后，来海洋馆参观的人天天爆满，这些人当中有 1/3 是儿童，2/3 则是带着孩子的父母。3 个月后，亏本的海洋馆开始盈利了。

请问女教师用了什么办法？

3. 常规：日常口语交际中的质疑思维，更多地体现在对他人讲话内容的提问和反驳，是他一言，你一语，有来有往的语言交际活动。

质疑：设想一下，如果不是"他一言，你一语"的语境，而是你自己在陈述一件事情，抒发一种观点或和大家分享一份感悟，你能运用质疑思维使自己的讲话别具一格吗？

4. 如图 11-9 所示，一对父子在一次游览迷宫时不慎走散，父亲非常着急，想尽快找到孩子。你能帮助这位家长设计一条最短的路线吗？（提示：越界思维）

5. 如图 11-10 所示，盒子内有 6 张大小和形状相同的纸牌，请利用空格处，上下左右移动纸牌，把 3 张印有 X 的纸牌和 3 张印有 O 的纸牌的位置完全互换，条件是只能"移动"，不能取出纸牌，也不能在纸牌中间跳跃。

6. 如图 11-11 所示，方阵里横向、纵向、对角相加之和均为 15，现在要求你重新设计一个横向、纵向和对角相加之后均为 16 的方阵，而且方阵中的数字完全不相同，应如何安排？

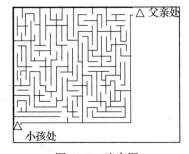

图 11-9　迷宫图

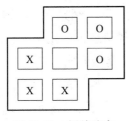

图 11-10　纸牌迷宫　　　　图 11-11　数字方阵

11.5　联想思维和直觉思维训练

11.5.1　联想思维

联想思维是指在人脑记忆表象系统中，由于某种诱因而使不同表象之间发生联系的一种没有固定思维方向的自由思维活动。人们会根据当前感知到的事物、概念或现象，想到与之相关的事物、概念或现象，例如看到鸡会想到鸡蛋。联想与大脑的记忆库有关，一般来说，一个人的知识经验越丰富，越有利于其产生联想，联想的质量也会越高。联想思维主要有相近联想、相似联想、对比联想、链锁联想等形式。

（1）相近联想。时间和空间相互接近的事物间形成的联想，如大家看到绿色时会想到草地，看到蓝色会想到大海、蓝天等。

（2）相似联想。相似联想指人脑中出现同某一刺激或环境相似的经验、事物的联想，即联想物与刺激物之间存在某种共同的性质或特征，如看到鸟想到飞机，由海洋生物表皮的性质引起联想从而发明了新式的泳衣等。

（3）对比联想。借助于不同事物的功能、性能、外观、结构、质量，或是事物的原因、过程、结果的比较而产生的一种形象思维的方式，是想象的一种基本形式。对比联想可以进行如冷与热、软与硬、黑与白的简单对比，也可以进行数学中的正数与负数、物理学中的作用力与反作用力等较为复杂的对比。

（4）链锁联想。像化学中链的反应一样，从某一点出发，一环扣一环地产生一连串的想象，然后一步步付诸实施。

例如，20世纪50年代，那时还没有研制出响尾蛇导弹。有一天两位儿时的朋友相聚，一位是生物学家，另一位是导弹专家。在两人的交谈中，生物学家说到，有一种奇特的蛇叫"响尾蛇"，它的眼睛已经退化，但动作却极为敏捷，可以毫不费力地捕捉到老鼠或其他小动物，这是因为它的鼻子和眼睛中间有一个小"颊窝"，这是一个奇特的热敏器官，能够接收小动物身上发出的红外线，对携带能量最多的波段反应最为强烈。于是，导弹专家马上由响尾蛇联想到导弹，他想飞机在飞行过程中，尾部要放出高温气流，红外线肯定强烈，如果在导弹的头部装上一个类似响尾蛇的颊窝这样的红外线探寻装置，导弹就像装上了眼睛，可以去主动追寻飞机。不久，名为响尾蛇的空对空导弹就被研制出来了。

响尾蛇和导弹本是两个不相干的东西，但是导弹专家却因响尾蛇—红外线—导弹—红外线装置—响尾蛇—导弹这一连串的联想，导致一个新事物的产生。

20世纪90年代，在美国玩具市场上掀起了一股抢购风潮。椰菜娃娃的风波，这是美国青年波罗波尔由玩具联想到童话故事，小孩都是从菜地里长出来的，然后设计了一款"椰菜娃娃"的玩具。刚开始的时候市场销量不大，于是他开始思考，并想到了美国社会，当时美国由于离婚率比较高，单亲家庭多、老人多，于是他把目标放在弥补这些人的情感空白上，决定赋予"椰菜娃娃"更多的人性，设计出从长相到肤色、从年龄到性别、从发型到发色、从衣服到鞋子各不相同的新一代"椰菜娃娃"，最后还萌发了让人领养椰菜娃娃的想法。为了满足人们各种情感上的需要，每制造出一个"椰菜娃娃"，都给它附上出生证、脚印和写上姓名等，同时还制造出了"椰菜娃娃"所需的各种商品，如床单、尿片、衣服、首饰、推车、各种玩具等。短短一年的时间，"椰菜娃娃"获得了惊人的成功。

在这个例子中，体现出的链锁联想为玩具—童话故事—椰菜娃娃—社会老人多、单亲家庭（情感孤独）—弥补情感空缺—多样化设计—领养娃娃。

11.5.2 直觉思维

直觉思维是一种人脑对于突然出现的新事物、新现象、新问题及其关系的迅速识别、敏锐洞察、直接理解和综合判断的思维方式，如居里夫人凭借直觉发现了放射性元素镭；将军在特定紧急情况下，下达命令首先凭直觉等。

法国一家经营强力胶水的商店，坐落在一条鲜为人知的街道上，生意很不景气。一天，这家店的店主在门口贴了一张广告："明天上午9点，在此将用本店出售的强力胶水把一枚价值5 000法郎的金币贴在墙上。若有哪位先生或小姐能用手把它揭下来，这枚金币就属于您！"次日，人们将这里围得水泄不通，连电视台的人都来了。店主当众拿来一瓶强力胶水，在一枚金币的背面薄薄地涂了一层，将它贴在墙上。人们一个接着一个来碰运气，结果金币纹丝不动。这一切都被录像机记录了下来。虽然没有一个人拿下那枚金币，但是，大家都认识了一种强力胶水。从此，这家商店的强力胶水销量大增，供不应求。

11.5.3 思维训练题

1. 想象力训练

（1）给定一个词或物，通过联想在最短的时间内形成联想链，如天空（对比联想）—地面（接近联想）—大海（接近联想）—鱼（相似联想）—潜水员。至少包括5步。

①人—机器
②蓝色—天空
③足球—西瓜
④月亮—
⑤手机—
⑥火柴—

（2）给定一个词或物，在规定的时间内，由这个词或物想出更多的词或物。

①请在 1 分钟内说出与 "天空" 相关的物。
②请在 1 分钟内说出形容 "丑" 的词。
(3) 根据下列食物写出由此联想出的事物

猫— 　　　太阳— 　　　衣服— 　　　古筝— 　　　水杯—
哈密瓜— 　　手机— 　　　枕头— 　　　马路— 　　　红灯—

(4) 尽可能地想出什么东西与旋涡状的图形最相像？
(5) 如图 11-12 所示，有两个几何图形，试试各剪四刀并拼出两个相同的正方形。
(6) 想象你遇到了一个难题，刚遇到状况时的心情和表情，然后你下决心解决这个难题的状况，解决难题的过程的状况，最后得到圆满答案的状况。把整个过程描述出来。

图 11-12　几何图形

(7) 某种文具的价钱是 5 个 2 元，50 个 3 元，而 500 个、5 000 个、5 万个都是 3 元，但是 50 万个却是 4 元，猜一猜这是什么文具？（提示：字样的模板）
(8) 门外三个开关分别对应室内三个灯，线路良好，在门外控制开关时不能看到室内灯的情况，现在只允许进门一次，如何确定开关和灯的对应关系？
(9) 有 3 筐水果，第一筐装的全是苹果，第二筐装的全是橘子，第三筐是橘子与苹果混在一起。筐上的标签都是骗人的（比如，如果标签写的是橘子，那么可以肯定筐里不会只有橘子，可能是苹果）。你的任务是选择其中一筐，从里面只拿一个水果，然后正确写出 3 筐水果的标签。

2. 直觉训练

(1) 速度题：只有 "正确" 和 "错误" 两种答案，请在 4 分钟内完成。
①英文字母表中的 "G" 和 "M" 之间是不是有 7 个字母？
② 5 只猫，2 个人，4 只猪和 7 只鸭一共有 52 条腿？
③从 9 到 19 之间所有数字的和是奇数。
④如果这个月的第 2 天是星期五，那么这个月的第 12 天是星期二。
⑤橘子比桃子好，樱桃不如橙子，那么，如果樱桃比橘子好的话，樱桃一定比桃子好。
⑥如果红色是紫色和黄色合成的，蓝色是绿色和紫色合成的，那么橙色是由黄色和绿色合成的。
⑦数字 17 232 568 是不是和 86 523 217 的顺序相反？
⑧下面几个词是否可以组成一个正确的句子？
球棒　的　用来　是　棒球　打
(2) 下面 8 个英文字母是按照大家都十分熟悉的顺序排列的，请找出它们的内在规律，并指出下一个字母该是什么？
O、T、T、F、F、S、S、E、（？）

（3）美国专家奇尔出的一道观察力试题，许多成年人对此不知从何入手，而一些聪明的少年却轻而易举地解开了难题。图11-13中有辆公共汽车，有A和B两个汽车站。请问，公共汽车现在是要驶往A车站，还是驶往B车站？

图11-13　行驶的汽车

（4）王安是世界著名的电脑专家和企业家，关于他的传记材料介绍，1949年，他在美国哈佛大学的实验室工作。他研究出记忆磁芯后，决定申请专利，这大大引起了同事们的震惊。因为当时全世界也不过只有几台电脑，一般从事电脑研究的人都认为，电脑的开发事业只能由政府来做。在他们看来，王安企图将电脑的记忆磁芯投入商业用途，为个人申请专利，无疑是一种疯狂的想法。当时，王安本人对记忆磁芯在电脑的发展史中能扮演什么角色，究竟能起到多大的作用，他的认识也是模糊的。他只是笼统地从整体上"感觉"到，记忆磁芯将会有极重要的用途，将会有极高的商业价值。于是他不顾来自各方面的压力，毅然地做出了申请专利的决定。

请问，从总体上看，王安是运用什么思考方法考虑记忆磁芯的专利申请问题从而做出决定的？

11.6　灵感思维和形象思维训练

11.6.1　灵感思维

灵感思维是一种潜意识与显意识之间相互作用、相互贯通的理性思维认识的整体性创造过程。灵感思维与直觉思维基本的区别是，直觉是一种自觉性的思维活动，而灵感是突然闪现的创新想象；直觉是凭借已有的知识、经验对问题的解答，可以后天培养，提高其能力，而灵感是长期思考后迸发的思维火花，需要激发，只能捕捉。一般来说，灵感思维具有突发性、独创性和非自觉性三大特点。

（1）突发性。灵感何时出现没有规律，也难以预先知道，如音乐家贝多芬，因那位盲人姑娘那颗热爱音乐的心，突然来了灵感，即兴创作了《月光曲》。

（2）独创性。灵感所获得的成果，往往是新颖的、有创造性的，灵感的闪现往往是模糊的、零碎的，需要通常的思维活动加以整理。

（3）非自觉性。灵感是一种直觉的、非逻辑的思维过程，是不经意间通过外界的某一刺激受到了启发，或由于某种联想突然想到解决的办法。

例如，化学家霍夫曼提议用化学方法合成奎宁，柏琴按照老师的想法进行这方面的实验，但是都失败了。一天黏液呈现鲜艳的紫红色，柏琴灵机一动：虽然奎宁没有成功，可现在纺织工业缺少染料，这不是很好的染料吗？于是他进一步实验，加工制成了苯胺紫。

11.6.2 形象思维

形象思维是指以具体的形象或图像作为思维内容的思维形态，需要通过独具个性的特殊形象来表现事物的本质。形象思维的方法一般包括模仿法、想象法、组合法和移植法。

（1）模仿法。它是一种以某种原型作为参考，对其进行加工并产生新事物的方法。例如，人们模仿鸟发明了飞机，模仿蝙蝠发明了雷达。

（2）想象法。抛开某事物的实际情况，在过去感知的基础上对表象进行加工、改造并创造出新的形象。

（3）组合法。从两种或两种以上的事物或产品中抽取合适的要素进行重新组合，构成新的事物或新的产品的创造技法。

（4）移植法。将一个领域中的原理、方法、结构、材料和用途等移植到另外一个领域，从而产生新事物的方法。

例如，1884年，苏联科学家齐奥尔科夫斯基就大胆幻想了未来宇宙航行的带翅膀和操作装置的火箭式飞机。他的设想如下。火箭式飞机带有略小的翅膀，牵引力和速度较大，可以在大气层以外飞行和滑翔降落，可以在大气层外自由活动（如登月），帮助人类在小行星上和太阳系中其他不大的天体上建立移民区，等太阳开始毁灭，太阳系的居民转向别的星系。这听起来好像是在叙述航空航天事业发展的历史。其实，当齐奥尔科夫斯基提出以上设想的时候，莱德兄弟的飞机尚未问世。

11.6.3 思维训练题

1. 与"灯泡"的特性相联系，思考"椅子的设计"。
2. 如图 11-14 所示，用 9 根火柴棒摆成正三角形，再用 2 根火柴棒将其分为①和②两部分，那么，哪部分的面积更大？
3. 图 11-15 是某公园的 20 个景点，如果游客从 F 处开始，按照怎样的顺序才能不走重复的路线呢？

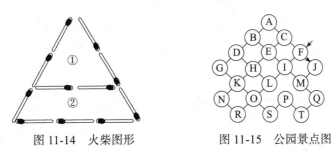

图 11-14 火柴图形　　图 11-15 公园景点图

4. 图 11-16 字母图案中哪一项与其他四项都不同？
5. 观察图 11-17 的六角形并回答以下问题。

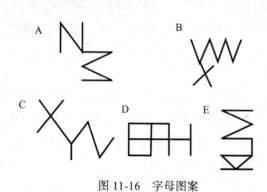

图 11-16　字母图案 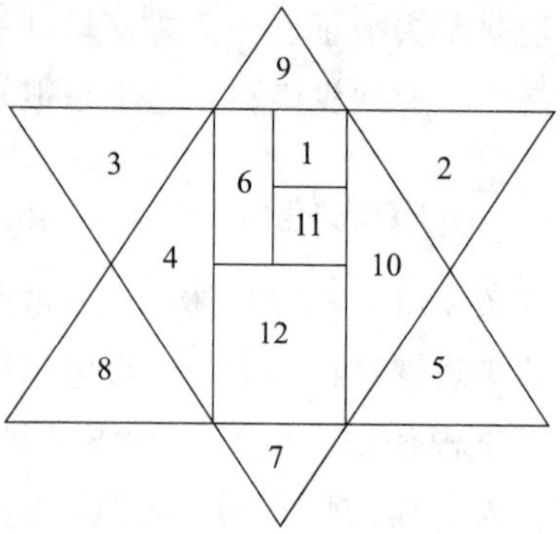　　　　　　　图 11-17　六角型

（1）图中有多少个三角形？
（2）图中有多少个长方形？
（3）你能够找到多少个六边形？

6. 蜜蜂在屋檐下筑了 1 个巢，1 周后，在其外圈增加了 6 个蜂巢。2 周后，蜂巢又增加了一圈，增加了 12 个蜂巢，3 周后，如图 11-18 所示，又增加了第三圈，6 周后，筑成了巨大无比的蜂巢。请问，蜂巢总数到底有多少个？

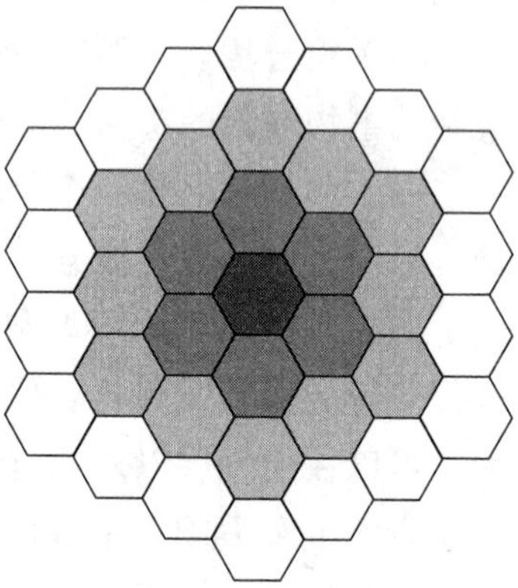

7. 如图 11-19 所示，用 16 根火柴拼成了 5 个正方形，如何只移动 2 根火柴，使得这 16 根火柴拼成同样大小的 4 个正方形？

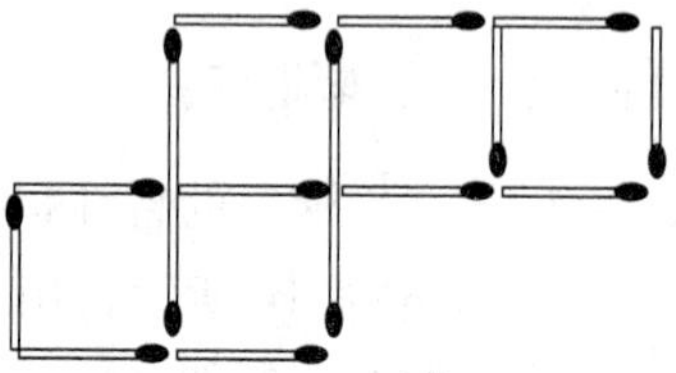

8. 尽可能地想出什么东西与蚊香的形状最相像？

9. 一个轮子置于一平面上，轮子的边缘有一个黑点，当轮子在平面上滚动时，想象并画出黑点在轮子滚动时留下的痕迹。

图 11-18　蜜蜂的蜂巢

10. 假如……
（1）假如世界上只剩下你一个人了，想象一下你的生活会怎么样？

图 11-19　5 个正方形

（2）假如你能够穿越到未来，想象一下那时的情景。
（3）假如将来我们要移居到火星上，想象一下火星上人类的生活环境。
（4）假如房子由你来设计，想象一下它的外观和家具的布局。

11.7　侧向思维和超前思维训练

11.7.1　侧向思维

侧向思维又称旁通思维，它是沿着正向思维的旁侧开拓出新思路的一种创造性思维。奥地利医生奥斯·布鲁格的父亲是一个卖酒的商人，那时候装酒的大酒桶都放在地窖里，酒商都通过用手指敲敲大木桶来判断木桶里还有多少酒，如果敲击时发出的声音比较响脆，说明酒剩的不多了，如果敲击时听起来闷声闷气，说明木桶里是盛满酒的。

有一次，奥斯·布鲁格医生接待了一位患者，患者自称胸口不舒服，喘不上气，由于病因查不出来，因此无法对症下药，没过几天就去世了。当尸体被解剖后才发现死者胸腔里积了不少液体，这时，奥斯·布鲁格联想起父亲每次取酒时用手敲木桶的情景，一个奇妙的想法突然出现在脑海，人的胸腔不是与酒桶有些相似吗？如果患者的胸腔里有了积液，那么敲起来的声音也许会与正常人有所不同。此后，该医生在实践中发明了查体叩诊法，一直沿用到现在。

11.7.2 超前思维

超前思维是人们根据客观事物的发展规律，在综合现实生活提供的多方面信息的基础上，对于客观事物和人们的实践活动的发展趋势、未来图景及其实现的基本过程的预测、推断和构想的一种思维过程和思维形式。

美国工业设计师诺曼·贝尔·盖茨1940年在"建设明天的世界"博览会中，代表通用公司设计了"未来世界"的展台，为未来的美国设计出环绕交错、贯穿大陆的高速公路，并预言："美国将会被高速公路所贯穿，驾驶员不用在交通信号灯前停车，可以一鼓作气地飞速穿越这个国家。"尽管当时有许多人对此表示怀疑，甚至提出反对意见，但这一预言现在已变成现实。

11.7.3 思维训练题

1. 请你在15分钟内剪下大小不一的30个圆。
2. 机械工厂的精密零件，大部分都需要人为加工。为了防止工作物生锈，工人必须整天戴手套。为了使手指更加灵活，手套做得很紧，不但戴上脱下很麻烦，而且容易腐蚀或破烂，所以这一笔经费负担非常大。你觉得怎样改进这种手套呢？
3. 古时候，有一个人想过河，于是他来到河边大声问道："哪位船老大会游泳？"话音刚落，好几个船老大都围了过来，热情地自我推荐："我会游泳，客官坐我的船吧！"只有一位船老大没有过来，坐船人就走过去问那人："你水性好吗？"船老大不好意思地说："对不起，我不会游泳！"坐船人高兴地说："那好，我坐你的船！"

为什么坐船人要选不会游泳的船老大呢？
4. 装满水的杯子，不能倾倒，也不能打碎杯子，请你取出杯中全部的水。
5. 每当学期开始和结束时，有大批人在许多学校门口发各种宣传广告，请运用侧向思维解决问题，以使人们不会随手丢弃广告。
6. 如何测量毒蛇的长度？
7. 一位商人向纳斯列金的朋友哈萨借了2 000金币，并写下了借据。可是在还钱期限快到的时候，哈萨突然发现自己保存的那张借据丢失了。这时他焦急万分，因为他知道丢失了借据，向他借钱的这个商人是不会认账的，于是他找到纳斯列金寻求帮助，问他这件事情该怎么办。纳斯列金对他说："不要紧，我给你说个办法，你赶快给这个商人写一封信，你在信上对他说，还款的日期快到了，叫他准备好向你借的 2 500 金币，到时候一定要送来。还要他立即给你回一封信，说明是否能保证按期还钱。"哈萨迷惑不解，借据已经丢失了，要这个商人还 2 000 金币都成了问题，怎么还能向他要 2 500 金币呢。尽管哈萨想不通，但他还是照办了，最后那位商人乖乖地按期偿还了他那 2 000 金币。为什么？

本章小结

　　本章内容介绍了思维导图训练、发散思维和收敛思维训练、变通思维和逆向思维训练、质疑思维和越界思维训练、联想思维和直觉思维训练、灵感思维和形象思维训练、侧向思维和超前思维训练等创新思维方法，阐述了每一种创新思维的特点，并使学生对比分析相应的思维模式。本章内容还给出了每种思维模式的例子，帮助学生理解和掌握这些思维模式；同时列出了部分训练题，让学生进行大量的思维训练，以提高学生的创新思维能力。

训练题要点提示

11.3.3　思维训练题

1. 长女是 1 头，次子是长女的 2 倍即 2 头，长子是次子的 2 倍即 4 头，妻子是长子的 2 倍即 8 头，一共是 15 头。
3. 把 3 个瓶子放在正方形的顶点，将倒过来的瓶子放在三角形的中心位置，这时你制造了很多个等边三角形，任意两个瓶口之间的距离都是正三角形的边长。

11.4.3　思维训练题

1. 馆员在报纸上登了一条消息："从即日起，大英图书馆免费、无限量供市民借阅图书，条件是从老馆借出，还到新馆去。"
2. 海洋馆打出的广告内容很简单，只有 12 个字："儿童到海洋馆参观一律免费。"
4. 提示：绕着外墙走。
5. 将整个盒子翻转 180 度。
6. 每个格子里的数字加 1/3。

11.6.3　思维训练题

6. 根据数据，每周的新蜂巢数都比上一周多 6 个，总数应该是 1+6+12+18+24+30+36=127。

11.7.3　思维训练题

3. 提示：坐船人认为，不会游泳的船老大，他必然会小心地划船，坐他的船就比较安全。

Chapter 12
第12章

创新方法

创新方法是创新者把创新思维与创新经验、成果相结合而总结出来的具有普遍规律的创新创造技术与方法，创新方法可以运用在各个领域、行业、学科中，启发人们的创造性思维，提高人们的创造力及创新成功的概率，在指导创新创造者从事创新创造活动方面具有重大意义，本章将介绍头脑风暴法、组合创新法、列举分析法、设问法、逆向转换法、创造需求法这几种创新方法。

⚠ 学习目标

了解基本创新方法的类别和特点。
掌握各类创新方法的运用条件。
能够实际运用各类创新方法。

12.1 头脑风暴法

头脑风暴法是1939年由美国人奥斯本发明的世界上第一种创造技法，也叫奥斯本智力激励法，通常指一群人开动脑筋，进行自由的、创造性的思考与联想，各抒己见，在短时间内提出解决问题的大量构想的一种方法。

12.1.1 头脑风暴法的实施步骤

1. 准备阶段

（1）提出问题，确定讨论的主题。

（2）组建小组，并通知会议内容、时间和地点。

（3）向参会人员说明"头脑风暴法"的基本原则，确保会议顺利进行；为了使会议气氛活跃，也可以在会前做一些游戏和发散思维的练习等。

2. 会议过程

（1）主持人明确讨论的问题，要求小组人员讲出与该问题有关的创意或思路。

（2）参会人员自由畅谈，发言力求简单扼要，在该阶段不做任何评价。

（3）由记录员执行记录任务，每一个设想需注明顺序，以便查找。

（4）主持人必须充分掌握时间，时间过短，提出的设想太少，时间过长，参会人员容易疲劳；可以将已确定的会议结束时间再延长5分钟，往往会有意外的惊喜。

3. 创意评选

会后对创意进行整理，按事先的评价和选取的标准，对创意进行评价和选择，找到解决问题的最佳办法，如果没有，则可以再次重复上述过程，直到选出最佳的设想或方案。

12.1.2　头脑风暴法的实施原则

1. 延迟评判原则

参会者在会议中思想放松，气氛活跃，这是关键。在会议中，主持人和参会者对各种意见、方案的正确与否，不要当场做出评价、批评或指责，否则将影响参会者的积极性，参会者会更加保守谨慎，从而遏制创意的产生。评论应放在后面的创意评选阶段。

2. 追求数量原则

参会者都应抓紧时间多思考、多提设想，而不应将时间花在思考方案的质量上，从而影响其他方案的提出和思路的开拓。

3. 自由畅想原则

参会者不受任何限制，放松思想，从不同角度、不同层次大胆展开想象，尽可能提出与众不同、独创性的想法。

4. 限时限人原则

小组规模一般以5～10人为宜，会议时间一般以20～60分钟效果最佳。

5. 综合改进原则

可以对他人提出的好的想法进行组合、取长补短，通过改进形成一个更好的想法，从而达到"1+1>2"的效果。

12.1.3　训练题

1. 热身训练

（1）玻璃瓶里装满了香槟，瓶口塞有软木塞，既不准打破瓶子、弄碎软木塞，又不能拔出木塞，请问用什么方法才能喝到瓶子里的香槟？

（2）老王一天要刮四五十次脸，脸上却仍有胡子，这是什么原因？
（3）用什么办法让服务员多拿几个啤酒杯？
（4）你有什么好办法避免因汽车轮胎爆裂而翻车的事故？
（5）粗心的人往往因忘了倒胶卷而造成胶卷全部曝光，对此你有什么好建议？
（6）如何保证当一个房间里装满了东西，人还能活动自如？
（7）你能够用水泥做个弹簧吗？
（8）怎样让火柴在水下燃烧？
（9）有哪些方法可以调动学生学习的积极性？
（10）有哪些方法可以改善每天上下班交通非常拥堵的情况？

2. 训练题目

（1）尽量列举出手机的用途。
（2）尽量列举出改善空气污染的方法。
（3）尽量列举出避免考试作弊的方法。
（4）尽量列举出完善大学生活的方法。

3. 综合训练

以 5～10 人为小组单位，确定主持人和记录员，根据下列议题，分别组织头脑风暴会，将会上产生的所有设想都记录下来，留待以后处理（每次 20～30 分钟）。
（1）设计一种新型的耳机。
（2）打造一款新型的网络直播平台。
（3）设计一种在中国大学校园内使用的理想化的交通工具。
（4）设计一栋理想的大学宿舍。
（5）设计理想的大学课程模式。
（6）设计现代化城市理想的交通模式。

12.2 组合创新法

组合创新法是将两种或两种以上的不同种类的事物，通过巧妙地结合或重组，产生新技术、新方法、新产品的创新技法。组合创新法有多种类型，本节主要介绍组合类法、信息交合法和形态分析法。

12.2.1 组合类法

组合类法中主要的方法包括主体附加法、异类组合法、同类组合法、重组组合法、共享与补代组合。

1. 主体附加法

主体附加法是指以某一特定的对象为主体，通过在原有的产品或方法上增加新的附加件而产生创新方法。在日常生活中，主体附加法的运用很普遍，如带温度的保温杯、电话手表、带定时功能的空调等。主体附件法具有明显的特征，一是主次分明，主体可以是任何事物；二是克服了主体的缺点，改进并优化了主体的性能。主体附加法在实施过程中可以分为以下几个步骤进行。

（1）有目的、明确地选择一个主体。

（2）运用缺点列举法全面分析主体存在的优缺点，或运用希望点列举法对主体提出希望。

（3）在不改变主体的情况下，根据不同的创新目的，通过增加附加件以克服或弥补主体的缺陷，从而产生创新成果。

2. 异类组合法

异类组合法是将两种或两种以上的不同类型的事物或创意进行结合，从而产生新事物的方法。该方法的特点是组合的对象来自不同的方面，一般不存在主次关系，参与组合的对象从结构、功能、意义、成分等任一方面或多方面相互结合，整体变化显著。异类组合法的创新性比较强，如日常生活中的投影电视、花瓶式台灯、工业清洁剂等。

例如，我国云南哀牢山彝族人将火药、铅块、铁矿石碴、铁锅碎片等放入一个掏尽籽的干葫芦里，在葫芦的颈部塞入火草作为引火物，把葫芦装入网兜，形成了世界上最早的手榴弹"葫芦飞雷"。

3. 同类组合法

同类组合法是指在保持原有事物的功能或意义的前提下，通过增加数量来弥补功能的不足，以产生具有新功能或意义的新事物。一般来说，同类组合的组合对象是两个或两个以上的同一事物或同类事物。在组合的过程中，各组合对象在组合前后基本的结构功能一般没有实质性的变化，组合后产生的新事物往往具有对称性或一致性的特点，如双向字母床、双向拉锁、双排插座等。

4. 重组组合法

重组组合法就是对一件事物进行组合实施，从事物的不同层次分解原来的组合，改变原事物各组成部分的主要关系，重新组合成新的事物。一般来说，在重组过程中，不增加新的事物。重组组合法主要包括以下步骤。

（1）分析研究对象的结构功能等特点，并列举现有结构功能的缺陷，思考重组是否能克服这些缺陷。

（2）确定选择什么样的重组方式，包括变位重组、变形重组、模块重组等。

例如，自从螺旋桨飞机被发明以来，螺旋桨都是被设计在机首，两翼从机身伸出，尾部安装稳定翼。美国著名飞机设计专家卡里格·卡图按照空气的浮力和气流推动原理，将螺旋桨放在了机尾，推动飞机前进，把稳定翼放在机头处，设计出了世界上第一架头尾倒换的飞机。重组后的飞机，有尖端悬浮系统、更趋合理化的流线型机体形状，这不仅提高了飞行速度，而且排除了失速和旋冲的可能性，提高了安全性。

5. 共享与补代组合

共享组合就是使不同的或相同的事物共享同一原理或装置，从而产生新事物的方法。比如，瑞士军刀将各种工具集合在一起，方便携带；现代的手机设计，集合了拍照、摄影、通信以及各类网购、社交、运动记录等功能，大大方便了人们的生活。

补代组合就是对事物的属性或功能进行补充、替代而形成一种更创新的产品的方法。例如银行取款业务，经历了人工、ATM机、网上转账到现代的无人银行，这些变化都是补代组合的创新成果。现代的无人银行利用先进的互联网技术代替了传统的人工服务，顾客可以通过识别身份证或银行卡进入无人银行，并通过人脸识别进行业务办理，大大节约了人们排队的时间和人工成本。

12.2.2 信息交合法

信息交合法是把研究对象的总体信息要素按照不同的层次分解成若干要素，每一类要素作为一条坐标轴，然后根据需要将各种坐标点有机交合，从各种信息的交合点入手进行交合，从而产生新事物的创造方法。信息交合法一般有四个步骤。

（1）定中心——确定信息场的中心，即要解决什么问题。
（2）划标线——根据创新需求画出信息标线，设定交合类别。
（3）注标尺——在信息标线上注明有关信息点。
（4）交合——进行交合，以某一标线上的信息为主，与另外一条标线上的信息相交，就可以产生新的信息。

例如，如图12-1所示，通过信息交合法可以得到关于笔架的多种创意。首先，笔架

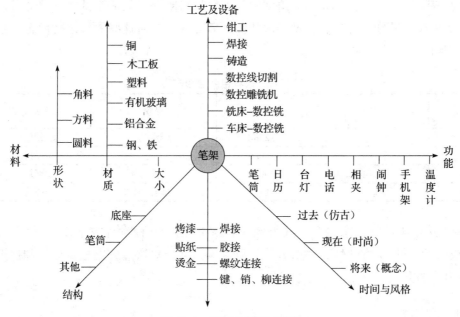

图 12-1 笔架的信息交合法

资料来源：吕丽，流海平等.创新思维：原理·技法·实训 [M].北京：北京理工大学出版社，2014.

是信息场的中心，确定研究对象；其次，划标线，在笔架周围画出纵横标线若干条；再次，注明标尺，如在结构上标明底座、笔筒、其他等；最后是交合，如将笔架进行延伸，带笔筒、日历、温度计、手机架等，从而产生一种多功能办公笔架。

12.2.3 形态分析法

形态分析法是由瑞士天文学家弗里茨·兹威基（Fritz Zwicky）创立的一种创新方法，也叫形态矩阵法，是一种从系统论的观点看待创新思维的方法。该方法把研究对象需要解决的问题分为若干基本组成部分，分别提出解决问题的可能的方案，然后用网络图解的方式进行排列组合，以产生解决问题的总体方案或创新设想。形态分析法广泛运用于自然科学、社会科学以及技术预测、方案决策等领域，实际操作过程包括以下几个步骤。

（1）确定研究对象：准确描述所要解决的问题。

（2）因素分析：根据研究对象的主要组成，即基本因素把问题分解成若干因素。因素的数量一般以 3～7 个为宜，且需确定每个基本因素在功能上是相对独立的。

（3）形态分析：按照研究对象对基本因素的需求，运用发散思维尽可能多地列出各因素所包含的若干形态。

（4）形态组合：根据研究对象的总体要求，编制形态表并进行形态组合，以获得所有可能的组合设想。

（5）优选方案：对组合方案加以分析、评选，从中选择最佳方案。

例如，要确定某饮料包装盒的设计方案。饮料包装盒是饮料销售的重要手段之一，根据目前消费者的消费习惯，要求饮料包装盒要携带方便、符合手握的舒适感、外观透明容易看得见饮料本身；从商家的角度看，需要材料既环保又成本低廉。设计者把包装盒的主要组成要素分为材料、容量、形状和开启方式，并对这些要素进行形态组合，如表 12-1 所示。

表 12-1 饮料包装盒形态表

因素 形态	材料	容量	形状	开启方式
1	纸	125ml	方形	旋钮
2	金属（铝）	250ml	圆柱形	易拉罐
3	玻璃	500ml	球形	开瓶器
4	塑料	1L	S 圆锥形	吸管

根据表 12-1 进行形态组合，共得到 4×4×4×4=256 种设计方案，根据生产需求，包括成本、可靠性、方便性、消费者的认可度等因素，对这些方案进行分析和评选，最终选出最优的方案。

12.2.4 训练题

1. 试着将下列组合型产品分别填入表 12-2 中：双管日光灯、四人自行车、亲子装、发光风筝、拍照手机、复合材料、香味纺织品。

表 12-2　组合型产品表

组合方式	组合产品
同类组合	
异类组合	

2. 将 4 根木棍组合成尽可能多的图形并记录下来。

3. 分析现有笔记本电脑的功能，设想哪些新功能可能被附加到今后的笔记本电脑设计中。

4. 设想计时功能可以附加在哪些现有的产品上，并思考能否组合成新的产品？

5. 尽可能多地列出"同类组合""异类组合"的实例。

6. 分析现有的平板电脑，运用信息组合法列出其属性，提出新的设想或设计。（画图并描述设想，不少于 300 字）

7. 选取生活或学习中的 2～3 件事物（如宿舍设计、汽车车灯等），运用形态分析法进行分析，获得形态组合，并评选出合适的方案。（不少于 600 字）

12.3　列举分析法

列举法是对具体事务的特定对象从逻辑上进行分析，并将其本质内容全面罗列出来的手段，再针对列出的项目逐个提出改进的方法。

12.3.1　列举法分类

列举法通常分为缺点列举法、属性列举法和希望点列举法。

1. 缺点列举法

缺点列举法是一种通过发掘事物的缺点而进行创新创造的方法，鼓励人们积极寻找事物的缺点和不足，一一列举，并寻找最佳的解决方案。例如，选取"雨伞"作为主体，可列举出常用的弯柄雨伞的缺点：雨伞太长不方便携带，遇到大风会被吹翻，雨伞的布料单调，在室内撑开晾干不方便。针对上述缺点制造出各式各样的雨伞，有折叠伞、自动伞、不透水的雨伞，还有便携式雨衣等。

2. 属性列举法

属性列举法是由美国创造学家克拉夫德提出的创新技法，他认为任何事物都有其属性，如果将研究的问题化整为零，有利于产生创新设想。属性列举法的实施步骤可以分为以下两步。

（1）分析创新对象，列举并整理对象的属性。先确定研究对象，然后将对象的属性一一列举出来，克拉夫德把这些属性分为名词属性（如整体、部分、材料等）、动词属性（功能、机理、作用等）和形容词属性（如大小、形状、颜色、性质等）。

（2）提出针对性的创新方案。对第一步列举的每一个属性进行评价，针对研究对象的结构、材料、外形以及功能等属性，提出更符合人们需求的产品或方案。

例如，运用属性列举法提出手电筒的新设想，具体操作如下。

第一步：确定"手电筒"为研究对象，列出以下属性。

- 名词属性。材料：金属（铜、铝合金等）、塑料。
- 动词属性。功能：照明、信号。
- 形容词属性。外形：圆筒形；颜色：黑色、银色、红色、银灰色等。

第二步：针对手电筒创造出携带方便、形状美观、亮度好、价格便宜等实用的创新产品，如防身手电筒、钥匙扣手电筒等。

3. 希望点列举法

希望点列举法是偏向理想型设定的思考，是从人们的"希望"出发进行创新、创造、发明的方法。它不同于缺点列举法，后者离不开物品的原型，是一种被动的创新技法。希望点列举法是根据发明者的意愿提出新设想，可以不受原有物品的束缚，是一种积极主动的创新技法。比如人们希望冬天喝的茶总是热的，于是做出了保温茶杯；希望穿衣方便，发明了尼龙搭扣。希望点列举法可以通过以下3个步骤进行。

（1）了解人们的需求心理。从不同的需求和心理层次出发，发现并列举出人们对于事物的各种希望。

（2）列举并收集希望点。在收集的过程中可以通过观察人们在日常生活、学习、工作中流露出的种种希望，向用户、经销商、社会人士等广泛征求意见；也可以采用头脑风暴法召开希望点列举大会。

（3）对希望点进行分析和鉴别，找出合适的创新方案。

例如，为了对手表进行改进，收集人们对"手表"的各式各样的希望点：

- 希望手表能发射某种电磁波赶走蚊子；
- 希望手表能计时还能通信，同时能接收电视节目；
- 希望手表能测量人的体温、心跳和血压；
- 希望手表能记录人的运动轨迹；
- 希望手表的材料能冬暖夏凉；
- 希望手表带有闹铃功能；
- 希望手表具有五彩的颜色，还能随温度或时间变换。

对上面列举的希望点进行分析并确定可以作为创新手表的主题，如飞利浦公司设计的一款手表，能计时、接收电视节目和通信。

12.3.2 训练题

1. 缺点列举法训练

请运用缺点列举法完成以下设想或设计。

（1）提出改进宿舍的设计。
（2）列举手机的缺点并提出新的设想。
（3）列举现代大学课堂教学模式的缺点并提出新的设想。
（4）提出改进空调的设计。
（5）提出改进保温杯的设计。
（6）提出改进公共汽车的新的设想。
（7）列举羽绒服的缺点并提出新的设计。
（8）提出改进雨伞的设计。

2. 属性列举法训练

请运用属性列举法完成以下设想或设计。
（1）提出改进电饭锅的新设想。
（2）提出改进居民社区车辆进出的设想。
（3）提出改进城市下水管道的设想。
（4）提出改进圆珠笔的设想。
（5）提出改进运动鞋的设想。
（6）提出改进台灯的设想。

3. 希望点列举法训练

请运用希望点列举法完成以下设想或设计。
（1）提出汽车的新设想。
（2）提出台式电脑的新设计。
（3）提出改进冰箱的新设计。
（4）提出改进洗衣机的新设计。
（5）提出改进楼房阳台的设计。
（6）提出改进冬天取暖设备的设计。
（7）提出改进机器人的设计。

12.4 设问法

设问法是围绕现存的事物和现有的产品提出疑问，通过疑问发现问题的方法。它是促使人们发现问题和寻求解决问题的途径的关键，也是提高人们的创新创造能力的主要方法之一。设问法特别适用于创新过程的早期阶段。下面将介绍两种比较常见的设问法。

12.4.1　5W1H 法（5W2H 法）

5W1H 法的前身是"5W"模式，是由美国著名政治学家、传播学奠基者哈罗德·拉斯维尔（Harold Lasswell）在《传播在社会中的结构与功能》中提出的，经过不断演化形成了 5W1H 法或 5W2H 分析法。

5W1H 法是通过 why（为什么）、what（什么）、who（何人）、when（何时）、where（何地）和 how（如何）这六个方面针对研究对象提出问题，从而找到解决问题的方案。经过总结和改进，演变为 5W2H 法，即把 how 分解为 how to（怎样做）和 how much（达到什么目标）。5W2H 法通常的操作程序如下。

第一，针对现有的方法或产品，从 7 个角度提出问题并检查其合理性与可行性。

- why：为什么需要创新？
- what：创新的对象是什么？
- where：从什么地方着手？
- who：由谁来承担创新任务？
- when：什么时候完成？
- how to：怎样实施？
- how much：达到什么样的目标？

第二，列出难点和疑问，并进行讨论分析，找出改进方案。

如果现有的方法或产品经过上面 7 个问题的审核，对某些方面不满意，则表示这方面还有改进的余地，如果哪方面的答案有独特性，也可以进一步扩大设问，设问的内容应是多方面、多层次的，如表 12-3 所示。

表 12-3　5W2H 层次分析表

5W2H+35问	1 层次	2 层次	3 层次	4 层次	5 层次	结论
why	什么原因	为什么是这个原因	有更合适的原因吗	为什么是更合适的原因	有其他影响因素吗	定原因
what	什么事情	为什么要做这个事情	有更合适的事情吗	为什么是更合适的事情	如果不这样做会怎么样	定事情
where	什么地方	为什么在这个地方	有更合适的地方吗	为什么是更合适的地方	如果地点变更，变更到何处	定地点
who	是谁	为什么是他	有更合适的人选吗	为什么是更合适的人选	有替代人员吗	定人
when	什么时候	为什么是这个时候	有更合适的时间吗	为什么是更合适的时间	如果时间变更，变更到何时	定时间
how to	如何去做	为什么采用这种方法	有更合适的方法吗	为什么是更合适的方法	有没有替代的方法	定方法
how much	达到什么目标，需要耗费什么	为什么需要这些耗费	有更合理的耗费方案吗	为什么是更合理的耗费计划	有没有可能的消费或节约	定目标 定耗费

例如，某销售部要求 9 月 18 日将 U 盘样板交付给顾客（9 月 3 日通知），利用 5W2H 法进行工作计划安排，过程如下。

- what：制作 U 盘样板；
- why：按照顾客的要求制作，后期下大订单；
- who：由小李负责，小王协助；

- when：9月4日～9月16日完成，9月18日交付；
- where：在工厂1号车间制作；
- how to：选择2号工艺，小李负责全程制图、调试、制作，小王负责准备相应材料；
- how much：需要花费7天时间，50元材料费，6度电，3个工人。

12.4.2 奥斯本检核表法

奥斯本检核表法是由美国的亚历克斯·奥斯本（Alex Osborn）首次提出来的，即根据需要解决的问题或创新对象，从不同的角度进行提问，并一一列举出来，从中找到解决问题的方法或创新设想。该方法适用于各种场合的创新创造活动。

奥斯本检核表法包括9个方面的提问，如表12-4所示。

表12-4 奥斯本检核表

检查项目	提问
有无其他用途	现有的东西有无其他用途？保持不变能否扩大用途？稍加变动有无别的用途
能否借用	能否模仿别的东西？现有的东西能否借用别的经验？过去有无类似的发明？现有的成果能否引入其他创造性的设想
能否改变	现有的东西是否能做些改变，如颜色、味道、声音、样式、型号、意义等，改变后效果如何
能否扩大	现有的东西能否扩大使用范围？能否增加使用功能？能否增加部件，拉长使用时间，增加长度、寿命、价值等
能否简化	现有的东西能否减少、省略某些部分？能否微型化？能否缩小体积、减轻重量、降低高度等
能否代用	现有的东西能否用其他材料、其他元件代替？能否用其他原理、方法或工艺？能否用其他能源代替？能否选取其他地点
能否调整	能否调整原有布局？能否调整既定程序、计划、规格、因果关系等
能否颠倒	能否从相反方向考虑？作用能否颠倒？位置上下左右能否颠倒
能否组合	现有的东西能否组合，能否原理组合、方案组合、功能组合、形状组合、材料组合、部件组合等？能否对各系统进行组合协调

利用上述检核表，针对某个产品可以从9个方面进行提问，也可以只从一个方面层层提问，收集并归纳出多种新的设想和方案，在此基础上，对各种设想和方案进行分析和评估，从中选出合适的方案，开发出新的产品。

例如，上海某小学五年级学生方黎，在上体育课时，发现全班几十个同学排队轮流投篮，而大部分时间同学们都在等待中，效率太低，而且篮球架的固定高度也不适用于不同年级的同学使用，于是她想到了能否多加几个篮筐（放大）？能否将高度固定式篮球架改为高度可调节的篮球架。根据这一想法，她发明了"多功能升降篮球架"。该发明多次获奖。

12.4.3 训练题

1. 寻找你居住地附近生意不太好的商铺，采用5W1H法或5W2H法，帮助店主分析原因，并提出相应的改进措施。
2. 某公司为了提升"双11"的销量，有意对员工进行针对性的培训，请利用5W2H

法对培训计划进行提问分析。

3. 某公司今日出了一则通知：各位车间主管，接到总部通知，明日（9月18日）公司将有重要的客人来参观，请各车间负责人做好相关接待工作，并于9月17日下午安排和督导本车间人员：

（1）搞好各自车间区域的卫生；

（2）统一穿着工服和佩戴工牌；

（3）注意礼节礼貌；

（4）注意操作安全；

（5）准备好相关文件及记录。

请用5W2H法对此通知进行工作汇报。

4. 从以下物品中选取2～3种：眼镜、手机、空调、自行车、电脑、绿色的居住建筑、宿舍等，利用奥斯本检核表法进行分析，并写出分析报告和提出解决办法。

（1）填写表12-5。

表12-5 奥斯本检核表

物品名称：

编号	检查项目	新设想名称	新设想概述

（2）分析重点问题，并寻找解决方法。

（3）确立方案（不少于800字）。

12.5 逆向转换法

逆向转换法是指在研究问题时，由于解决这一问题的手段受阻，而转换使用另一种手段，或转换思考角度进行思考，以使问题顺利解决的思维方法。逆向转换法是以逆向思维的方式进行创新，它主要对产品或事物的原理、市场、需求、结构和功能等从相反的方向进行思考和探索，将思路从固有的思维中跳脱出来，获得新的设想或产品。

12.5.1 逆向转化法方法

逆向转换法中的"逆"可以是方向、过程、功能、原因、结果、优缺点等诸多方面的逆转，一般来说包括以下几种方法。

（1）**原理逆向法**。从事物原理的相反反向进行思考。例如，温度计的诞生，意大利物理学家伽利略曾应医生的请求设计温度计，但屡遭失败。有一次他在给学生上实验课时，注意到水的温度变化引起了水的体积的变化，这使他突然意识到，倒过来，由水的体积的变化不也能看出水的温度的变化吗？循着这一思路，他终于设计出了当时用的温度计。

（2）**功能逆向法**。按事物或产品的现有功能进行相反的思考。例如，风力灭火器，现在我们看到，在扑灭火灾时消防队员使用的灭火器中有风力灭火器。风吹过去，温度降低，空气稀薄，火被吹灭了。一般情况下，风是助火势的，但在一定情况下，风可以使小火熄灭，而且相当有效。另外，保温瓶可以保热，反过来也可以保冷。

（3）**过程逆向法**。对事物的进行过程逆向思考。例如，现代生活用的吸尘器，其原理也是与常规方式相反，通常桌子、椅子上的灰尘都是用吹的方式将其清除，但是地面上的灰尘垃圾，如果用"吹"的话就无法清除，还弄得满屋子尘土飞扬，于是反过来，吸尘器就诞生了。

（4）**因果逆向法**。对事物原有的因果关系进行反转，如数学运算中从结果倒推，以检查运算过程和已知条件。

（5）**结构或位置逆向法**。从已有事物的结构和位置出发所进行的反向思考，如结构位置的颠倒、置换等。在日常生活中，煮饭、做菜都是锅在火的上方，因此刚开发的电烤箱同样是热源在下面，需烤制的鱼或肉放在上面，这样的结构在加热的过程中必然会产生一定的问题，鱼肉经烘烤产生的油脂滴落在电热丝上，便产生大量的烟雾污染环境。技术人员想了一些办法，就是简单的结构变化，把加热用的电热丝放在烤箱上面，将烧烤物置于下方，这样即便鱼肉掉下去，也不会接触电热丝产生烟雾。

（6）**观念逆向法**。对习以为常的观念和认识进行相反的思考。例如，我国工业生产部门原先大而全的观念转变为专门化生产，大大提高了生产效率和产品质量；人们从以前的吃饱转变为现在的吃好的观念，既要食材健康又要合理搭配饮食。

12.5.2 训练题

1. 将 25 个红球和 25 个白球混合后，再分成数量相等的两堆，左边一堆里的红球与右边一堆里的白球哪个多呢？

2. 有两个人从甲地到乙地，其中一人骑自行车，另一人先乘火车走了一半路程，后一半路程不通，于是改坐马车，火车的速度是自行车的 6 倍，自行车的速度是马车的 2 倍，谁能先到达目的地呢？

3. 柏拉图是古希腊最著名的唯心论哲学家和思想家，他 28~40 岁都在海外漫游。有一天他来到西西里岛一个镇上小住。小镇只有两位理发师，他们各开了一家发廊。这两家发廊可谓天壤之别：一家窗明几净，理发师本人仪表整洁，发型大方得体；另一家则是又脏又乱，理发师也不修边幅，头发乱糟糟的。柏拉图想理发，他观察了这两家发廊后，却走进了那家又脏又乱的发廊。请问这是为什么？

4. 一个人有一些木料。星期一，这些木料的形状是立方体；星期二，这个人把木料弄成了圆柱体；星期三，他又把木料弄成了锥形体。虽然木料的形状变来变去，但他并没有对木料进行切割或雕琢。那么，他是怎么做的呢？

5. 保罗、劳伦斯和辛格三位老板，共同出资经营一家酒店，但后来酒店因故必须停业。此时，资金、利润及器皿等，均可等分为3份，但最后还剩21瓶酒，其中7瓶还未开封，7瓶只剩一半的威士忌酒，另外7瓶则是空瓶子。所以，三人便想把瓶子数和威士忌酒的量等分为3份，却怎么也想不出分配法。若一人不得取4瓶以上相同的酒瓶，应如何分配？

6. 美国著名作家马克·吐温，原名叫萨缪尔·兰亨·克莱门斯。他在还没有成为作家之前，曾经在密西西比河做过水手，随船运送货物时经常经过一座大桥。有一次，船上载着一台高档机器，要经过大桥的时候，他听到二副焦虑地喊道："马克·吐温！"（"马克·吐温"是"水深"的意思）。原来，上游连降暴雨，水涨船高，货船一时无法通过桥洞。这个时候，船长一筹莫展，马克·吐温却想出了一种奇特的变通方法，既没有卸下货船上的机器，也没有等到水位下降，货船因此而顺利地通过了。后来，他成了作家，用这段经历为自己起了笔名。

请问，马克·吐温是用什么办法使货船顺利通过桥洞的呢？

7. 第二次世界大战后期，在盟军攻打柏林的战役中，有一天晚上，苏军必须趁黑夜向德军发起进攻。夜晚本来是偷袭的好时机，可是那天夜里却明月高照，大部队很难做到高度隐蔽而不被对方察觉。苏军元帅朱可夫对此思索了很久，后来他想到一个主意，并立即发出指示，最终成功突破了德军的防线。请问苏军元帅想到了什么主意？

12.6 创造需求法

12.6.1 创造需求法的概念

1943年，美国心理学家亚伯拉罕·马斯洛在《人类激励理论》论文中提出了马斯洛需求层次理论，该理论将需求分为五种，从低到高分别为：生理需求、安全需求、情感和归属需求、尊重需求及自我实现的需求。

创造需求法是不断发掘潜在的需求，创造新的设想或产品，并通过创新的设想或产品打破原有的需求或满足的状态，使人们的不满足转变为满足的方法。需求是创新的原动力，只要人类有追求，需求就会不断升级，农业时代人们通过土地改善生活，工业时代通过机器改善生活，商业时代通过销售来改善生活等。

"我一直都强调学校的生活最自由，不想被工作困住。不过现在有点改变了，原因很简单，住公司的单身公寓之后我就可以随心所欲地煮东西吃啦。尽管现在的厨艺不好，不过我却很喜欢下厨，特别是做西式蛋糕、比萨之类的，想想口水都要出来了呢……"

这是摘自新浪博客主紫紫的一篇"期待单身公寓的生活"博文中的一段文字。显而易见，集体宿舍和单身公寓为单身白领提供了两种完全不同的生活方式。集体宿舍拥挤，少了些自由，多了些热闹，充满着朝气，也许还有些杂乱，不需要多少生活用品，去食堂吃饭、一起看电影、一起去郊游，你的朋友就是我的朋友。单身公寓宽敞舒适，静谧了许多，做饭、看书、听音乐，想干什么就干什么，想怎么布置就怎么布置，这才是小资生活，这才是现代新白领。

在上述例子中，打破原有的满足状态必然导致新的需求，打破满足状态的手段或途径则无外乎是新概念及其伴随的新事物的刺激，同时，伴随这一新概念的新事物则又必然是满足这一新需求的主要手段。

12.6.2 创造需求法的步骤

创造需求法广泛运用在生活中，可以从人们的价值观念、消费方式、生活模式、消费标准等方面创造新的需求。创造需求法一般包含以下四个步骤并反复循环，如图12-2所示。

（1）发现需求。充分掌握现实需求，并识别潜在需求。

（2）转化需求。从产品的概念和技术方面创新，挖掘人们的潜在需求，并转化为产品。

（3）引导需求。通过传播告知人们新的需求的趋势。

（4）满足需求。在满足需求的同时，不断发现新的需求，在更高层次上创新、引导、再满足。

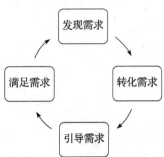

图 12-2　创造需求法流程图

以 iPad 需求创造为例。苹果公司从 1976 年开始经历了第一台苹果电脑、iMac、iTunes、iPod、iPhone，2010 年 4 月推出了 iPad。其实 iPad 历经了近 10 年的时间才打造出来。在 2000 年，"iPad"已经是苹果内部一个极其重要的项目，设计师艾伟基于用户的需求提出了几点期望：提供让人过目不忘的简洁、漂亮的外形，以及足够简单的交互设计；一款明白用户诉求的产品，只要用户拿到手中，就能瞬间明白如何使用，整个过程无须解释。经过 10 年的不断努力，iPad 问世，从纯技术角度来看，iPad 的功能是非常丰富的：9.7 英寸彩色触摸屏（满足了取代办公、教育、阅读领域消费者使用的纸张的需求），支持无线上网和蓝牙功能，还可以选择 3G 功能。用户用手指点触屏幕便可上网浏览网页、收发邮件、绘制图表等。iPad 兼容 App Store 上的所有的应用程序，除了 iTunes Store、App Store 外，iPad 还将拥有 iBook Store。用户从 iBook Store 可以下载种类丰富的电子书，还可以获得非常好的用户体验。iPad 将平板电脑制造及普及应用推向了高潮，成为一种潮流。

根据上述案例，用创造需求法分析，如表 12-6 所示。

表 12-6　iPad 创造需求法分析表

项目	要素
发现需求	漂亮的外形、简洁、方便携带，同时拥有传统电脑的功能等
转化需求	9.7 英寸彩色触摸屏、无线上网、办公、App Store、iTunes Store 等
引导需求	新的生活方式，替代传统的台式电脑
满足需求	平板电脑的普及，成为潮流

12.6.3 训练题

1.某书店以"一座人文阅读，创意探索的美学生活博物馆"为定位，形成了一个体验式的阅读生活空间。书店定位于生活体验，而非单纯的阅读，除了阅读以外，书店会举办新书发布表演艺术、艺文讲座等交流活动，还有复合商场区域、时尚服饰、特色美食、创意商品等元素，创造国际化的城市意象，将书店和潮流商场合二为一。这不仅是一个买卖书的场所，也是一种第三生活空间。另外，文艺青年是当前青年人比较崇尚的一种生活态度，在这样的书店熏陶，容易给别人留下印象，成为拥有文艺气质，独立个性的人。这种复合经营模式融合了图书、创意礼品、食品集市、视觉艺术、舞蹈教室等多种功能，为消费者提供安静的场所，供其消磨时间，充实自己。这不仅是一个休闲空间，更是一个艺术空间。这种模式不仅满足了消费者对书店的现实需求，更是激发了其潜在需求，创造了一种新的生活体验和阅读体验。

（1）请运用创造需求法流程图分析该书店的成功之处。

（2）试着分析该书店未来的需求趋势，创造新的需求。

2. 一天，索尼的创始人盛田昭夫的好朋友井深抱着一台索尼公司生产的便携式立体声盒式录音机，头戴一副标准规格的耳机来到盛田昭夫的房间，从一进门井深便一直抱怨这台机器如何笨重。盛田昭夫问起原因，他解释说："我想欣赏音乐，又怕妨碍别人，但也不能为此而整天坐在这台录音机前，所以就带上它边走边听，不过这家伙太重了，实在受不了。"井深的烦恼，点亮了盛田昭夫酝酿已久的构想，他连忙找来技师，希望他们能研制出一种新式的超小型录音机。然而，索尼公司内部，几乎众口反对盛田昭夫的新创意，但盛田昭夫毫不动摇地坚持研制，果然不出所料，该产品投放市场后空前畅销，索尼为该机器取了一个通俗易懂的名字 workman，这款产品改变了世界上几百万甚至几千万人的音乐欣赏方式。

索尼公司在"创立旨趣书"上写着这样一条经营哲学：最大限度地发挥技术人员的技能，自由开朗，建设一个欢乐的理想工厂。这就是"创造需求"的哲学依据。

（1）你认为应该从哪些方面来理解"创造需求"这一概念。

（2）结合案例分析，创造需求在哪些方面突破了传统的营销理念。

3. 市面上有很多新功能饮料，如红牛、王老吉、营养快线等，并在一定的时间段内创下了销售奇迹，请试着分析这些饮料创造了哪些需求？

4. 寻找人们在生活、学习或工作中存在的问题，试着分析其潜在的需求，利用创造需求法，构建新的设想或产品（不少于600字）。

本章小结

本章内容介绍了头脑风暴法、组合创新法、列举分析法、设问法、逆向转换法和创造需求法这六种常用的创新方法。创新方法是企业在进行创新活动时的重要工具，创新方法不仅是解决发明创造问题强有力的理论工具，还是加快创新进程、缩短产品研发时间、降低创新成本的有效手段。因此，本章内容在理论的基础上列举了大量的案例和操作方法，每种方法配以一定的训练题，以便学生熟练运用各种创新方法。

训练题要点提示

12.5.2 训练题

1. 一样多。
2. 因为马车的速度只有自行车的一半,当马车走完一半的路程时,自行车恰好走完全程。因此,无论火车的速度有多快,也要落后。
3. 因为干净发廊理发师的头发肯定是脏发廊理发师理的。
4. 这些木料是锯屑。放在正方体的箱子里就是正方体,圆柱体、锥形体依此类推。
5. 保罗分得未开封的酒 2 瓶,只剩一半威士忌的酒 3 瓶,空瓶 2 瓶;劳伦斯分得未开封的酒 2 瓶,只剩一半威士忌的酒 3 瓶,空瓶 2 瓶;辛格分得未开封的酒 3 瓶,只剩一半威士忌的酒 1 瓶,空瓶 3 瓶。
6. 马克·吐温让大家往船上搬些石头之类的重物,让船吃水深一些,船就可以通过了。当水涨船高时,按照一般的方式解决问题,就是搬掉货物,等过完桥洞时再装货,但是这个办法费工费时。而马克·吐温用逆向思维将卸货改为装重物,让船吃水深一些,从而顺利地解决了问题。
7. 元帅将全军所有的大探照灯都集中起来,在向德军发起进攻时,苏军的 140 台大探灯同时射向德军阵地,极强的亮光把隐蔽在防御工事里的德军照得睁不开眼,什么也看不进见,只能挨打而无法还击。朱可夫利用了观念逆向法——利用黑夜进攻就是想让敌人什么也看不见,"太黑"的反方向就是"太亮",即什么也看不见。

Chapter 13
第13章

创新案例

本章内容介绍了 4 个典型的创新案例:摩拜单车、韩都衣舍、京东到家、Keep。这 4 个案例分别涉及日常生活中的衣、食、行、运动等方面,并且都是共享经济和互联网经济时代下原有生活方式的创新改变。摩拜单车用新的消费理念改变了人们的出行方式;韩都衣舍用新的平台模式改变了服装制造业的产业链模式;京东到家的平台创新模式也改善了人们的生鲜食品消费观念,增加了消费者体验;Keep 引导了新时期人们的健康生活方式。这 4 个创新案例的创新模式存在差异,各有特定的模式,本章内容对其进行了结构化梳理,以帮助学生理解和把握创新的内涵与外延。

⚠ 学习目标

了解商业模式创新的方法。
了解平台型企业的创新模式。
了解协同创新的实际应用。
了解应用软件创新的模式。

13.1 摩拜单车的商业模式创新

在"共享经济"和"互联网"背景下,共享单车自 2015 年以来越来越多地受到人们的关注和使用,这种新型的自行车用车服务符合"创新、绿色、开放、共享"的社会发展理念。首先是全新的创新理念,通过 GPS 找车,无固定桩;其次是低碳出行,解决了交通拥堵和城市最后一公里的交通问题;再次是倡导了健康生活(运动)的理念;最后是倡导了共享与利他的精神。

摩拜单车,英文名叫作 mobike,被誉为"全球首款智能无桩共享单车",是由胡玮炜创办的北京摩拜科技有限公司研发的互联网短途出行解决方案,是无桩借还车

模式的智能硬件。2015年1月，该团队开始筹备这一新的服务方案，2016年4月正式上线。截至2016年年底，也就是摩拜单车上线后短短半年多的时间内，就成功地引发了政府组织和民间机构等投资机构的追捧，纷纷拿出资源来进行合作。摩拜单车的成功秘诀就是针对中国大城市积弊已久的城市交通问题的一个老大难方面——最后一公里的问题。

13.1.1 摩拜单车的发展历程

摩拜单车从2015年起开始筹备，2016年4月22日在上海正式上线运营。每用车一次收取1元租金，利用手机即可完成整个租借流程，这种便捷的使用方式以及单车时尚靓丽的外观，使其迅速受到广大消费者的认可。

2016年10月，摩拜推出轻骑版"mobike lite"，该车重17公斤，每辆单车造价1 000元以下，使用费用降低为每半小时0.5元。这种新型的用车服务在短时间内呈几何倍数增长，不到半年时间，摩拜单车就受到各类投资机构的青睐。2017年2月，招商银行、摩拜单车联合宣布双方达成战略合作，双方在押金监管服务合作基础上，还将在资金结算、绿色金融、信用卡积分、零售客户资源共享以及物理网点停车服务等方面深入合作。截至2017年6月，摩拜单车拥有大约1亿注册用户，他们每天在约500万辆智能单车上完成共2 500万次骑行。2017年10月，摩拜单车进入全球9个国家180多个城市，运营着超过700万辆智能共享单车，全球用户超过2亿，每天提供超过3 000万次骑行，是全球第一大互联网出行服务，被海内外媒体评价为"新四大发明"之一。

2018年2月，随着市场规模的扩大，摩拜公司再次增加服务内容，以进一步规范用户用车。摩拜单车上线新版的信用分系统，当用户出现不文明用车行为时，其信用分降为一般等级，摩拜将会以当前单价的双倍向用户收取骑行费；而当用户的信用等级降为较差级别时，收取的骑行费将会变为每30分钟100元。这些服务项目，有助于解决共享单车投放使用后的车辆管理工作，使共享单车更加符合绿色、共享的理念。

2018年5月，为了应对共享单车市场的竞争，提升服务质量和形成顾客忠诚度，摩拜单车开始在全国部分城市实行免押金活动。2018年6月11日，摩拜单车宣布，在全国百城开启新老用户全面免押金，且无任何条件限制，无须信用分。2018年7月5日，摩拜单车宣布，即日起将在全国实行零门槛免押金。同时，美团App将上线摩拜单车入口。截至2018年8月，摩拜单车的官方数据显示，实施全国免押金1个月以来，超过2亿用户享受到摩拜无门槛免押金骑行服务，月新增千万用户。北京、上海、深圳、广州免押金骑行人数居全国前4位。

摩拜单车的创新模式创造了高价值的知识产权。截至2018年6月，摩拜单车在国内外共提交专利申请450多件，已获得授权专利200多件，这些专利申请覆盖了共享单车领域多项核心技术，比如智能锁、车型等，公司的专利申请量以每年超过200%的速度增长。2018年12月初，国家知识产权局官方网站显示，摩拜单车荣获第二十届中国专利奖。同时，摩拜单车成功入选北京市知识产权局评选的"2018年度北京市知识产权示范单位"。

13.1.2 摩拜单车的商业模式创新

简单地说，商业模式是企业通过一种特殊的途径把产品或服务提供给消费者并获得盈利的过程。在商业模式形成的过程中，企业需要整合各种生产资源和要素资源，为消费者提供其必须购买的产品或服务。任何一个企业的商业模式都是独特的，其他企业很难复制或模仿，企业依赖自身独特的商业模式保持竞争优势。摩拜单车由公司投放车辆，用户下载 App 就能享受服务，不仅能查看附近的车辆，还可以提前预约车辆。不用停车桩，不用办卡，扫一扫二维码就能开锁，不用的时候停在任意合法非机动车停车点即可。摩拜单车的商业模式创新主要表现在以下几个方面。

第一，思维方式的创新。摩拜单车创造了顾客用车服务的消费理念，倡导一种"不求所有，但求随时随地所用"的全新理念，变"固定桩"为"非固定桩"，给予顾客极大的便利与可能性。这种思维方式的创新彻底改变了"不求所有，但求所用"的传统用车理念，节约了顾客的用车时间，提升了用车效率，瞬时成为顾客用车的主流模式。

第二，产品核心技术的创新。摩拜单车的核心竞争力是车锁技术。摩拜单车研发的车锁技术，内置了芯片、电路板、互联网协议、GPS 和 SIM 卡，同时将传感器和智能硬件设置于车身上，实现了对车辆的定位和管理。这种车锁技术不但实现了用户可以"随时随地用车"的服务特性，同时解决了共享自行车的"找""丢"和"修"等问题。

第三，运营模式的创新。摩拜单车采用"重资产轻运营"的方式，自己设计并制造自行车。与出租车行业的新型用车服务模式"滴滴"和 Uber 相比，摩拜单车的团队自身也涉及制造业，甚至是"以制造自行车为核心，与互联网技术相结合"的模式。在运营模式上，App 可以解决所有问题，从找车、约车、开车到用车、锁车以及最后的付费都能够在 App 上完成。只要用户下载并注册"摩拜单车"App，在缴纳押金并完成实名认证后，便可以享受用车服务。这种新型的消费方式，符合互联网时代人们的消费习惯，降低了消费门槛，提高了服务效率，方便用户出行。

13.1.3 摩拜单车的协同创新展现

摩拜单车从一开始筹备时，就能够充分体现协同创新的模式。一是以胡玮炜为中心的核心创业团队，他们是摩拜单车的原始创业者。二是投资方的介入，如蔚来汽车对摩拜单车核心创业团队的支持，以及极客公园提供的支持。三是车锁技术的外部研发。四是制造企业的参与。

1. 核心创业团队

摩拜单车的创始人胡玮炜毕业于浙江大学城市学院新闻系，先在《每日经济新闻》经济部任汽车记者，后来又去了《新京报》《商业价值》和《极客公园》做科技报道。2013 年年初受到启发，开始思考新的汽车出行方式问题。2014 年开始创建"极客汽车"团队，专注于未来的出行方式探索，该创业团队认为未来人们的交通出行工具会回归到自行车。同年，胡玮炜亲身经历了租用公共单车失败的事情后，从汽车朋友圈里拉了一支团队，成立了摩拜单车项目。

2014 年，胡玮炜与蔚来汽车的李斌接触，两个人讨论产生了共享单车的想法。共享单车聚焦于解决人们的短距离出行，符合绿色环保的理念，并且要有高度的用户体验。在与胡玮炜的探讨中，李斌细细道出了自己的构想，形成了概念上的摩拜单车。最后，他将自己的理念与 146 万元的天使轮投资交给了胡玮炜。就这样，在李斌的支持下，胡玮炜及其团队成员开始实施这一创意，并设计了这一创新商业模式的框架，要解决核心的车锁技术，并设想创建摩拜自行车制造厂。

2. 投资方的介入

早在 2014 年，李斌就将 146 万元的天使轮投资交给了胡玮炜。2015 年 10 月，摩拜完成了 A 轮数百万美元的融资，投资方为愉悦资本。2016 年 8 月，摩拜完成 B 轮数千万美元的融资，投资方是熊猫资本、愉悦资本、创新工场。2016 年 9 月，摩拜完成 1 亿美元 C 轮融资，投资方为红杉资本中国和高瓴资本。2016 年 10 月，摩拜完成 5 500 万美元 C+ 轮融资，投资方为高瓴资本、华平投资、WI Harper Group、腾讯、红杉资本中国、启明创投、贝塔斯曼亚洲投资基金。2017 年 1～2 月，摩拜完成累计 3 亿美元 D 轮融资，投资方为腾讯、华平投资、WI Harper Group、携程、华住酒店集团、TPG 德太资本、红杉资本中国、启明创投、愉悦资本、贝塔斯曼亚洲投资基金、熊猫资本、祥峰投资、创新工场、鸿海集团、富士康、永柏资本、PGA Ventures、Temasek 淡马锡、高瓴资本等。

可以看出，从 2015 年 10 月拿到 A 轮融资之后，摩拜在短短两年内就拿到来自熊猫资本、创新工场、腾讯、淡马锡、高瓴资本、红杉资本等多家著名投资机构的多轮融资（被收购前最后一轮为 E 轮），几乎每隔两三个月都有新的融资进场。摩拜单车也在短期内成长为"超级独角兽"，成为中国互联网创新品牌的代表。这些投资方的介入，进一步推动和强化了摩拜单车在共享单车市场上的地位。

3. 车锁技术的外部研发

摩拜单车的车锁技术采用的是电子锁，是一种基于物联网的公共自行车租赁系统，包括车载公共自行车智能控制器、车载唯一标识二维码、手机 App、后台管理系统、通信芯片 SIM 卡等。其特征是所述的车载物联网控制器是高度集 GPS、移动通信、电子自行车锁、蓄电池、动能充电装置于一体的公共自行车智能控制装置。

这种智能电子锁的研发并非摩拜核心创业团队独自完成的，而是其与相关高校的研究团队共同研发的，并且经历了几代产品的更新迭代。最初的研发产品仅是一个实验室产品，笨重、体积大，后来经过几轮的改进才成为摩拜单车现有的电子车锁技术。这种与高校合作研发的模式，大大节约了车锁技术的研发成本，缩短了研发时间，直接促进了摩拜单车在短时间内成功上市，与广大消费者见面并被使用。

4. 制造企业的参与

创业初期，摩拜单车就开始筹建自己的自行车生产厂。2017 年 1 月，富士康介入摩拜单车的制造业务，双方达成行业独家战略合作，摩拜单车将独享富士康 500 万量级自行车产能。在牵手富士康后，摩拜单车的车辆生产能力将在原有自有产能的基础上实现翻倍，总产能超 1 000 万辆 / 年，车辆成本也将进一步降低，为未来摩拜单车进入更多国内外城市、继续快速扩张提供了充足的车源供给。

在制造环节与摩拜单车形成合作关系，富士康计划在国内及海外的多家工厂分别开设摩拜单车生产线，通过工业互联网智能制造技术，协助摩拜单车进一步优化车辆投放流程，加快投放速度，降低跨地区运输投放成本，尽可能缩短城市运营团队的响应时间，提升加车效率，满足快速增长的用户需求。

综上所述，摩拜单车的成功是多个参与方协同的结果，核心创业团队提供了创意资源和运营管理，各种投资机构是金融介入方，核心技术是通过外部研发实现的，还有自行车制造业的加入，共同促成了摩拜单车这一新型用车服务的风靡一时。○

13.2 韩都衣舍的平台创新模式

继传统的服装行业竞争恶化之后，互联网服装公司的竞争也越来越激烈，除了阿里巴巴之外，唯品会在竞争中逐渐胜出，而凡客诚品却被淘汰。其中，韩都衣舍以其新颖的经营思路，迅速成长为互联网服装知名品牌。

韩都衣舍的新思维是"打造设计师的云平台"，是帮助原创设计师实现梦想的梦工厂。任何一个设计师，都可以拿着自己的作品直接在韩都衣舍平台上实现打版、制作、推广、销售。韩都衣舍建立了新的商业模式，即成为一个除设计环节之外的全产业链的服装企业。韩都衣舍的品牌定位是"韩风快时尚、款式多、更新快，性价比高；中国互联网快时尚第一品牌"。韩都衣舍的模式已入选清华大学 MBA、长江商学院、中欧国际工商学院以及哈佛商学院 EMBA 教学案例库。

13.2.1 韩都衣舍的品牌发展历程

2002 年，韩都衣舍的创始人赵迎光兼职在易趣网开了一家韩国化妆品店，2005 年转到淘宝店经营。2007 年，赵迎光在韩国参观网店时深受启发，突然产生了"转战"服装行业的想法。

2008 年，韩都衣舍正式开业，从做韩国代购起步。2009 年，韩都衣舍转型为互联网自主品牌，开创了"以产品小组为核心的单品全程运营体系"的商业模式。2010 年，韩都衣舍在淘宝网服饰类综合人气排名第一。2014 年，韩都衣舍的女装取得了天猫历史上第一个全年度、"双 11""双 12""三冠王"，男装取得天猫原创年度第一名、童装位列天猫原创年度第三名。截至 2015 年年底，韩都衣舍共有 300 多个产品小组，它们是公司的发动机，孵化了 70 个自有品牌（包括孵化的出的及正在孵化的品牌），向基于互联网的时尚品牌孵化平台的目标不断迈进。韩都衣舍集团旗下拥有韩风系品牌群、欧美系品牌群、东方系品牌群等。如韩风快时尚品牌 HSTYLE、AMH、MiniZaru、Nanaday、Soneed、范奎恩、Dequanna、尼班诗等，欧美休闲度假风 Cherrytown，东方复古风 Souline、ZIGU、Garbha 等。

○ 本节内容根据网络资源（http://tv.cctv.com/2017/06/26/VIDEHNhlC5QkvxMEtcfKJh3B170626.shtml）和知网数据库相关文献资料整理。

目前，韩都衣舍已建立了多品牌运作平台，改造了传统的供应链体系，拥有 20 多家子品牌，并连续 5 年成为互联网女装销售额第一的品牌。2016 年 7 月获批成为互联网服饰品牌第一股，股票代码 838711。公司计划通过自我孵化、战略并购、时尚云平台的搭建，在 2020 年完成基于服饰品类的 50 个以上的品牌集群布局，实现 100 亿元以上的交易规模。

13.2.2 韩都衣舍的平台创新模式

韩都衣舍的成功源自于"以产品小组为核心的单品全程运营体系"（integrated operating system for single product，IOSSP）。"单品全程运营体系"是指每一款产品，从设计、生产、销售都以"产品小组"为核心，企划、摄影、生产、营销、客服、物流等相关业务环节配合，全程数据化、精细化的运营管理系统，"多款少量，以销定产"，最大限度地发挥互联网的优势，建立了"款式多、更新快、性价比高"的竞争优势，也有效地解决了服装行业最为头痛的库存问题，可以保证以极高的性价比为顾客提供更多的商品选择。韩都衣舍有 300 多个产品小组，每个产品小组通常由 2～3 名成员组成，产品设计、页面制作、库存管理、打折促销等非标准化环节全权交由各小组负责，如图 13-1 所示。

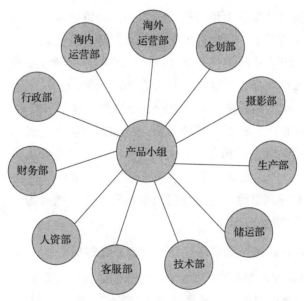

图 13-1　以产品小组为核心的单品全程运营体系

作为"单品全程运营体系"的核心组成部分，产品小组模式的优势主要展现在两个方面。第一，极大地提高了运营效率。只要在公司规定的框架内，产品小组完全可以按照自己的节奏控制产品开发、新品上架、打折促销等运营环节，同时对于消费者的反馈，产品小组也有自主权力，对产品不断进行修正和改进，提升消费者的体验。第二，大大降低了库存风险。每个小组业绩考核的核心指标，是销售额、毛利率和库存周转率，为了获得更大的利润、更多的提成，每个小组会根据公司提供的各种参考数据，预估销售量，下订单时会遵循"少量多次"的原则，严格控制风险库存。韩都衣舍通过系统的数据模型，在新产品上架 15 天后，即按照数据将产品划分为"爆、旺、平、滞"四类。不同级别的产品，企划中心都有统一的营销政策，产品小组在企划中心的标准政策范围内，根据市场行情进行商品营销策略的确定和实施。这样一来，整个产品端反应更灵敏，风险也更容易控制。因为这两个核心优势，韩都衣舍的年度库存周转率可以达到 6 次以上，当季售罄率可以达到 90%～95%。

13.2.3 韩都衣舍的平台创新模式内核：IOSSP

韩都衣舍的平台创新模式的核心是"产品小组制实现差异化竞争"，实现了服装企业在效率和库存方面的优势。韩都衣舍的这一运营模式是通过摸索逐步形成的。

1. 小组制 1.0 版：从买手到买手小组

2007 年，赵迎光接触了韩国最大的一家快时尚公司，深有领悟：一般的服装企业是给生产商三四款衣服，每款生产上万件，而这家公司直接给生产商 700 个款式，具体生产哪些款式，由生产商决定。虽然款式多，但是单款订单量比较少，少则数百件，多则上千件，卖得好再返单。

赵迎光开始尝试这种多款少量的模式，由于公司资源有限，只能从做代购起步。赵迎光把重心放到培养买手上，他招聘韩语专业和服装设计专业的学生，把他们组合在一起，从韩国 3 000 个服装品牌中挑选出 1 000 个，分给 40 个人，每人每天从 25 个品牌的官方网站上挑出 8 件新品，这意味着每天有 200 款新品。很快地，韩都衣舍与淘宝网上千千万万的韩装店铺区别开来，竞争力一下子增强，赢得了流量。

但是，在经营过程中，赵迎光发现了弊端：顾客的购物时间成本较高，商品退换货较为复杂，选款师的经营意识和竞争意识较差。于是赵迎光做出调整：一是从"代购商品"转为"代购款式"；二是让买手之间展开竞争，培养买手的独立经营意识，实行公司和买手分成制。赵迎光组建了经营部门负责运营业务，同时为买手配备视觉人员和运营人员，"买手小组"雏形初现。

2. 小组制 2.0 版：内部资源市场化，大家都是二老板

到 2011 年，韩都衣舍拥有 70 个小组，内部的运营资源很难调配。赵迎光再次做出调整：给每个小组更高的自主权，款式选择、定价、生产量、促销全都由小组自己决定，小组的提成根据毛利率或者资金周转率来计算，毛利和库存成了每个小组最关注的两个指标。因此，在韩都衣舍的淘宝店里，不存在统一的营销手段和策略，每个小组会根据自己商品的情况做出促销决策，以保证毛利率和资金周转率。

韩都衣舍的内部资源实行以下分配措施：网站的首页资源实行小组竞拍的分配方式；财权完全放开，每个小组的资金额度自由支配，并与销量挂钩。在这种机制下，每个小组都必须有很强的危机意识，因为竞争排名后三名的小组将被重组。

这一阶段的使命是解决内部资源分配问题，也是韩都衣舍整个公司架构全面小组化的阶段。产品小组与摄影部、生产部、储运部、技术部等实现完全的自由组合，如果配合不力，产品小组可以申请更换部门小组。产品小组的目标很明确，即增加收入。哪个小组的收入越多，小组成员就越有动力。韩都衣舍的整个组织架构就像标准配件一样，可以自由对接，确保大多数人员的收入能够跟市场绩效挂钩。

3. 小组制3.0版：为了变态的售罄率

2012～2013年，韩都衣舍的产品小组增加到200多个，每年有将近2万款服装款式，这个阶段最令公司头疼的是供应链问题，公司需要进一步全局规划单品的精确管理办法。

在这种压力下，公司创建了单品全流程运营体系（IOSSP）。公司层面则成立企划中心，用售罄率倒逼各个链条做到单款生命周期管理，并统筹全局。在具体的运营管理过程中，从单款产品来考虑，每一款衣服从设计到销售，全部有数据把控；每款产品的生命周期，都有专人精心维护。平均下来，每个月每个小组管理七八款衣服，每款给什么位置，做什么搭配，冲击爆款能到什么程度，库存水平到什么状态需要打折，都由产品小组灵活掌握。

公司层面的企划中心根据往年的历史数据，在每年年初制定总体目标，并把目标分解到各个产品小组，每个产品小组有细化的月度、季度、年度考核指标。企划中心不仅需要分解目标和实施管控，还需要协调各个产品小组之间的竞争。另外，企划中心也需要对供应链的节奏进行把控，协调生产部与生产工厂的订单进度，降低库存。目前，韩都衣舍的售罄率能够做到95%，这在服装行业具有绝对竞争优势，尤其是在每年2万款的情况下。韩都衣舍能够做到这一点的秘诀是将产品进行分类，分为"爆、旺、平、滞"，根据产品的销量实行相应的促销方案。

总体来讲，韩都衣舍的平台创新模式即IOSSP体系，产品小组可以做到"共性"与"个性"的融合。"个性"即非标准化的环节，可以由产品小组来负责，如产品的选款、页面制作、打折促销，全部由产品小组来负责。"共性"即标准化的环节，可以由公司层面的部门来负责，如客服、市场推广、物流、市场、摄影等。在这两种管理架构之外，公司层面还设立了人力资源、财务、行政等职能部门，构成了韩都衣舍的组织架构的三级管理。

13.2.4 韩都衣舍的平台创新模式的可持续性

韩都衣舍的产品小组迎合了互联网的分布式协作特征，也体现了蜂式思维，通过产品小组带动公司的整体运转。这种创新模式不仅仅是简单的组织变革，更是应对"市场需求由大众化到小众化的改变"的管理模式。

但是，产品小组也存在一定的缺点，需要继续改进和完善，才能够保证韩都衣舍的平台创新模式具有持续的竞争优势。第一，降低培养买手的时间成本。培养熟练的服装行业的买手，至少需要2年的时间。公司需要找到培养买手的培训模式，降低时间成本，提高效率。第二，提升买手的专业水平，保证产品品质。可以成立专门的评控部门，或者采用第三方的模式，对产品品质进行严格把关。第三，保证高效运转的供应链。由于销量多批下单，需要跟工厂有数据对接，应引进供应链的管理系统（ERP）。[一]

13.3 京东到家的协同创新模式

继互联网企业成为传统企业之后，以商业模式创新为主的平台企业成为新潮流。京东到家是京东集团旗下的平台企业，是基于传统 B2C 业务模式向更高频次商品服务领域延伸发展出的全新的商业模式。京东到家是京东集团于 2015 年开始重点打造的 O2O 生活服务平台，是在传统 B2C 模式的基础上转向高频领域的重要提升业务。

京东到家属于 O2O 生活服务平台，主要业务包括超市生鲜、外卖美食、医药健康、上门服务等几大类业务，京东到家的部分合作商户如图 13-2 所示。虽然属于生鲜 O2O 的后来者，但是京东到家通过与永辉等商户、达达物流等企业的合作，近几年来发展势头迅猛。

图 13-2 京东到家的部分合作商户

13.3.1 京东到家的发展历程

京东到家于 2015 年 4 月正式上线，第一个上线城市是北京。2015 年 5 月，京东到

[一] 本节内容根据网络资源和知网数据库相关文献资料整理。

家上海站上线。2015 年 6 月，京东到家广州站上线。2015 年 7 月，京东到家深圳站、武汉站上线。2015 年 8 月，京东到家南京站、天津站、成都站、宁波站上线。2015 年 10 月，京东到家西安站上线。2015 年 11 月，京东到家重庆站上线。在短短 6 个多月的时间内，京东到家在全国迅速扩张，截至 2015 年 11 月，京东到家已经在全国 11 大城市上线，服务遍及华北、华东、华中、华南、西部等多个区域，为消费者提供 2 小时内快速送达的全新 O2O 服务，打造生活服务一体化平台。

为了在短时间内打开市场，自 2015 年 4 月以来，京东到家实施了一系列营销推广措施，如上线单品 1 元促销、5.20 鲜花大促、六一惊喜福包、626 宅购节、横跨 7 月和 8 月的冰饮节、七夕节、教师节以及中秋节大闸蟹闪电送、1020 宅购节等大型促销活动。

2016 年 4 月 15 日，京东集团宣布，已经就旗下 O2O 子公司"京东到家"与众包物流平台"达达"合并一事达成最终协议。据悉，协议生效后，京东将以京东到家的业务、京东集团的业务资源以及 2 亿美元现金换取新公司约 47.4% 的股份，成为单一最大的股东。在新公司的管理架构中，原达达 CEO 蒯佳祺先生将出任新公司的 CEO，原京东到家总裁王志军先生将出任新公司的总裁。

2018 年 7 月 17 日，京东到家宣布将在北京、上海等城市的办公场地批量投入京东到家 Go 3.0 智能货柜，计划年底前新增 5 000 个点位。这一服务内容的延伸，将进一步推动京东到家在"高频次商品服务"领域的竞争力。

13.3.2　京东到家的功能及运营特征

京东到家的四大服务功能分别是：实物类、医药类、美食类、轻松购类，如图 13-3 所示。京东到家通过杠杆化社会资源，形成中国"社会电商"的雏形，在商品与服务来源上，主要依赖于与各大型商场的业务合作，而物流服务主要由京东到家自身提供。具体而言，京东到家的生活服务可以提供超市产品、生鲜、外卖等上千种商品服务类别；在物流配送体系方面，京东到家不仅有京东集团自营的物流配送，还有"京东众包"这样的社会化物流。

实物类
商超生鲜类商家对接指南

医药类
医药类商家对接指南

美食类
美食类商家对接指南

轻松购类
轻松购类商家对接指南

图 13-3　京东到家的服务功能

京东到家的运营特征是"商品服务 + 优势物流"。在商品服务方面，京东到家具体延伸至超市到家服务、外卖到家服务、品质生活服务、上门服务、健康到家服务。这些商品服务已经覆盖了北京、上海、广州、深圳、南京、天津、武汉、宁波、成都、郑州、西安、重庆等一二线城市。在优势物流方面，京东到家一方面得益于京东集团的物流体系和物流管理优势，另一方面在共享经济的时代背景下推行"互联网+"技术大力发展"众包物流"。京东到家可以向消费者提供生鲜及超市产品的配送，并能够基于LBS定位实现2小时内快速送达，打造生活服务一体化的应用平台。

13.3.3 京东到家协同创新模式的竞争优势

京东到家的协同创新模式是自建平台、实体店仓、配送物流相互合作的高频次商品服务模式。整合零售业产业链上的各种资源，产业链内三方的合作是这样的：京东到家为线下实体店提供生鲜产品与促销文案的展示平台；线下实体店（商户）负责生鲜类等商品的仓储；众包物流实现"3公里内"的高效配送。京东到家平台可以对接线下实体店客户消费数据系统，以及店内物流仓储系统，实时了解店内生鲜产品的品质与数量以及区域内用户的消费倾向，能够为用户提供有效的平台服务和优质的购物体验。

"商品服务品类多、配送效率高"是京东到家成功的关键因素。京东到家平台、实体店和商户、物流企业这三类产业链条上的资源相互整合，协同打造了这一O2O生活服务平台的商业模式。

1. 京东到家协同创新的优势

第一是用户流量优势。京东到家自2015年起步至今，平台的注册用户数已经超过3 000万。同时，京东到家有京东集团用户的有力支撑，京东集团作为互联网电商巨头之一，拥有的活跃用户资源接近2.4亿，这是京东到家平台的竞争性资源。正是得益于这种流量优势，京东到家平台才吸引了数量较多的生鲜店面和商户的合作入驻，通过这种协同创新的模式，各类实体店和商户可以提升自身的销量和用户黏性。

第二是物流优势。京东到家最初的经营定位是生鲜电商，这一核心业务的核心竞争力表现为物流能力。京东到家的物流优势来自于两个体系。首先是京东到家平台自身的"O2O平台+众包物流"的新物流模式，运用大数据、云计算等技术，实现对线上订单的实时、快速响应，通过灵活、高效的社会化运作大大缩短了配送时长，降低了商品的末端配送成本，尤其是解决了生鲜电商的"最后一公里"配送难题。其次，京东到家利用了京东集团的自建物流体系。京东是中国较早发展自建物流体系的电商企业，具备较为完备的仓储物流和冷链物流体系，为京东到家的生鲜零售业务提供了高质量、高保障的供应链物流支撑。

第三是运营优势。京东到家的运营优势表现为"良好的线上线下体验和客户黏性"。京东到家与沃尔玛、永辉等大型超市和各类便利店合作创新，消费者的购物体验仍然可以在线下实现，而ERP系统真正地实现了线下、线上、物流的高度融合，真正实现了从"到店服务"到"到家服务"的转变。消费者改变了之前的购物模式，可以先在实体店与商家接触沟通，感受线下实体店给客户带来的良好体验，然后通过线上京东到家平台进行购物，以享受购物的便利性。同时，京东到家的客户黏性表现为客户可以使用京东商城的优惠券，甚至是京东白条赊购，这将刺激客户进行消费并能黏住更多的消费者。

2. 京东到家协同创新的发展机会

第一是消费观念的转变为平台企业带来的发展机会。大数据时代，消费者的需求越来越个性化，消费市场细分越来越细微，为了满足个性化的消费需求，平台企业越来越多。在物质生活越来越丰富的时代，80 后和 90 后的消费观念已经从价格消费转变为价值消费，更加注重购物体验和商品品质。目前，对生鲜商品的需求逐渐成为人们生活消费的主流，并且人们对生鲜商品的消费属于品质消费，在价值消费的消费观念下，生鲜 O2O 平台正好迎合了消费者的体验购物意向，成为消费者购买日常生鲜产品的主流消费方式。

第二是生鲜电商行业的市场容量将持续扩大。随着生活节奏的加快，消费者在网上购买生鲜的意向越来越强。《2016 年中国生鲜电商行业研究报告》显示，2015 年，中国生鲜电商市场交易规模达 497.1 亿元，较 2014 年增长 80.8%。2017 年，中国生鲜电商市场交易规模突破 1 000 亿元。《2018 年中国生鲜电商行业消费洞察报告》数据显示，2018 年，中国生鲜电商市场交易规模预计达到 1 947 亿元，增长 40.0%，并且生鲜产品的受众广、购买频次高，生鲜电商行业的市场前景十分可观，这将给京东到家的发展带来极大的空间。

第三是技术进步与资本进入带来的机会。随着移动互联网技术的发展，生鲜电商用户规模越来越大，商家与消费者之间的沟通变得方便、快捷，商家可以在第一时间掌握消费者的需求，从而进行有计划的采购和调整营销策略，提升自身的竞争力。资本的投入也为京东到家的发展带来了较多良机：如以银行为代表的金融机构越来越多地与生鲜电商企业合作，传统第三方支付手段进入生鲜电商市场为网上支付提供了可靠的安全保障；在国家"十三五"规划的实施过程中，基础设施资本的投入加大，大量高速公路、铁路以及冷链设施的完善与发展为生鲜电商提供了物流基础；大量资本投资直接进入生鲜电商行业，也为其发展提供了重要的支撑。

13.3.4　京东到家平台协同创新的保障

京东自建平台、实体店仓、配送物流三者之间的协同创新，共同打造了京东到家的辉煌业绩。零售业产业链条上这三种核心资源协同合作的动力是该商业模式创造的价值，也正是京东到家平台成员间协同创新的保障。

首先是战略协同带来的保障。"共同发展、互惠互利"是京东到家平台合作方的战略目标。对于京东到家平台而言，实体店和商户能够为其提供种类繁多的商品，实现无界商品展示；同时，门店的网点分布也降低了配送的时间成本。对于实体店和商户而言，京东到家平台能够帮助其提升商品销量和配送服务，帮助商家实现电商化和数字化；同时，京东的用户优势、流量优势为实体门店的转型升级提供了重要支撑。

其次是价值协同带来的保障。"共同创造价值"是京东到家平台合作方的价值导向。入驻京东到家 O2O 的各类实体门店都实现了销售额的倍数增长，平均销量增长实现 10%～30%。例如，2018 年 5 月，医药健康业务平台销售额达到了 2017 年 1 月的 5 倍，

618当天的订单量更是突破了10万单；百康2018年5月的销售额达到了2017年1月的6倍；瑞澄2018年5月的销售额达到了2017年1月的3倍；养生堂则达到了4倍。在实体门店销售额增长的前提下，京东到家平台的销售额也实现了剧增，如2017年的营业收入比2016年增长了7.5倍，销售额平均月度环比增幅超过了30%。"共同创造价值"将继续维持京东到家平台与各商户的深入合作，实现整体持续增长。[○]

13.4 Keep：自由运动场的成功之道

作为一款专注健身的"小众"应用App，经过4年的发展，Keep已成为集健身教学、跑步、骑行、社交、健身饮食指导、装备购买为一体的运动应用服务平台。Keep"自由运动场"可以帮助人们随时随地尽享运动，并传递1亿用户对新的生活方式的喜好。

Keep的创始人王宁，是90后创业者，毕业于北京信息科技大学。他是一个追求极致产品设计和用户体验的双子偏执狂。同时，他是一个运动爱好者，也是减肥成功者。他创建这一应用的初衷是希望通过"Keep"帮助更多的人爱上运动、科学运动，改善人们的运动生活方式。

13.4.1 Keep的成长历程及品牌成就

2014年10月，Keep创业团队成立，同年11月完成300万元人民币的天使融资。2015年2月，Keep登陆App Store，并蝉联App Store健康健美榜榜首数日；3月获得银泰资本和贝塔斯曼500万美元的A轮融资。2015年4月，Keep的安卓版上线。2015年7月，获得纪源资本领投的1 000万美元B轮融资，贝塔斯曼亚洲投资基金和银泰资本跟投。2015年11月，Keep用户量突破1 000万。

2016年1月，Keep被App Store评选为2015年度精选应用。2016年3月，Keep被预装到大中华区苹果零售店。同月，Keep完成晨兴资本、纪源资本领投的3 200万美元C轮融资，贝塔斯曼亚洲投资基金跟投。2016年8月，Keep完成腾讯C+轮战略投资。截至2016年10月，Keep用户量突破6 000万。

2017年8月，Keep用户量突破1亿。2018年7月，Keep宣布完成1.27亿美元D轮融资，由高盛领投，腾讯、纪源资本、晨兴资本、贝塔斯曼亚洲投资基金老股东跟投。目前，Keep的累计用户已突破1.2亿，累计训练68.79亿次，累计跑步8 415.47万公里，燃烧的卡路里超过450.6亿千卡。作为一款专注健身的"小众"应用，Keep成立4年就取得了如此卓越的业绩。如果继续保持这样的发展速度，未来几年Keep获得数十亿美元的估值是极有可能的。

四年多来，Keep取得了一定的品牌荣誉。2015年12月，Keep荣膺2015年"创业

○ 本节内容根据网络资源和知网数据库相关文献资料整理。

邦 100- 中国年度创新成长企业 100 强"。2016 年 1 月，Keep 获得极客公园 InnoAwards 2015 "最佳产品设计" 奖，同年荣获虎嗅 WOW 最佳新媒体营销案例奖。2017 年，荣获易观 2017 年 "年度最佳 App" 称号，同时荣获《中国经营报》2017 超越想象创新竞争力评选最佳发展潜力奖。2018 年 2 月，Keep 荣获 2017 年度 "两微一端" 百佳评选榜单 "App 用户体验" 榜单。2018 年，Keep 荣获中国营养学会 2017 年度 "十佳体重管理 App" 称号。

13.4.2　产品的创新优势

Keep 的产品创新模式是 "优质的专业生产内容（PGC）+产品体验"。针对中国的运动消费者，Keep 一开始的产品定位非常明确：初级运动用户。刚刚有减肥、运动、健康想法的人，Keep 需要提供从 0 到 1 的专业服务内容，让用户迈出第一步，并得到正向反馈，一切以为用户创造价值为导向。

具体而言，Keep 的产品优势表现在两个方面。第一，打造 "自由运动场"。Keep 发布了 4.0 版本，在 UI 和产品功能上进行了全面升级，并提出了新的产品愿景：Keep 并不局限于健身领域，未来要做的是打造一个 "自由运动场"。"在自由运动场上，你可以找到喜欢的运动形式并快速参与其中，也可以找到志同道合的小伙伴进行自由的交流，参与活动一起玩耍，去感受运动的快乐。"Keep 4.0 相当于是从 "移动健身教练" 向 "自由运动场" 过渡中的新升级产品。第二，产品服务更加丰富和个性化。健身、跑步、骑行，运动品类更丰富，个性化推荐更加精细。经过产品迭代，Keep 成为包含健身、跑步、商城、饮食指导、骑行、计步、运动直播等功能在内的运动平台。在发布的 4.0 版本中，Keep 对现有的运动模块进行了整合，增强了训练的个性化推荐，并将跑步和骑行作为与健身平行的运动品类，同时增加了计步功能，覆盖更多的运动场景，社区互动形式也更为丰富。

未来 Keep 将会极大地发挥该应用的社交属性，来优化自身的产品。打造虚拟现场，让更多的人感受到随时随地都有各个领域的人在跟你做同样的训练，希望大家共同享受运动的快乐，打破运动惰性，共同面对未来美好的生活状态。

13.4.3　Keep 的成功之道

1. 顺势而生

雷军有句很出名的话：只要站在风口，猪都能飞起来。Keep 的成功是顺势而生的：一是中国移动互联网的兴起、线上社交圈子的流行、肥胖人群猛增引发的全民运动的浪潮；二是微信运动计步、人鱼线、A4 腰、全民马拉松热。互联网技术、社交社区、健康生活等时代元素，都刺激了 Keep 的成功亮相。

随着生活水平的提升，人们的健康观念越来越强，中国处于一个减肥的启蒙状态，或称为萌芽期。减肥人群面临着一些共性的问题，如心理障碍、健身费用、时间、交通成本等。出于这种原因，Keep 作为一款运动 App，致力于降低人们的运动成本，通过输出一些优质的专业化内容在短时间内迅速积累用户，当这一应用快速推广后，可以获得即时的正向反馈。随着正向反馈越来越多，人们会慢慢沉迷并热爱这样一个东西。

2. 面向大多数用户的产品定位

运动健身可以分为三个层次：减脂、增肌、运动力提升。这三个层次的难度是递进的，其中减脂最简单，只要保持热量摄入的持续负增长即可在数月内获得较为明显的结果，而增肌、运动力则需要考虑点和技术动作，并且也比较复杂。然而，从受众面来分析，减脂、增肌、运动力三者的受众面却是依次缩小的。

在项目创业初期，Keep 取舍清晰，舍弃了那些资深或专业的健身用户，而将注意力放在吸引更大体量的"运动小白"身上。这也是王宁在猿题库实习时就学到的"70 分策略"——0～70 分的进步可以通过标准方案快速解决，而 70 分以后的提升则需要定制化、精细化的产品，成本显然比前者高很多。Keep 在发布会上也承认，项目一开始就专注于更大众化的初学者，而不是专业的健身爱好者。初学者的用户基本需求很简单：穿衣显瘦，脱衣有肉。而传统健身最大的痛点在于四个方面：时间、地点、金钱、人物。通过使用 Keep，用户可以在任何时间、任何地点运动起来。免费的产品策略让用户摆脱了高昂的私教费用，同时具有社交属性。原来在健身房几十个人一起练，现在通过互联网这个载体则可以同时与几万人一起运动。

3. 高效的运营策略

首先是数据的正反馈策略。为了让用户坚持并喜欢在 Keep 上做运动，Keep 为用户提供了一系列数据记录、分享、评估功能，让用户随时掌握自己运动的数据成果，满足用户一定程度的心理优越感和社交炫耀需求，培养客户黏性。

其次是课程内容的选择策略。针对目标客户的实际水平，重点推出减脂、徒手力量、人鱼线（腹肌撕裂）、核心训练（平板支撑）等高吸引力且易上手的课程，同时引入邹市明等运动明星站台，达到内容最大限度地吸引用户的目的。

最后是重视关键意见领袖影响力的策略。关键意见领袖（key opinion leader，KOL）对社区和用户的影响力非常大。KOL 是否真正通过 Keep 的课程解锁了自身的完美身材并不重要，重要的是用户将二者建立起思维联系就足够了。

此外，Keep 的其他策略如硬广、品牌合作、话题营销、有奖活动等，也促使其获得了成功。

4. 商业上的克制

在商业推广上，Keep 相对而言一直表现得比较克制。作为一款健身软件，Keep 一直在强调自己的健康属性，在资金压力不大的前提下，没有必要过度推进电商与广告从而破坏用户关系。

未来 Keep 的商业模式会进行转变：线上内容付费 + 线下健身房 Keepland。利用线上课程和圈子为线下健身房进行导流，并为客户提供线下聚会空间，增强 Keep 线下辐射力，再为线上引流，完成流量的闭环。虽然商业模式有所提升，但是 Keep 仍然专注于健身，而没有泛化其他功能，也没有过度地进行品牌延伸。

13.4.4　Keep 的盈利模式

目前 Keep 的盈利模式包含电商、广告，同时也在尝试付费直播等知识付费。首先是广告流量带来的盈利。Keep 已经积累了 1 亿高净值用户，很多广告主会比较喜欢活跃的用户以及他们对于新的生活方式的喜好等，可以直接变现带来利润。其次是广告商城。Keep 不是真正意义上做电商，而是希望打造品牌或者是生活方式，希望 Keep 商城里卖的都是自己的商品，本质上是希望有更多热爱生活的年轻用户，特别是热爱健身、喜欢运动的年轻人，将其背后的精神传递出来，通过 LOGO 的传递，通过服饰、手机壳等物件，或者小到一个弹力带来传递其对运动的喜好以及对于 Keep 的喜爱。

王宁曾表示，Keep 用户破亿用了 921 天，还是一家相对年轻的公司。当用户突破 1 亿之后，平台相当于到了一个新的量级，要有一个新的量级思考。而拥有上亿用户的 Keep 在商业化进程中如何将用户转化成价值，成为其面临的新难题。第一个阶段，Keep 考虑的是为用户带来什么价值，接下来要着手的事情是怎样让这一群用户在 Keep 里产生更多的价值，这个价值也是用户自愿奉献的一些价值，是为其他用户、为平台创造的价值。全球化战略也是 Keep 团队未来计划要做的事，体育是没有任何国界的事情，但国内外对于运动与健身这件事情存在理解的差异化，需要 Keep 努力去拓展。⊖

⊖ 本节内容根据网络资源和知网数据库相关文献资料整理。

参考文献

[1] 清华大学启迪创新研究院. 2015中国城市创新创业环境评价研究报告[M]. 北京：清华大学出版社，2016.
[2] 陈劲，阳银娟. 协同创新的理论基础与内涵[J]. 科学学研究，2012，30（2）：161-164.
[3] 陈劲. 协同创新[M]. 杭州：浙江大学出版社，2012.
[4] Chesbrough H. The logic of open innovation: managing intellectual property[J]. California Management Review，2003，45（3）：33-58.
[5] 项杨雪，梅亮，陈劲. 基于价值创造的协同创新本质研究——以浙江大学协同创新中心为例[J]. 科技进步与对策，2015，32（23）：21-26.
[6] 张玉蓉，张旭梅. 供应链中核心企业与供应商知识共享的分析与启示——丰田公司案例研究[J]. 科学管理研究，2006，24（4）：117-120.
[7] 明斐，贝文海. 人力资源管理实践与企业知识共享的实现——基于沈阳万科的案例研究[J]. 中国人力资源开发，2015（4）：75-83.
[8] Nelson, R.R.Bringing institutions into evolutionary growth theory[J]. Journal of Evolutionary Economics，2002，12（1）：17-28.
[9] 黄凯南. 主观博弈论与制度内生演化[J]. 经济研究，2010（4）：134-146.
[10] Garantziotis S, Li Z, Potts EN, et al. Hyaluronan mediates ozone-induced airway hyper responsiveness in mice[J]. Journal of Biological chemistry，2009，284（17）：11 309-11 317.
[11] 李保红，吕廷杰. 基于技术创新与制度创新互动的ICT标准化和IPR探究[J]. 北京邮电大学学报（社会科学版），2011，13（5）：95-100.
[12] 特日昆，宋波，徐飞. 技术与制度协同创新的战略性新兴产业演化机理研究[J]. 科学管理研究，2015（4）：50-53.
[13] Yildizoglu M.Competing R&D Strategies in an evolutionary industry model[J].Computational Econmics. 2002，19（1）：51-65.
[14] 李志强. 企业家创新行为制度配置：演化的特征[J]. 管理世界，2009（7）：180-181.
[15] 项国鹏，喻志斌，迟考勋. 转型经济下企业家制度能力对民营企业成长的作用机理——吉利集团和横店集团的案例研究[J]. 科技进步与对策，2012，29（15）：76-81.
[16] 李培林，等. 转型中的中国企业[M]. 济南：山东人民出版社，1992.
[17] 常修泽，等. 现代企业创新论[M]. 天津人民出版社，1994.
[18] 梁镇，赵国杰. 企业管理创新[M]. 北京：中国经济出版社，1996.
[19] 傅家骥，姜彦福，等. 技术创新：中国企业发展之路[M]. 北京：企业管理出版社，1992.
[20] 陈光. 技术创新与组织创新初探[J]. 科学学与科学技术管理，1994（9）：8-10.
[21] Knight K.E.A Descriptive Model of the Intra-Firm Innovation Process[J]. The Journal of Business，1967（40）：478-496.
[22] 韩凤晶，石春生. 组织创新模式综述[J]. 商业研究，2005（7）：14-17.
[23] 盛亚，杨虎. 组织创新驱动因素国外研究评价与展望[J]. 科技管理研究，2014（7）：137-142.
[24] 刘漩华. 基于核心能力的企业组织创新研究[D]. 广州：暨南大学，2003.
[25] 威廉·大内. Z理论：美国企业界怎样迎接日本的挑战[M]. 北京：中国社会科学出版社，1984.
[26] 科特，赫斯克特. 企业文化经营业绩[M]. 李晓涛，译. 北京：中国人民大学出版社，2004.
[27] 张德，吴剑平. 企业文化与CI策划[M]. 北京：清华大学出版社，2000.
[28] Freeman C. A study of success and failure in industrial innovation[J]. 1973.
[29] 傅家骥. 技术创新学[M]. 北京：清华大学出版社，1998.

[30] 许庆瑞,郭斌,王毅. 中国企业技术创新——基于核心能力的组合创新[J]. 管理工程学报,2000,14(B12):1-9.
[31] 许庆瑞. 研究与发展管理[M]. 北京:高等教育出版社,1986.
[32] 孔灿,关士续. 技术创新在技术发展中的三种形式[J]. 自然辩证法通讯,1990(6):37-43.
[33] 菲利普·科特勒,加里·阿姆斯特朗,等. 市场营销原理(亚洲版·第2版)[M]. 北京:机械工业出版社,2011.
[34] 熊波. 格力电器技术创新的案例分析[J]. 管理评论,2001(4):30-31.
[35] 万方,姚伟坤,李凤朗. 设计师主导的颠覆性产品创新——联想YOGA案例的研究[J]. 清华管理评论,2018,60(04):55-62.
[36] 孙福全,等. 产学研合作创新理论、实践与政策[M]. 北京:科学技术文献出版社,2012.
[37] 孙善林. 产学研协同创新绩效评价指标体系研究[D]. 南京:南京航空航天大学,2017.
[38] 杨晨露. 构建以企业为主体的产学研协同创新模式研究[D]. 南昌:江西师范大学,2014.
[39] 何菲. 产学研合作创新的机制与模式研究[D]. 武汉理工大学,2010.
[40] 金潇明. 产业集群合作创新的螺旋型知识共享模式研究[D]. 长沙:中南大学,2010.
[41] 李金保. 产业集群创新网络治理结构及运作机制探究[J]. 经济研究导刊,2017(16):25-28.
[42] 骆建栋. 产业集群合作创新网络的结构和运行机制研究[D]. 长沙:湖南大学,2009.
[43] 范珂宏. 产业集群中企业间合作创新行为分析[D]. 重庆大学,2014.
[44] 刘荣. 企业合作创新风险的识别、传导与评估研究[D]. 大连理工大学,2010.
[45] 李玮玮,郑文清. 企业商业模式的内涵及创新途径[J]. 商业经济研究,2013(3):94-95.
[46] 陆雄文. 管理学大辞典[M]. 上海辞书出版社. 2013.
[47] Morris M, Schindehutte M, Allen J. The entrepreneur's business model: Toward a unified perspective[J]. Journal of Business Research,2005,58(6):0-735.
[48] 原磊. 国外商业模式理论研究评介[J]. 外国经济与管理,2007,29(10):17-25.
[49] Zott C, Amit R. Business Model Design and the Performance of Entrepreneurial Firms[J]. Organization Science,2007,18(2):181-199.
[50] Zott C, Amit R. Business model design: An activity system perspective[J]. Long Range Planning,2010,43(2-3):0-226.
[51] Timmers P. Business models for electronic markets[J]. Electronic Markets,1998,8(2):3-8.
[52] 夏清华,方琪. 制造业转型与商业模式创新的路径研究——基于格力和美的的双案例分析[J]. 学习与实践,2017(04):32-42.
[53] 杨虎. 制造企业商业模式创新的实现路径研究[D]. 杭州:浙江工商大学,2014.
[54] 刘建刚,马德清,陈昌杰,等. 基于扎根理论的"互联网+"商业模式创新路径研究——以滴滴出行为例[J]. 软科学,2016,30(7):30-34.
[55] 李巍,董江原,杨雪程. 平台型企业商业模式创新的路径及实现机制——基于秒银科技的案例研究[J]. 管理案例研究与评论,2018,11(4).
[56] 奥利弗·加斯曼,等. 商业模式创新设计大全:90%的成功企业都在用的55种商业模式[M]. 北京:中国人民大学出版社,2017.
[57] 马继征. 商业模式创新的实现方式与演进机理探究——基于价值链视角[J]. 改革与战略,2015(7):57-60.
[58] 孙卫东. 中小企业商业模式创新与实现路径的分析——基于系统框架的思考[J]. 当代经济管理,2017(12):27-31.
[59] 赵黎明,孙健慧. 基于产品视角的消费电子企业商业模式创新实现路径研究[J]. 中国科技论坛,2014(11).
[60] 周祺林. 向模式要利润[M]. 北京:人民邮电出版社,2014.
[61] 李晨,等. 以体制机制改革激发创新活力——国家首批14家协同创新中心案例综述[J],高等工程教育研究,2015(2):34-38.

[62] 魏江, 寒午. 企业技术创新能力的界定及其与核心能力的关联 [J]. 科研管理, 1998 (6): 12-17.

[63] 陈劲, 郑刚. 企业技术创新管理: 国内外研究现状与展望 [J]. 管理学报, 2004, 1 (1): 119.

[64] 池仁勇. 企业技术创新效率及其影响因素研究 [J]. 数量经济技术经济研究, 2003, 20 (6): 105-108.

[65] 杨建君, 盛锁. 股权结构对企业技术创新投入影响的实证研究 [J]. 科学学研究, 2007, 25 (4): 787-792.

[66] 白俊红, 李婧. 政府 R&D 资助与企业技术创新——基于效率视角的实证分析 [J]. 金融研究, 2011 (6): 181-193.

[67] 吴延兵. 不同所有制企业技术创新能力考察 [J]. 产业经济研究, 2014 (2): 53-64.

[68] 高建, 汪剑飞, 魏平. 企业技术创新绩效指标: 现状、问题和新概念模型 [J]. 科研管理, 2004, 25 (1): 14-22.

[69] 马宁, 官建成. 影响我国工业企业技术创新绩效的关键因素 [J]. 科学学与科学技术管理, 2000, 22 (3): 16-20.

[70] 陈劲, 陈钰芬. 企业技术创新绩效评价指标体系研究 [J]. 科学学与科学技术管理, 2006, 27 (3): 86-91.

[71] 胡恩华. 企业技术创新能力指标体系的构建及综合评价 [J]. 科研管理, 2001, 22 (4): 79-84.

[72] 郑春东, 和金生, 陈通. 企业技术创新能力评价研究 [J]. 中国软科学, 1999 (10): 108-110.

[73] 马胜杰. 企业技术创新能力及其评价指标体系 [J]. 数量经济技术经济研究, 2002, 19 (12): 5-8.

[74] 毕克新, 朱娟, 冯英浚. 中小企业产品创新研究现状和发展趋势分析 [J]. 科研管理, 2005, 26 (2): 7-16.

[75] 仝允桓, 杨艳, 朱恒源, 等. 中国企业的产品创新: 从竞争者驱动到顾客导向 [J]. 科学学与科学技术管理, 2009, 30 (1): 44-50.

[76] 张文仲. 产品创新的三大路径 [J]. 企业改革与管理, 2012 (10): 72-73.

[77] 张振刚, 张小娟. 企业市场创新概念框架及其基本过程 [J]. 科技进步与对策, 2014 (1): 80-85.

[78] 张峰, 邱玮. 探索式和开发式市场创新的作用机理及其平衡 [J]. 管理科学, 2013 (1): 1-13.

[79] 彭靖里, 可星, 李学林. 特色产业集群创新与战略转型的竞争情报研究——以昆明斗南特色花卉业的转型升级为例 [J]. 竞争情报, 2016, 12 (4): 31-37.

[80] 吕丽, 流海平, 等. 创新思维: 原理·技法·实训 [M]. 北京理工大学出版社, 2014.

[81] 王惠连, 赵欣华, 伊嫱. 创新思维方法 [M]. 北京: 高等教育出版社, 2004.

[82] 张宝荣. 创新思维及其培养 [M]. 石家庄: 河北教育出版社, 2008.

[83] 王跃新, 王洪胜. 创新思维应用学 [M]. 长春: 吉林人民出版社, 2010.

[84] 钱旭潮, 王龙, 韩翔. 市场营销管理: 需求的创造、传播和实现 [M]. 2 版. 北京: 机械工业出版社, 2008.

[85] 王哲. 创新思维训练 500 题 [M]. 北京: 中国言实出版社, 2009.

[86] 肖行. 创新思维培养与训练研究 [M]. 南昌: 江西高校出版社, 2008.

[87] 姚列铭. 创新思维观念与应用技法训练 [M]. 上海交通大学出版社, 2011.

[88] 刘莹, 艾红. 创新设计: 思维与技法 [M]. 北京: 机械工业出版社, 2004.

[89] 王如平. 创造性思维的开发与培养 [M]. 北京: 光明日报出版社, 2012.

[90] 周苏. 创新思维与方法 [M]. 北京: 机械工业出版社, 2017.

[91] 陶松垒. 创造思维与专利申请 [M]. 北京: 清华大学出版社, 2015.

[92] 唐伟. 创造需求新模式解析: 基于生活方式的构建 [J]. 经济研究导刊, 2018, 366 (16): 70-73.

[93] 王壮. 创新与思维 [M]. 重庆: 西南大学出版社, 2015.

[94] 任国升, 韩希民. 企业需要什么样的创新者: 创新思维与方法的修炼 [M]. 石家庄: 河北大学出版社, 2011.

[95] 曹莲霞. 创新思维与创新技法新编 [M]. 北京: 中国经济出版社, 2010.